WELFENSCHÄTZE

GESAMMELT, VERKAUFT, DURCH MUSEEN BEWAHRT

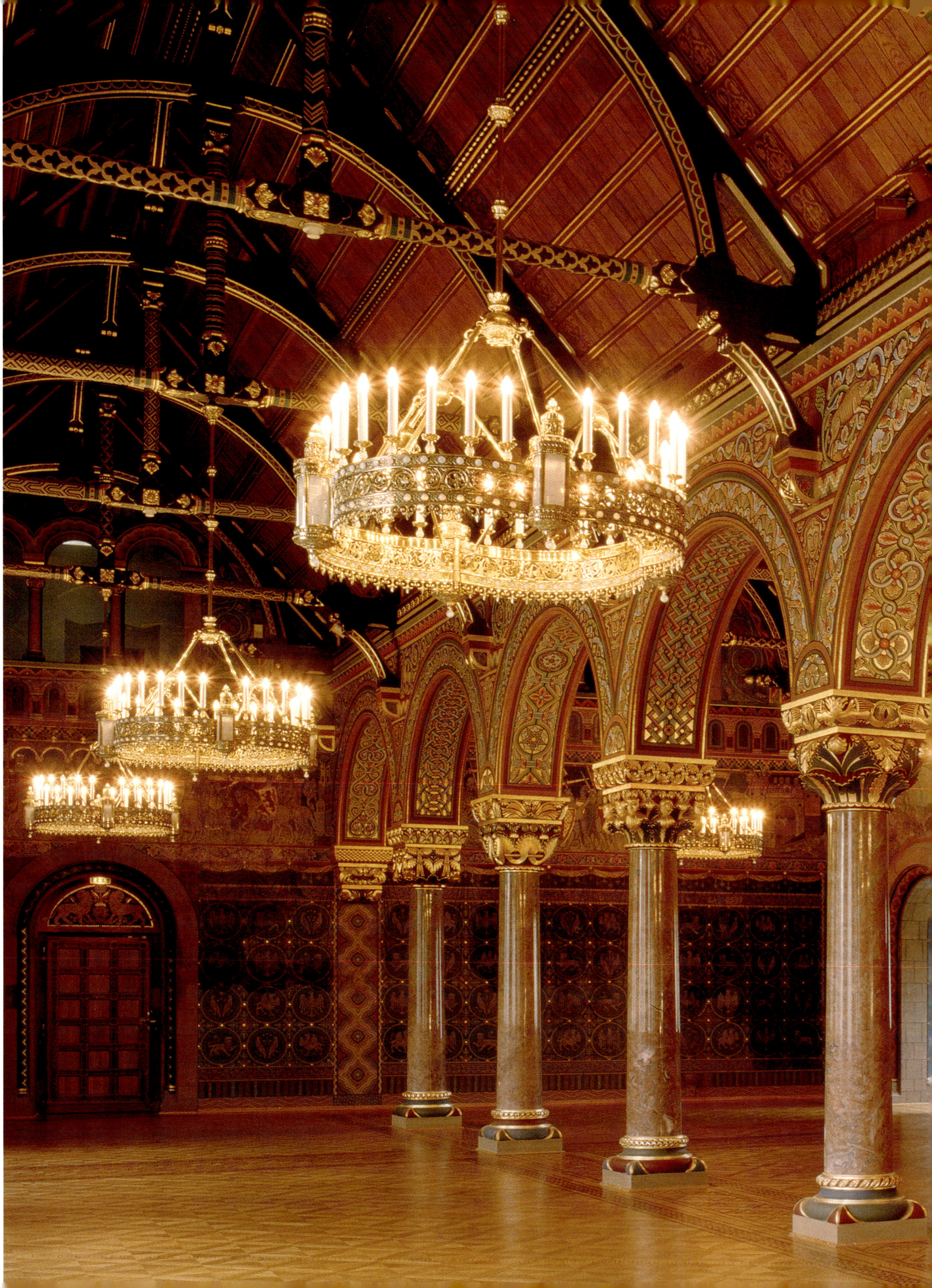

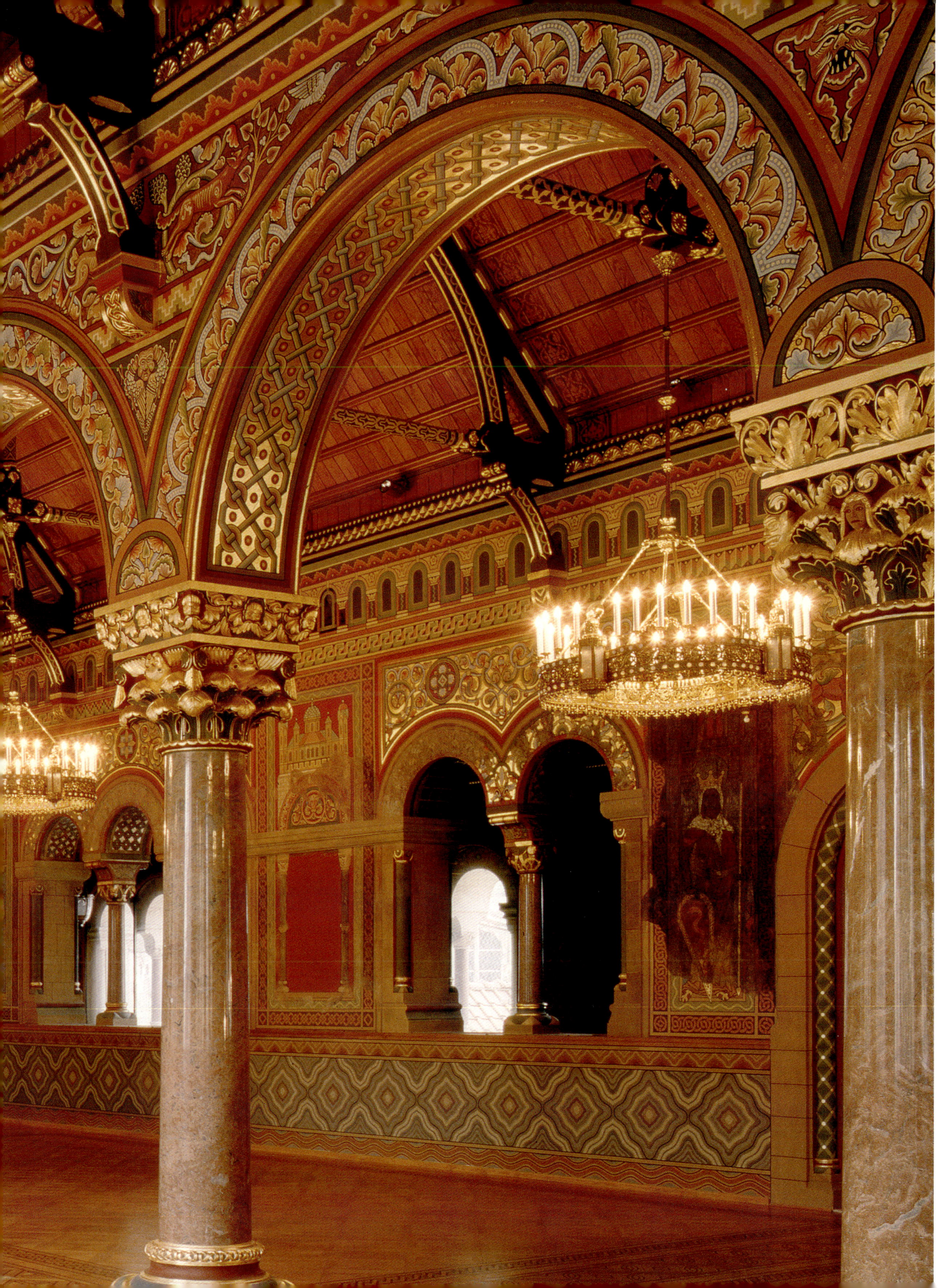

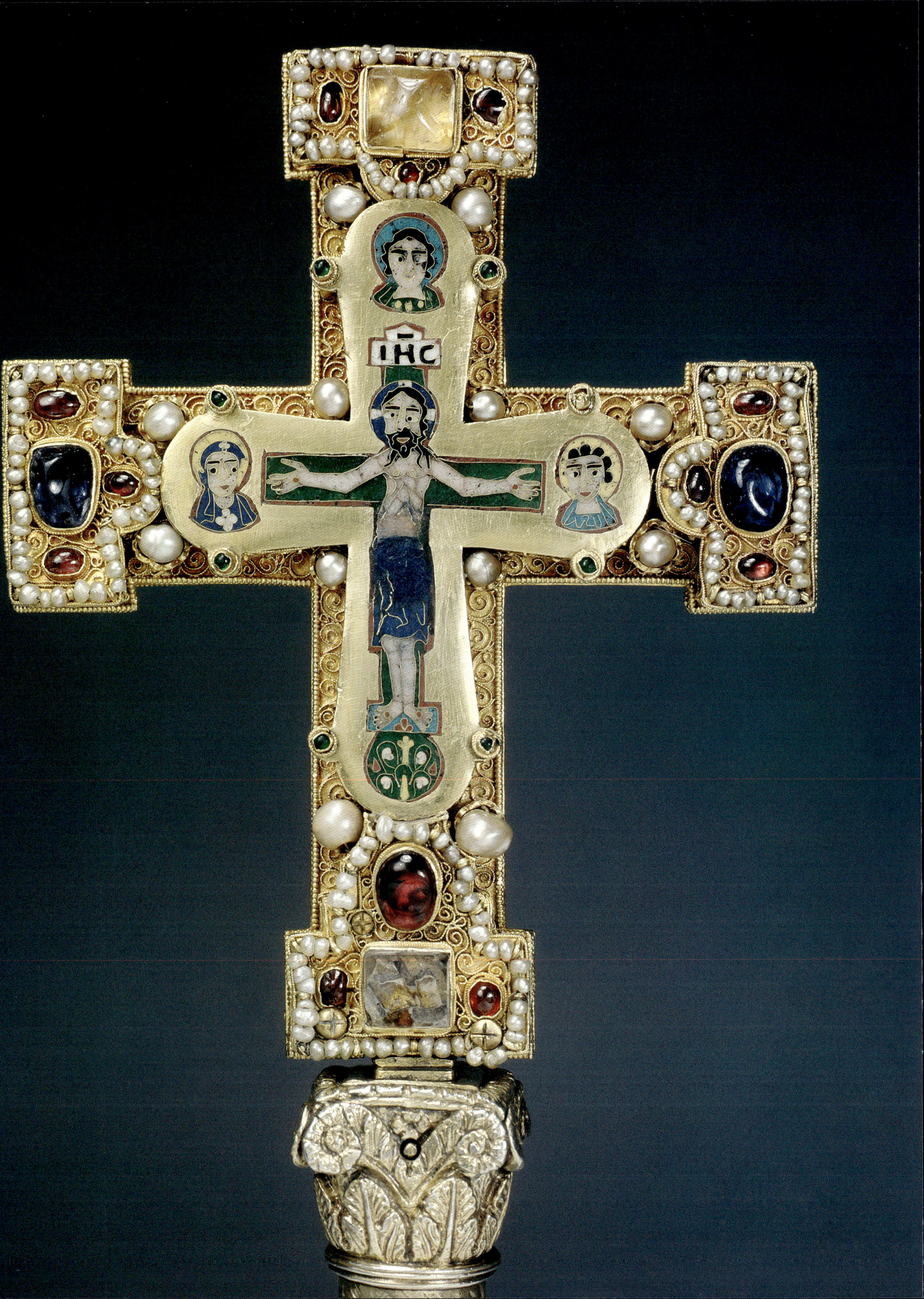
IHC

HERZOG ANTON ULRICH-MUSEUM
KUNSTMUSEUM DES LANDES NIEDERSACHSEN
NIEDERSÄCHSISCHE LANDESMUSEEN BRAUNSCHWEIG

WELFENSCHÄTZE

GESAMMELT, VERKAUFT, DURCH MUSEEN BEWAHRT

HERAUSGEGEBEN VON GISELA BUNGARTEN UND JOCHEN LUCKHARDT

AUSSTELLUNG IN DER BURG DANKWARDERODE, BRAUNSCHWEIG
7. JUNI BIS 2. SEPTEMBER 2007

MICHAEL IMHOF VERLAG

Herzog Anton Ulrich-Museum Braunschweig
Kunstmuseum des Landes Niedersachsen
Niedersächsische Landesmuseen Braunschweig

Idee: Jochen Luckhardt
Konzeption: Gisela Bungarten, Jochen Luckhardt, Alfred Walz
Katalog: Gisela Bungarten, Alfred Walz
Organisation und Leihverkehr: Gisela Bungarten
Ausstellungseinrichtung: Gisela Bungarten, Alfred Walz
Ausstellungsgestaltung: Hinz & Kunst, Braunschweig
Redaktion und Lektorat: Gisela Bungarten
Korrekturen: Silke Gatenbröcker, Regine Marth, Saskia Schabon, Juliane Stannewitz
Photographien: Claus Cordes
Konservatorische Betreuung: Heike Billerbeck, Birgit Bradler, Eva Jordan-Fahrbach, Ursula Gaßner, Ursula Gerloff, Britta Goldbach, Verena Herwig, Hildegard Kaul, Shiyori Kudo
Einbauten: Firma LICHTblick Bühnentechnik, Hohen Neuendorf; mm messemanufaktur, Braunschweig
Technische Betreuung und Aufbau: Ulrich Nebelung, Georg Barkowski, Bernd Eppers, Rudolf Lange, Friederike Leibe, Tracy Niepold, Marek Prengel
Maler- und Tischlerarbeiten: Uwe Neumann, Gerd Torunski
Praktikantinnen: Claudia Müller, Saskia Schabon, Hülya Tuncor, Stefanie Weber
Ausstellungstexte: Gisela Bungarten, Alfred Walz
Öffentlichkeitsarbeit: Sven Nommensen, Rainer Sander
Layout: Patricia Koch, Michael Imhof Verlag

Autorinnen und Autoren

AvR Alheidis von Rohr
AW Alfred Walz
BK Barbara Klössel
GB Gisela Bungarten
JL Jochen Luckhardt
SKL Susanne König-Lein
WL Wolfgang Leschhorn

Titelbild: Silberner Tafelaufsatz, Hannover 1879, Historisches Museum Hannover (Detail, s. Kat. Nr. 15)
Abb. Seite 2/3: Braunschweig, Burg Dankwarderode, Rittersaal, 1889–1906, Rekonstruktion vollendet 1995
Abb. Seite 4: Reliquienkreuz aus dem Welfenschatz („Welfenkreuz“), Oberitalien (?), 11. Jh., Staatliche Museen zu Berlin, Kunstgewerbemuseum

Michael Imhof Verlag GmbH & Co. KG, Stettiner Straße 25, D-36100 Petersberg
Tel. 0661/9628286; Fax 0661/63686

ISBN 978-3-86568-262-8

Gedruckt auf alterungsbeständigem Papier mit chlorfrei gebleichtem Zellstoff. Die Schreibweise folgt den Regeln der neuen Rechtschreibung.

Gestaltung, Satz und Reproduktion: Michael Imhof Verlag
Druck: Passavia Druckservice, Passau

Printed in Germany

INHALT

Vorwort 8

Dank und Leihgeber 9

Grußwort
Heinrich Prinz von Hannover Herzog zu Braunschweig und Lüneburg 11

Eine Einleitung zu den Schätzen der Welfen: Regenten – Schlösser – Sammlungen
Jochen Luckhardt 12

KATALOG

Große Versteigerung auf der Marienburg 20

Verkauf des Welfenschatzes 44

Das Welfenmuseum in Hannover: Seine Sammlungsgeschichte und seine Bewahrung durch den Ankauf im Jahre 1955 58

Hochzeitsgeschenke Welfentreuer 64

Das Hildesheimer Silberservice 70

Zur Geschichte der ehemals Königlichen Münzsammlung zu Hannover 80

Das Evangeliar Heinrichs des Löwen – Zur Eigentumsgeschichte 96

Stammtafel der Welfen 102/103

Literaturverzeichnis 104

Abbildungsnachweis 108

VORWORT

Die Ausstellung „Welfenschätze" stellt für das Herzog Anton Ulrich-Museum ein sehr ungewöhnliches Projekt dar. Darin geht es zunächst um Kunstwerke, stärker jedoch um die Wurzeln dieser Institution, um die bis 1918 regierende Familie der Welfen, die mit ihren Sammlungen die Anfänge des Museumswesens in Niedersachsen geprägt haben. Mehrere Museen Niedersachsens bewahren ehemals im Besitz dieses Hauses befindliche Kunstwerke, das einzige Museum jedoch, das insgesamt auf eine Linie der Welfen zurückgeht, ist das Herzog Anton Ulrich-Museum in Braunschweig, mit den Anfängen seiner Sammlungen in das 16. Jahrhundert zurückreichend und als Museum der allgemeinen Öffentlichkeit seit 1754 zugänglich.
Vor dem Hintergrund dieser Ursprünge besaß die unter großer Aufmerksamkeit der nationalen und internationalen Öffentlichkeit stattfindende Auktion auf dem Welfenschloss Marienburg 2005, bei der die Familie einen Großteil ihrer verbliebenen beweglichen Besitztümer veräußerte, besondere Brisanz. Die Auktion ist der unmittelbare Anlass für unsere Ausstellung zu den „Welfenschätzen". Sie präsentiert die durch das Museum 2005 erworbenen Objekte, unter denen vor allem die Gemälde mit erheblichem Aufwand konserviert worden sind. Die Ausstellung zeigt in diesem Rahmen aber auch vorherige Verkäufe der Welfen aus ihren ehemals großartigen Sammlungen seit 1930 und deren Bewahrung für die Öffentlichkeit. Die Leihgaben entstammen Museen, in zwei Fällen – besondere Belege für die Notwendigkeit wissenschaftlicher Bearbeitung – aber auch einer Privatsammlung.
Den Leihgebern der Ausstellung ist für ihr Entgegenkommen sehr herzlich zu danken, wie auch dem Niedersächsischen Ministerium für Wissenschaft und Kultur für seinen Einsatz bei den Erwerbungen 2005 und den niedersächsischen Stiftungen für die Bereitstellung der finanziellen Mittel, im Falle der Erwerbungen für das Herzog Anton Ulrich-Museum insbesondere der Richard Borek Stiftung und der Stiftung Braunschweigischer Kulturbesitz.
Ein herzlicher Dank für Organisation und Einrichtung der Ausstellung gilt in unserem Hause allen beteiligten Mitarbeiterinnen und Mitarbeitern, insbesondere aber Dr. Gisela Bungarten, die in Zusammenarbeit mit Dr. Alfred Walz mit großem Engagement, Freude am Thema und hoher Zuverlässigkeit die Hauptlast der Arbeiten trug. Für ihre substantiellen Beiträge danke ich ebenfalls allen weiteren Autorinnen und Autoren des Ausstellungskataloges und Heinrich Prinz von Hannover für sein Grußwort.
Mit der Ausstellung ist ein Kaleidoskop des welfischen Kunstbesitzes entstanden, dessen Betrachtung auch das Bild des Landes Niedersachsen, in dem die Welfen lebten, prägen kann. Niedersachsen ist ein Land der Kunst mit internationalem Anspruch – zumindest dort, wo Residenzen lagen.

Jochen Luckhardt

DANK

Wir danken unseren Leihgebern, ohne deren Wohlwollen und Unterstützung diese Ausstellung nicht hätte realisiert werden können, sowie den Kolleginnen und Kollegen im Herzog Anton Ulrich-Museum für vielfältige Anregungen. Ein weiterer herzlicher Dank gebührt den Autorinnen und Autoren, die sich engagiert dem Thema der Welfenschätze gewidmet haben.

Für Unterstützung und fachliche Hinweise danken wir:

Thomas Andratschke, Hannover
Winfried Baer, Berlin
Tete Böttger, Göttingen
Erika und Richard Borek, Braunschweig
Reiner Cunz, Hannover
Andreas Fahl, Hannover
Heide Grape-Albers, Hannover
Heinrich Prinz von Hannover, Göttingen
Tobias Henkel, Braunschweig
Rainer Hornburg, Hildesheim
Roswitha Imlau, Hannover
Kathrin Kunze, Eisenach
Katja Lembke, Hildesheim
Lothar Lambacher, Berlin
Alheidis von Rohr, Hannover
Helga Scheidt, Arnstadt
Antje Scherner, Kassel
Juliane Schmieglitz-Otten, Celle
Angela Schönberger, Berlin
Thomas Schwark, Hannover
Esther Siegmund-Heineke, Hildesheim
Paul Williamson, London

LEIHGEBER

Berlin, Staatliche Museen zu Berlin, Kunstgewerbemuseum
Hannover, Historisches Museum Hannover
Hannover, Niedersächsisches Landesmuseum Hannover, Landesgalerie
Hannover, Niedersächsisches Münzkabinett der Deutschen Bank Hannover
Hildesheim, Roemer- und Pelizaeus-Museum
Privatsammler

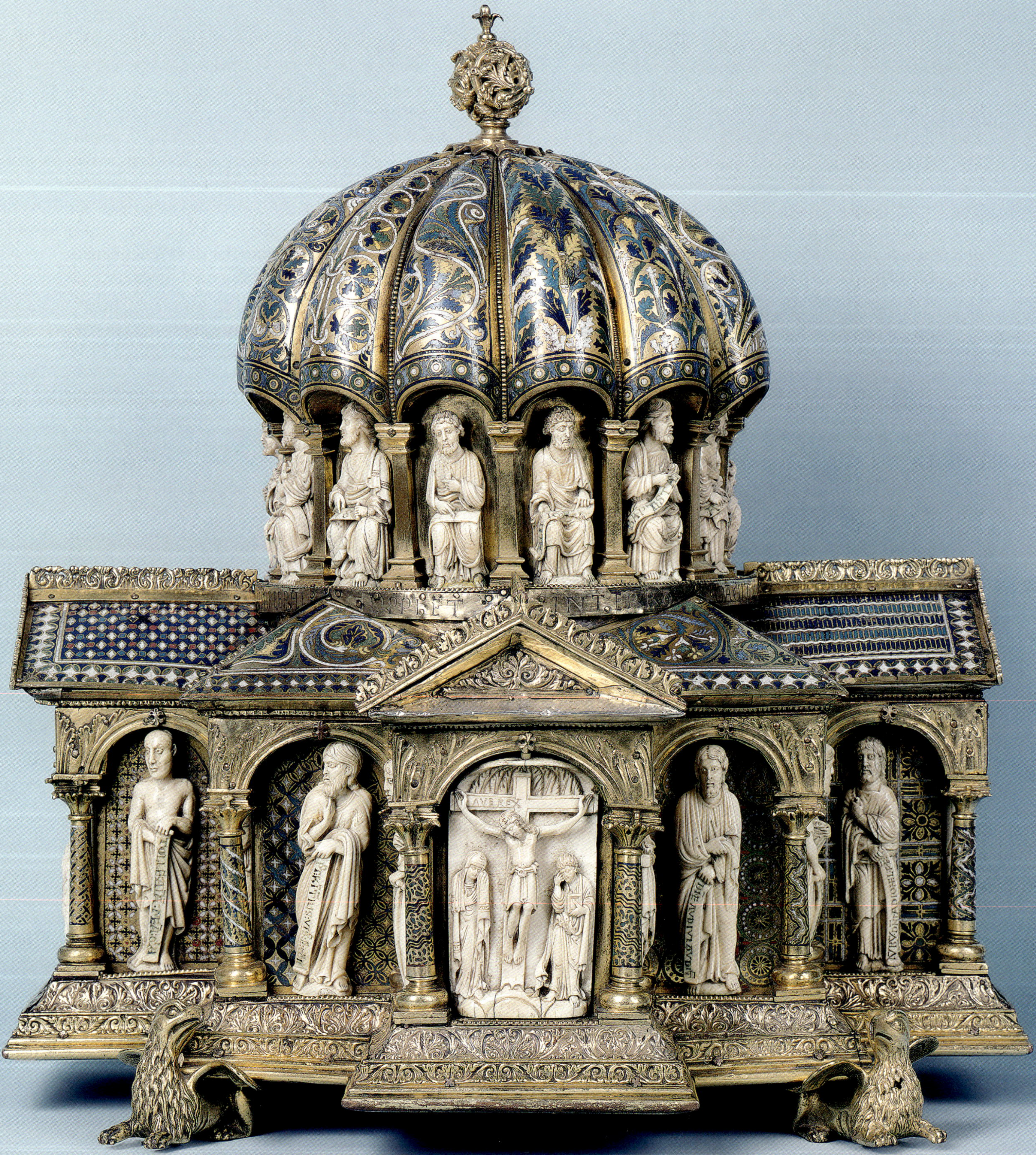

GRUSSWORT

Es war immer eine Tradition führender Institutionen und Privatiers, die Kunst in Bild, Skulptur oder anderen Ausdrucksformen zu fördern und als Sammlung ihrer Nachwelt zur Verfügung zu stellen. Was wüssten wir heute über die Zeit der Medici, wenn wir nicht in großflächigen Palazzi diese Kunstschätze als Dokumente ihrer Zeit betrachten und studieren könnten? Artefakte aus der Vergangenheit stellen die Entwicklung unserer Zivilisationen dar und machen unserem Selbstverständnis deutlich, wer wir sind und woher wir kommen.

Doch solche kulturellen Intentionen finden im Laufe der Zeiten und ihrer Notwendigkeiten nicht immer entsprechendes Gehör und verantwortungsvolles Handeln ihrer Protagonisten. Kunstschätze und Dokumente aus Jahrhunderten verschwinden oftmals in Tresoren, die als moderne Grabkammern genau das zum Entwerten bringen, was sie doch als Wert erhalten sollten: Lebendige Geschichte!

So ist es über die Zeiten gesellschaftlicher Umbrüche und politischer Verwerfungen auch den Welfen nicht gelungen, ihren überaus großen und bedeutenden Kunst- und Kulturbesitz über die Jahrhunderte hindurch zu erhalten. Zahlreiche Kunstschätze gingen verloren oder wurden aus unterschiedlichen Gründen verkauft. Ich erinnere an den Verlust des so genannten Welfenschatzes, des Reliquienschatzes für den Braunschweiger Dom. Er wurde von meinem Großvater 1935 verkauft, nachdem die Artefakte bereits 800 Jahre dem welfischen Familienbesitz angehörten. Heute befinden sich die meisten Stücke in den USA und in Berlin. Einige wenige dieser Kunstschätze sind im Laufe der Zeit glücklicherweise wieder nach Braunschweig zurückgekehrt.

Wenige Zeit später, im Jahre 1941, kündigte das Gesamthaus Braunschweig-Lüneburg die Museums- und Bibliotheksstiftung auf, die bis dahin für den Erhalt dieses welfischen Erbes verantwortlich war. Die Rechte und Pflichten des Welfenhauses am Herzog Anton Ulrich-Museum in Braunschweig und der Herzog August Bibliothek in Wolfenbüttel gingen auf den neu gegründeten Braunschweigischen Kulturverband, später auf das Land Niedersachsen über.

Nach dem Niedergang des dritten Reiches sollten weitere Kunstschätze aus dem welfischen Familienbesitz veräußert werden; darunter Bibliotheken, Silber, Münzen, Skulpturen, Gemälde, und selbst das berühmte Evangeliar Heinrichs des Löwen wurden dem internationalen Kunstmarkt angeboten. Dank des großen Engagements vieler Bürger und Institutionen konnte das Evangeliar für Deutschland erhalten bleiben.

Als im Frühjahr 2005 ein Kunstberater des Welfenhauses eine Auktion auf Schloss Marienburg ankündigte, schien der vollständige Ausverkauf welfischer Kunstschätze Realität zu werden. An acht Auktionstagen im Oktober desselben Jahres wurden 400 Jahre Militär- und Waffengeschichte, über 2 000 Ölgemälde einer über die Jahrhunderte gewachsenen Bilder- und Portraitsammlung, ungezählte Grafiken, Drucke, Silbersachen, Porzellane und vieles mehr an private Sammler verkauft. Ein Großteil des kulturellen Gedächtnisses meiner Familie und auch des welfischen Erbes für die Identität Niedersachsens schien mir damit verloren zu sein.

So darf ich mich glücklich schätzen und bin ich überaus dankbar, dass das Herzog Anton Ulrich-Museum in Braunschweig als eines der wenigen renommierten Häuser einen wichtigen Teil der welfischen Kunstschätze retten konnte und diese nun der Öffentlichkeit zugänglich macht. Meine Vorfahren, die Herzöge zu Braunschweig und Lüneburg, die über Jahrhunderte hinweg als Auftraggeber und Mäzene der Kunst einen überaus bedeutenden Stellenwert einräumten, hätten wohl gerne gesehen, dass die Resultate ihrer Sammelleidenschaft in diesem Museum für die Nachwelt gesichert werden.

Das Herzog Anton Ulrich-Museum in Braunschweig ist es, das nun in der Pflege der welfischen Kunstsammlung die einstige Gesinnung und Tradition meiner Vorfahren fortsetzt und Geschichte so dem Leben zurückgibt.

Heinrich Prinz von Hannover
Herzog zu Braunschweig und Lüneburg
Göttingen im Juni 2007

Kuppelreliquiar aus dem Welfenschatz, Köln, um 1180, Staatliche Museen zu Berlin, Kunstgewerbemuseum

EINE EINLEITUNG ZU DEN SCHÄTZEN DER WELFEN: REGENTEN – SCHLÖSSER – SAMMLUNGEN

Jochen Luckhardt

Zu den berühmtesten Herrschergeschlechtern Europas gehört das hochadelige Haus der Welfen, wegen seines ehrwürdigen Alters, wegen des wiederholten Schicksals, Macht gewonnen und verloren zu haben, wegen hochrangiger Heiraten seiner weiblichen Mitglieder – und auch deswegen, weil es bis auf den heutigen Tag weiter besteht. Parallel zur Konsolidierung ihres Herrschaftsbereichs legten die Welfen, ebenso wie andere Regierende im Heiligen Römischen Reich Deutscher Nation, große Kunstsammlungen an. Solche Sammlungen dienten im Mittelalter vor allem zur Memoria, dem fortwährenden Gedächtnis an die Stifter. In diesem Sinne ist auch der Reliquienschatz der Stiftskirche St. Blasius zu Braunschweig zu verstehen, der später so genannte „Welfenschatz", zu dem die Herzöge von Sachsen bzw. die Herzöge von Braunschweig-Lüneburg, und speziell auch Heinrich der Löwe († 1195), Entscheidendes beisteuerten.

In der Frühen Neuzeit konnten Kunstwerke zur Ausstattung der Schlösser gehören, was für die Welfen zumindest seit dem beginnenden 16. Jahrhundert nachweisbar ist.[1] Eine „Schatzkammer", in der edles Tafelgerät gesichert wurde, besaß Herzog Heinrich der Jüngere im Schloss Wolfenbüttel,[2] eine „Kunstkammer" mit sehr differenziertem Inhalt – laut Inventar von 1589 – sein Sohn Julius ebenda.[3] Dabei waren die Übergänge zwischen privatem fürstlichen Gebrauch und öffentlichem Nutzen fließend. Selbstverständlich gehörten diese Objekte dem Regenten, er verwandte sie für sich und seine Umgebung zur herrscherlichen Repräsentation, konnte aber ebenso auch eine Nutzung durch die Allgemeinheit billigen. Im großartigsten Welfen-Schloss, dem ehemals zwischen Braunschweig und Wolfenbüttel gelegenen Schloss Salzdahlum, hatte Herzog Anton Ulrich (1633–1714) seine Kunstsammlungen zusammengetragen und sie in separaten Schlossflügeln untergebracht. Sie waren auch von Personen, die nicht zum Hof gehörten, zu besichtigen. Hier liegen für Deutschland die Anfänge des modernen Kunstmuseums, wie jüngst konstatiert worden ist.[4]

Eine ganz neue Ära der Präsentation begann aber 1754 mit der Eröffnung des „Kunst- und Naturalienkabinetts" in

Abb. 1: Das Herzogliche Residenz Schloss zu Braunschweig vor dessen Zerstörung am 7. September 1830, Lithographie von Lütke nach einem Gemälde von Wilhelm Pätz, Braunschweig, Städtisches Museum

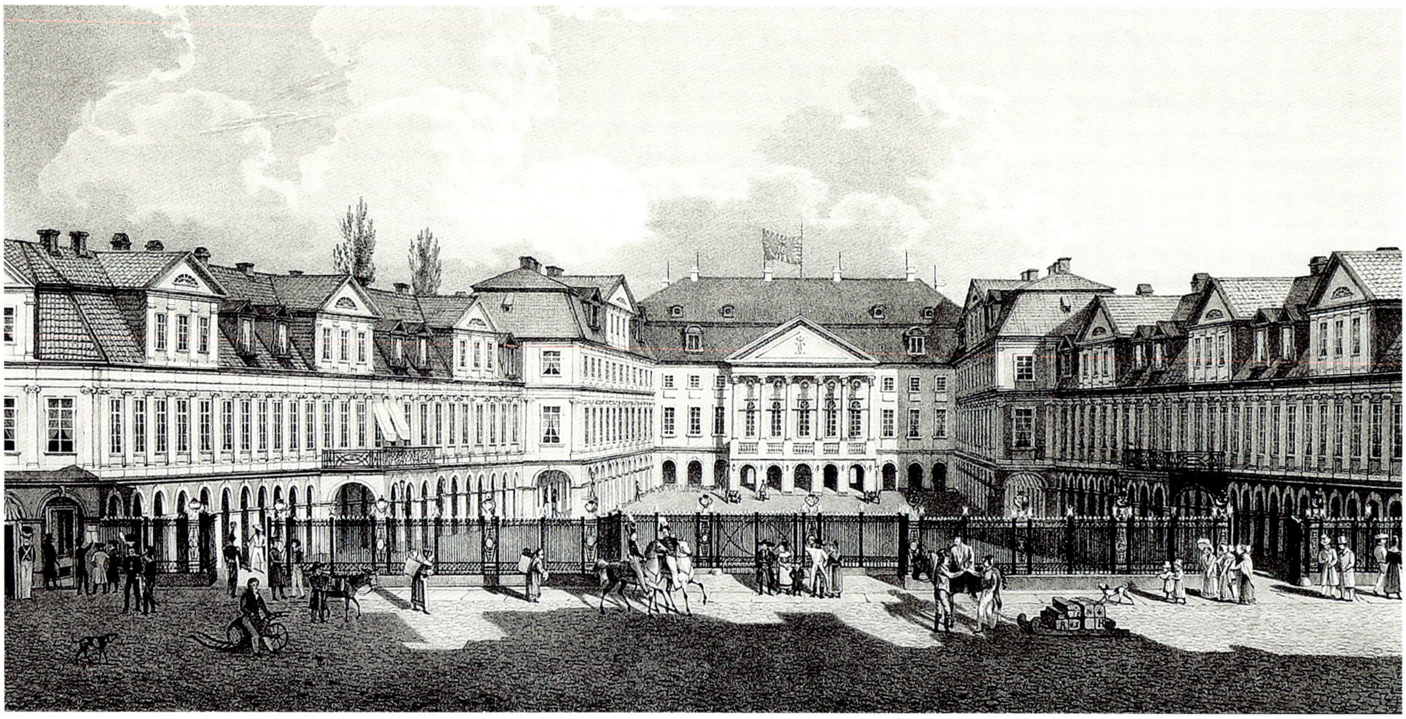

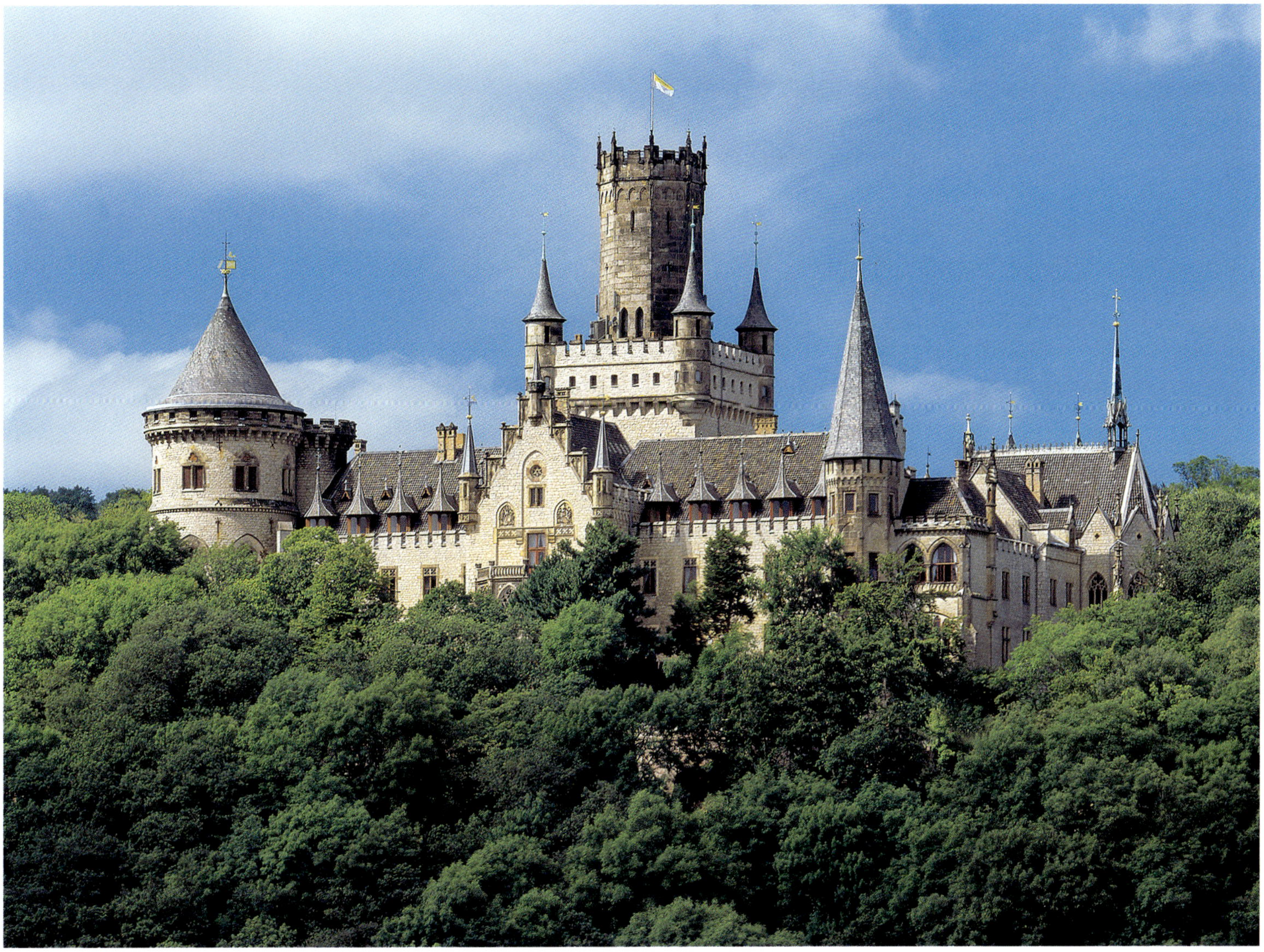

Abb. 2: Marienburg bei Nordstemmen, begonnen 1857, unvollendet

Braunschweig – heute das Herzog Anton Ulrich-Museum und das Staatliche Naturhistorische Museum. Die Sammlungen wurden in eigenen Räumlichkeiten, separiert vom Residenzschloss aufbewahrt, waren regelmäßig der Öffentlichkeit zugänglich und wurden von eigenem Museumspersonal betreut. Mit der Inventarisierung der Sammlungsbestände gewann auch die Vorstellung an Gewicht, dass die bewahrten Werke in ihrer Gesamtheit eine eigene Wertigkeit und Einheit besitzen und nicht wie die Ausstattung eines Residenzschlosses der ständigen Fluktuation unterliegen. Hier wird auch die Frage nach der Definition des Privateigentums des Herrschers bzw. der Unterscheidung zum Eigentum des Staates, auf das der Herrscher noch Zugriff hat, deutlich.

Diese Fragen zu ihren landesherrlichen Sammlungen sollten sich bei den Welfen mehrfach stellen. Im Spätmittelalter und der Frühen Neuzeit hatte sich das hochadelige Haus mehrfach verzweigt, so in die Linien Lüneburg, Grubenhagen, Wolfenbüttel, Dannenberg und Calenberg, die teilweise auch wieder erloschen. Zu Beginn des 18. Jahrhunderts waren die Linien Wolfenbüttel ab 1753 mit Residenz in Braunschweig im „Grauen Hof" (Abb. 1) und Calenberg mit Sitz in Hannover übrig, letztere seit 1714 in Personalunion in Großbritannien auch als Königshaus regierend.

Das Schicksal der Welfen in der jüngeren Geschichte ist bekannt. Das 1837 neu gegründete Königreich Hannover verlor 1866 die Auseinandersetzung mit Preußen und wurde preußische Provinz. Der letzte König von Hannover, Georg V., ging nach Österreich ins Exil;[5] er verzichtete nie auf seinen Thron. Auf Grund einer antipreußischen Kundgebung in seinem Exil Wien-Hietzing 1868 kam er nicht in den Genuss der Zinsen einer hohen Abfindung, die ihm die Krone Preußens 1867 eigentlich gewährt hatte. Als Schlösser sollten dem Welfenhaus das Schloss Herrenhausen und das Hofgut Calenberg mit Schloss Marienburg verbleiben. Der so genannte „Welfenschatz“ und das Evangeliar Heinrichs des Löwen mit dem „Welfenmuseum“ wurden Georg V. ebenfalls als Privateigentum zugesprochen. Das Leineschloss, das Palais an der Leinstrasse und das erst begonnene Welfenschloss in Hannover gingen an den preußischen Fiskus über. Schon in dieser Zeit geriet die ehemals königliche Familie in finanzielle Bedrängnis.[6] Als nach der Entthronisierung die Gemahlin Georgs V., Marie, auf Schloss Marienburg (Abb. 2) 1866/67 kurzzeitig Hof hielt, konnte sie nur die Zinsen eines Guthabens auf der Bank von England nutzen. Die Zinsen aus dem so genannten „Welfenfonds“ hingegen, der Abfindung von 1867, verwandte die preußische Regierung in den nächsten Jahren für eigene Zwecke. Erst 1892 konnte der Erbe Königs Georgs V., Ernst August, Herzog von Cumberland (1845–1923), die Verfügungsberechtigung über die Zinsen seines Vermögens wiedererlangen.[7]

In Braunschweig hingegen regierte der Herzog Wilhelm bis zu seinem Tode 1884, blieb aber ohne legitime Nachkommen. Die hannoversche Welfenlinie durfte in Braunschweig die Regierung zunächst nicht übernehmen – es wurden vielmehr Prinzregenten aus anderen Familien eingesetzt. 1913 kam es jedoch zur Versöhnung zwischen Preußen und Welfen – und damit letztlich auch zu einer Vereinigung aller den Linien Braunschweig und Hannover verbliebenen Kunstwerke.

1913 heirateten der Enkel des letzten Königs von Hannover, Herzog Ernst August (1887–1953) und die Tochter Kaiser Wilhelms II., Victoria Luise (1892–1980). Ernst August wurde das Herzogtum Braunschweig zur Regierung zugesprochen; in diesem Regentenamt verblieb er bis zu seiner Abdankung 1918. Die Braunschweiger Residenz war das zu Zeiten des Herzogs Wilhelm nach Plänen Carl Theodor Ottmers in spätklassizistischem Stil neu erbaute Stadtschloss (Abb. 3), ein für die Geschichte Braunschweigs fraglos wichtiges Identifikationsmonument, das – im zweiten Weltkrieg stark beschädigt und 1960 abgerissen – in seiner äußeren Erscheinung jüngst rekonstruiert und einem Einkaufscenter vorgeblendet wurde. Das Herzogspaar Ernst August und Victoria Luise wohnten bis 1918 im Braunschweiger Residenzschloss. Ihre Wohnungen waren ebenfalls, insbesondere 1919–1925, das alte Welfen-Exil Gmunden/Oberösterreich und danach Schloss Blankenburg im Harz.

Der Wohnungswechsel nach Blankenburg, verbunden mit einer Modernisierung des Schlosses, mag mit der endgültigen Entscheidung über die finanzielle Abfindung des Herzogs zusammenhängen, die sich als Folge einer seit der Abdankung geführten Auseinandersetzung mit dem Land Braunschweig ergeben hatte. 1918 hatte die herzogliche Familie Braunschweig verlassen und sich ins Exil begeben, ohne die Ansprüche auf Abgeltung von Rechten, z. B. auf das fürstliche Eigentum am Kammergute, fallen zu lassen.[8] Ernst August wünschte soviel in sein Privateigentum aufzunehmen, wie zur „Führung eines standesgemäßen Haushaltes“ notwendig sei. Seine Beauftragten setzten dafür 1921 eine gerichtliche Auseinandersetzung mit dem Land Braunschweig in Gang. 1925 kam es zu einem von beiden Seiten akzeptierten Vergleich. Das Herzogshaus erhielt u. a. Schloss Blankenburg, Forstbezirke im Ostharz, mehrere Domänen und das Gestüt Bündheim.[9] Für die berühmten Sammlungen des Landes Braunschweig wurde eine spezielle Lösung gefunden: Die Herzog August Bibliothek in Wolfenbüttel und das Herzog Anton Ulrich-Museum in Braunschweig wurden in einer Stiftung zusammengeführt, die je zur Hälfte vom Herzogshaus und vom Land Braunschweig getragen wurde.[10]

Dem Herzogshaus wurde außerdem gestattet, „Sachen der ehemaligen Hofstatt“ zu übernehmen. Dies bedeutete, dass Ausstattungsgegenstände aus dem Braunschweiger Residenzschloss abtransportiert werden durften, vor allem wertvolle Möbel und Gemälde – und hierbei fast ausschließlich fürstliche Bildnisse.[11] Im Stadtschloss war zuvor ein Schloss-Museum entstanden, gespeist aus den repräsentativen Schloss-Beständen.[12] Art und Umfang der Abflüsse von Gemälden an das Haus Braunschweig-Lüneburg werden durch Zusätze in einem älteren Inventar von 1911 deutlich.[13] Insgesamt 164 Werke wurden wohl zumeist nach Schloss Blankenburg überführt. Fünf Gemälde, darunter eine Version des berühmten Porträts von Herzog Carl Wilhelm Ferdinand von Pompeo Batoni (1767) gelangten in das vom Welfenhaus getragene Herrenhausen-Museum nach Hannover. Von den 27 Gemälden, bei denen ein unbekannter Verbleib notiert wurde, mögen weitere an das Herzogshaus gelangt sein, da ein entsprechend aufgeführtes Porträt Herzog Ludwig Rudolfs von der Hand Johann Conrad Eichlers 2005 auf der Auktion des Familienbesitzes für das Herzog Anton Ulrich-Museum erworben werden konnte.[14]

Mitte der 20er Jahre begann eine Verkaufsperiode im Welfenhaus, als nämlich in Hannover die dem heutigen Niedersächsischen Landesmuseum leihweise überlassene Fideicommiss-Galerie veräußert werden sollte. Die preußische Provinz Hannover erwarb daraus schließlich 178 Bilder von insgesamt 797 Werken, leider nicht Hans Holbeins d. J. Porträt des Prinzen Edward VI. von England (heute: Washington, National Gallery of Art).[15] Parallel liefen Verkäufe etwa aus der Silberkammer des Welfenhauses in Wien. Wenige Jahre später, 1929, begann die Aktion der Veräußerung des zentralen „Welfenschatzes“, des 1671 von der Hannoveraner Linie übernommenen Reliquienschatzes der Stiftskirche St. Blasius in Braunschweig, der seitdem unwiederbringlich auseinander gerissen worden ist.[16]

Die herzogliche Familie wohnte damals vorrangig in Blankenburg, der vom Grossen Schloss (Abb. 4) bekrön-

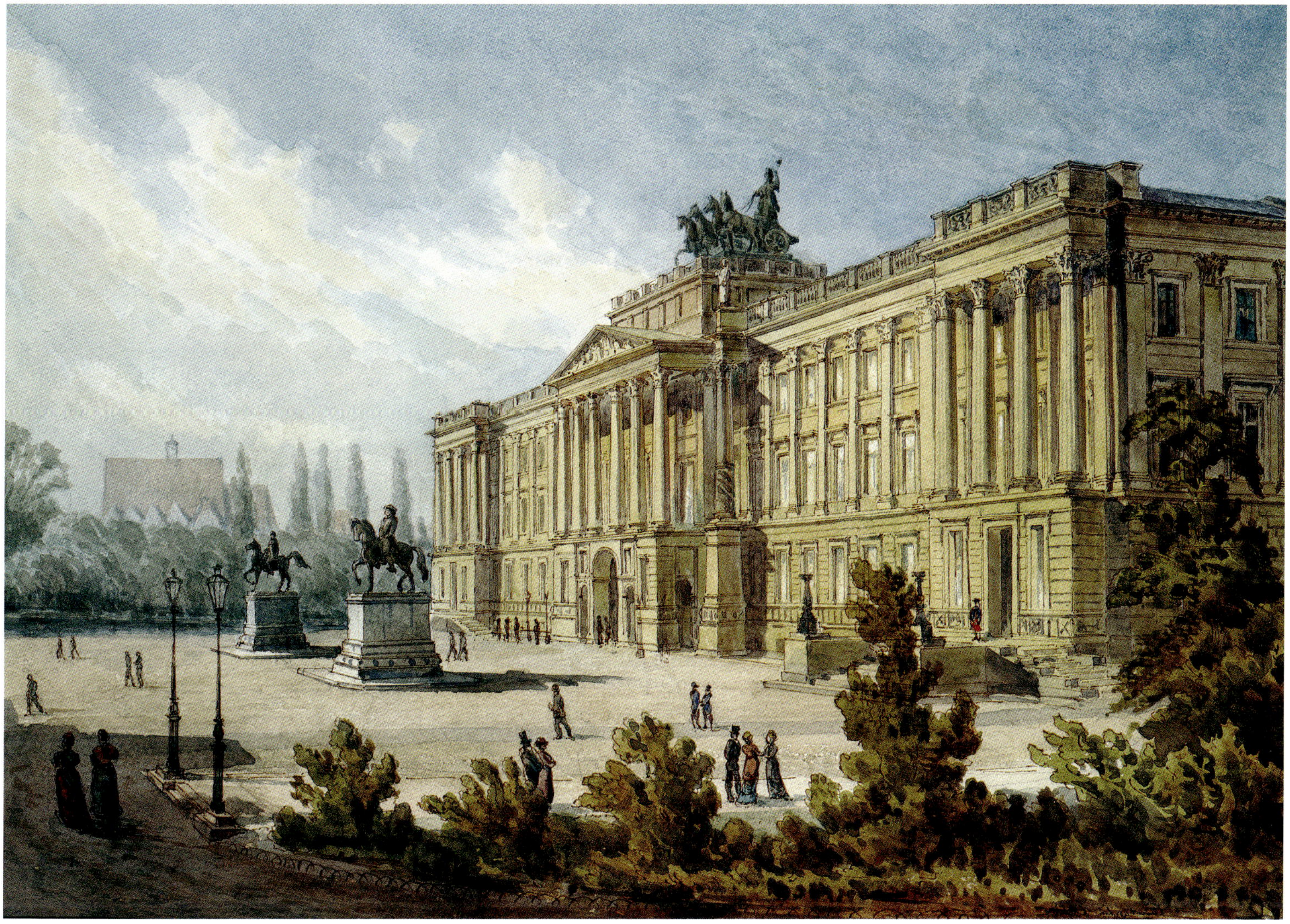

Abb. 3: Constantin Uhde, Braunschweig – Das Herzogliche Residenz-Schloss, Aquarell, 1881, Braunschweig, Herzog Anton Ulrich-Museum

ten Stadt im Harz, einem seit 1599 zum Fürstentum Wolfenbüttel gehörigen Landesteil.[17] Blankenburg hatte als Residenz von Herzog Ludwig Rudolf, dem jüngsten Sohn von Herzog Anton Ulrich, auf Grund persönlicher Beziehungen zum deutschen Kaiserhof – seine Tochter Elisabeth Christine war mit Kaiser Karl VI. verheiratet – in der Barockzeit eine deutliche Aufwertung erfahren. Die Grafschaft wurde zum reichsunmittelbaren Fürstentum erhoben und Ludwig Rudolf konnte mit Hilfe kaiserlicher Subsidien barocke Repräsentation entfalten. Lustgarten und Kleines Schloss wurden errichtet und das Grosse Schloss in mehreren Etappen zwischen 1705 und 1731 – dem Jahr, in dem Ludwig Rudolf Nachfolger seines Bruders als regierender Herzog in Wolfenbüttel wurde – umgebaut. Die Blankenburger Sammlungen umfassten eine Bibliothek, Skulpturen und Gemälde.[18] Zu- und Abgänge des 18. und 19. Jahrhunderts, etwa in den Zeiten Herzog Wilhelms, veränderten das Profil der ursprünglichen Bestände.

Was nach dem ersten Weltkrieg an Ausstattung und Sammlungen auf dem Grossen Schloss in Blankenburg vorhanden war, listet der Band „Kreis Blankenburg" der Bau- und Kunstdenkmäler von 1922 auf.[19] Unter den beweglichen Ausstattungsgegenständen erscheinen etwa aus der Schlosskirche Taufschale, Abendmahlsgerät und Silberleuchter bemerkenswert. Als Waffensammlung wurden Teile der 1868 verkauften Bestände des Braunschweiger bzw. Wolfenbütteler Zeughauses im Schloss bewahrt, darunter kostbare Harnische des 16. Jahrhunderts. Im Denkmälerinventar folgen Aufzählung und Kurzbeschreibung von 141 Gemälden. Sie entstammten sowohl dem Altbestand des Schlosses Blankenburg als auch weiteren welfischen Sammlungen im Land Braunschweig. Ursprünglich in Salzdahlum befanden sich das Porträt des Grafen Schulenburg, 1716 von Johann Conrad Eichler gemalt (2005 für das Herzog Anton Ulrich-Museum erworben), und die Porträts der Herzöge Ernst Ferdinand und Heinrich Ferdinand von Braunschweig-Bevern, geschaffen vom berühm-

ten Nicolas de Largillierre, der 1701 schon das Porträt von Ludwig Rudolfs Bruder und Vorgänger, Herzog August Wilhelm, gefertigt hatte.[20] Zu diesen Beständen des Schlosses Blankenburg müssen 1925/26 auch die dem welfischen Haus zugesprochenen Objekte aus dem Residenzschloss Braunschweig gekommen sein.
An der neuen Wohnsituation durfte sich die herzogliche Familie nicht lange erfreuen.[21] Mit dem Ende des zweiten Weltkrieges drohte die russische Besetzung Blankenburgs. Der englische Kunstschutz-Offizier Felix Harbord schlug vor, das Schloss mit allen Kunstschätzen zu evakuieren und alles zur Marienburg zu bringen, die Zustimmung Herzog Ernst Augusts vorausgesetzt: „Im ersten Moment war er konsterniert. Er erinnerte an die Verluste, Enteignungen und Schwierigkeiten, die sie [die Welfen] erlitten hatten. Über Jahrhunderte hatte man sie von einem Ort zum anderen gejagt, und er fragte sich, wie sie die Kraft finden würden, all dies ein weiteres Mal durchzustehen." Letztlich folgte er jedoch dem Vorschlag und unter dem Geleitschutz dreier Panzerwagen fuhren dreißig Lastwagen vier Wochen lang zwischen Schloss Blankenburg und Schloss Marienburg hin und her, um das bewegliche Inventar zu transportieren. Ein kleiner Teil musste jedoch zurückbleiben. Seine Ländereien und Güter in Sachsen-Anhalt erhielt das Herzogshaus nach der Wiedervereinigung 1989 nicht mehr zurück.
Auch nach dem zweiten Weltkrieg setzten sich die Kunstverkäufe durch das Welfenhaus fort. Das Land Niedersachsen erwarb für Hannover 1955 die noch vorhandenen Stücke des Welfenmuseums und die ehemalige Königliche Bibliothek, die Stadt Hannover 1961 das Schlossgelände Herrenhausen (Abb. 5). Größere Diskussionen in der Öffentlichkeit verursachten die Versteigerungen des Hildesheimer Tafelsilbers 1980 und des Evangeliars Heinrichs des Löwen 1983.[22]
Derzeit bildet die 2005 erfolgte Versteigerung vom Großteil des Inventars in der Marienburg den Abschluss welfischer Verkaufsgeschichte. Die geplante Veräußerung wurde im April 2005 durch Mitglieder des Welfenhauses und das Auktionshaus Sotheby's bekannt gemacht. Wie zahllose Presseberichte belegen, sollte die Marienburg weitgehend entleert und ihre Ausstattung auf einen geringen Kernbestand des 19. Jahrhunderts zurückgeführt werden. Für niedersächsische Museen stellte sich umgehend die Frage, welche Objekte denn überhaupt verkauft werden sollten – das meiste davon war seit Jahrzehnten unzugänglich gewesen. Die Vermutung lag nahe, dass es sich dabei

Abb. 4: Carl Tessauer, Schloss Blankenburg, Gouache auf Pergament, um 1735, Braunschweig, Herzog Anton Ulrich-Museum

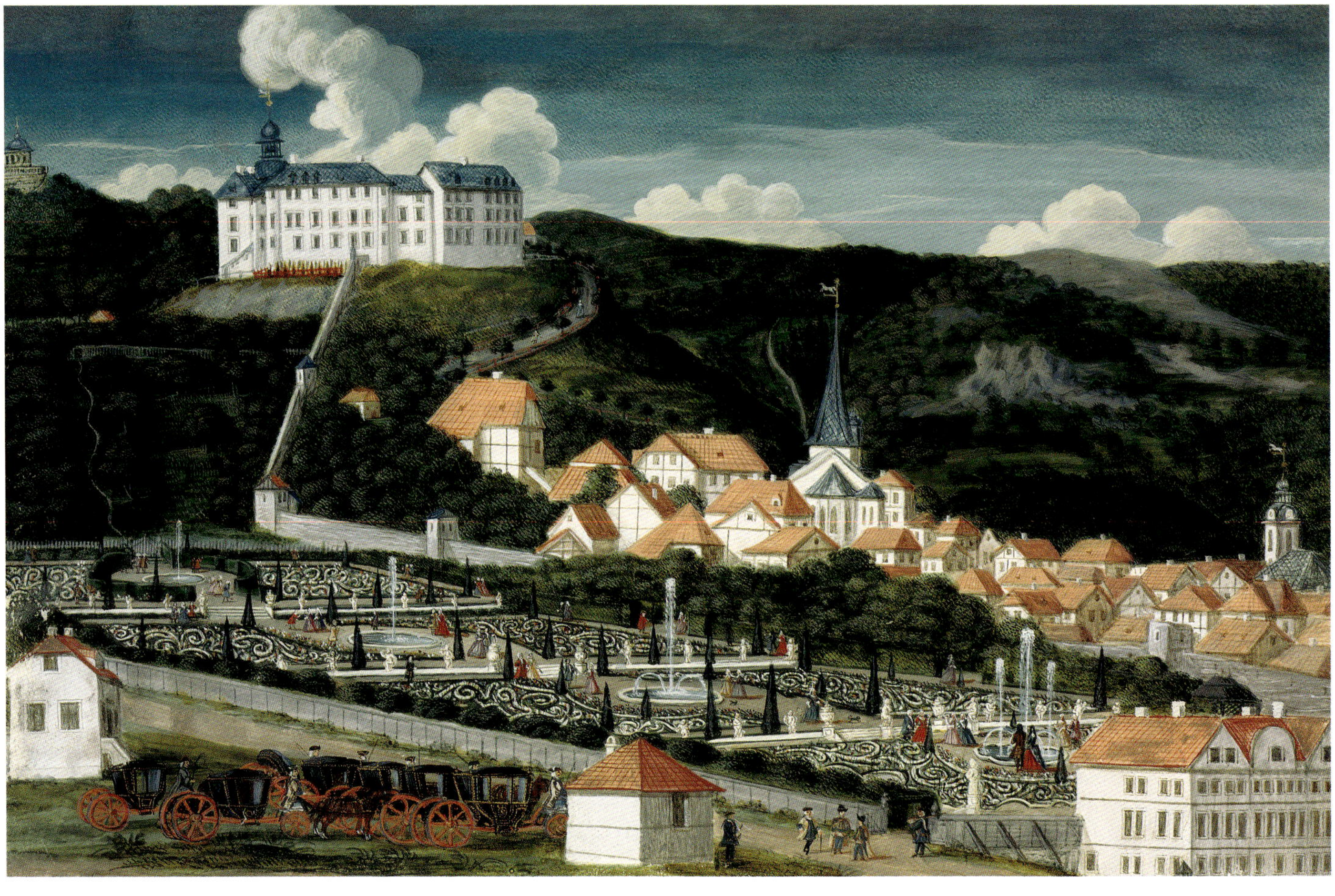

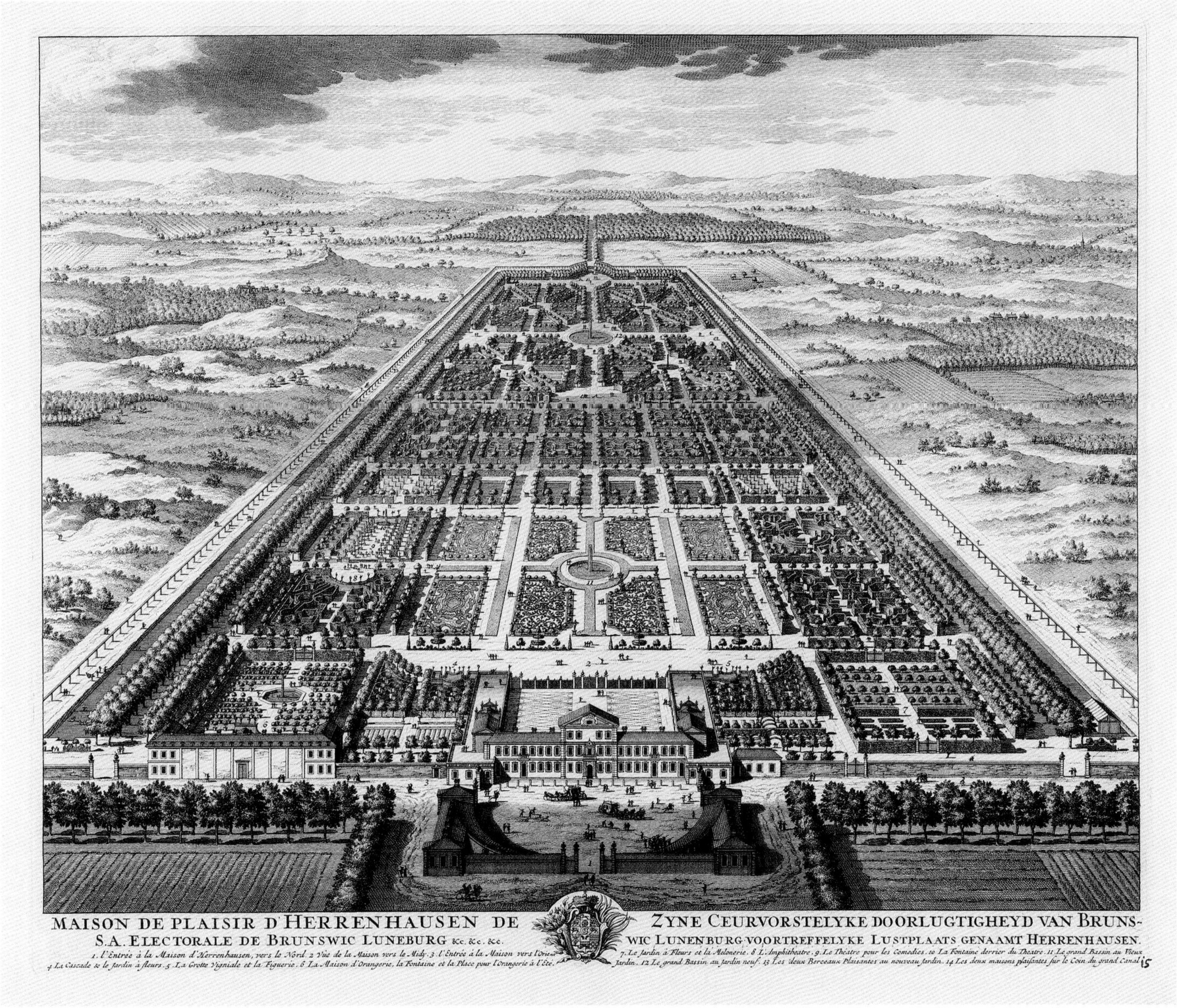

Abb. 5: Herrenhausen, Gesamtansicht von Norden, Stich vor 1714

um viele Werke des ausgeräumten Schlosses Blankenburg, auch um manche Objekte aus Herrenhausen, wie den Gemälden von Gerard van Honthorst,[23] handelte. Wenig sicher konnten sich die Museen zunächst auch bei der Frage nach der Finanzierung möglicher Ankäufe sein. Das Niedersächsische Ministerium für Wissenschaft und Kultur übernahm aber alsbald die Verhandlungsführung mit den Verkäufern und später auch die Koordination mit fördernden Stiftungen in Niedersachsen.

Durch den Einsatz des Ministeriums bot sich eingeladenen Museumsleitungen am 15. Juni 2005 die Gelegenheit zu einer Vorbesichtigung in einer Lagerhalle in Amsterdam, wohin das Auktionsgut zur Katalogisierung gebracht worden war. Es standen wenige Stunden für eine Durchsicht zur Verfügung; nur wenige Werke schienen dabei von öffentlichem Interesse. Immerhin war ein Vorabkauf möglich, auch von noch separat angebotenen Objekten, und so konnten dank der Vermittlung des Niedersächsischen Ministeriums für Wissenschaft und Kultur und der Finanzierung niedersächsischer Stiftungen wenig später einige herausragende Werke als Erwerbungen präsentiert werden. Das Herzog Anton Ulrich-Museum erhielt drei Gemälde durch die Richard Borek Stiftung (als Dauerleihgaben) und die Stiftung Braunschweigischer Kulturbesitz.

Im Nachhinein betonten die niedersächsischen Museumsleitungen, am 15. Juni habe man kaum bedeutendes Auktionsgut zu sehen bekommen, die Auktionsleitung hingegen vertrat in einer Pressemitteilung vom Oktober 2005 die Meinung, 92 % aller zur Auktion gelangten Gegenstände seien besichtigt worden. Als jedenfalls im September der Auktionskatalog, später auch zusätzliche Listen, vorlagen – zur Versteigerung kamen ca. 20 000 Gegenstände – sahen sich niedersächsische Museen veranlasst, weitere substantielle Wünsche vorzubringen. Ein Herausnehmen aus der Auktion war zu diesem Zeitpunkt nicht mehr möglich und so wurde das Mitbieten bei der Auktion notwendig, wieder finanziert durch regionale Stiftungen. Das Herzog Anton Ulrich-Museum erwarb dabei noch drei Lots (mit zehn Objekten) von gewünschten 19 Lots.[24]

Aus Veröffentlichungen wurde nach der Auktion deutlich, dass weitere Kunstwerke nicht dort verkauft worden waren, sondern vorab an auswärtige Interessenten gerieten. Den „Calenberger Altar", ein Retabel um 1515 mit Porträts aus der Familie der Herzöge von Braunschweig-Lüneburg, zugeschrieben dem „Meister der Goslarer Sibyllen"[25] erwarb das Museum of Fine Arts in Boston,[26] den Prunkharnisch Herzog Heinrichs d. J. über einen englischen Waffenhändler[27] die University Art Gallery in Rochester (NY).[28]

Noch geblieben vom einstmals reichen Kunstbesitz der Welfen sind heute außer Teilen der ursprünglichen historistischen Ausstattung der Marienburg vor allem die einzigartigen Möbel des barocken Silberzimmers,[29] die Kutschen aus dem hannoverschen Marstall[30] sowie das Inventar des Herrenhausen-Museums.[31]

Mit dem Verlust der Kunstwerke ging ein Schwund an Präsenz des Welfenhauses in seinem Stammland einher. Kunst als Mittel der Darstellung in der Öffentlichkeit und als Zeugnis eigener Tradition verlor an Interesse, vielleicht auch Zeichen einer Zeit, in der materielle über ideelle Vorstellungen dominieren. Bewahrer der Werke einer regionalen und darüber hinaus internationalen welfischen Tradition sind im öffentlichen staatlichen Auftrag zum Zweck der Bildung für Alle nunmehr die Museen.

1 Allgemein hierzu: Grote 2005; Luckhardt 2004.
2 Luckhardt 2004 a, S. 20.
3 Luckhardt 2004, S. 21.
4 Savoy 2006.
5 Zum folgenden: Philippi 1959, S. 190, 191, 194, 195, 229.
6 Roolfs 2005, S. 329.
7 Er erhielt aber noch nicht den Zugriff auf das eigentliche Vermögen. Hier zogen sich Auseinandersetzungen mit dem preußischen Staat bis 1933 hin. Seit 1923 waren dem Welfenhaus keine Zinsen mehr aus den immer noch beim preußischen Staat ruhenden Fonds gezahlt worden. Herzog Ernst August verlangte einen Ausgleich für die auf Grund der Inflation 1929/30 erlittenen Verluste, die ihm nur zu einem Teil erstattet wurden, s. Former 1992, S. 151f.
8 Zum folgenden: Schmidt 1996, S. 25, 47, 134f.
9 Teile davon wurden auch nicht länger behalten, sondern 1933–38 wieder verkauft, s. Schmidt 1996, S. 164.
10 1942 schied das Herzogshaus aus dieser Stiftung aus. Alleiniger Träger wurde 1946 das Land Niedersachsen.
11 Wedemeyer / Willemsen 2000. Der Gemäldebestand des Residenzschlosses umfasste vornehmlich Bilder des 17. und 18. Jahrhunderts. Es liegt die Vermutung nahe, dass vieles davon noch aus dem Vorgängerschloss, dem durch Brand zerstörten „Grauen Hof" stammen könnte. Inventare als genauere Belege fehlen leider.
12 Meier 1922.
13 Wedemeyer/Willemsen 2000, S. 478–493.
14 Wedemeyer/Willemsen 2000, S. 488.
15 Trudzinski 2000, insbesondere S. 62ff.
16 Der Welfenschatz gehörte – wie auch das Evangeliar Heinrichs des Löwen – zum „Welfenmuseum" und war 1867 von Georg V. ins Exil nach Österreich geholt worden.
17 Zum folgenden: Voigt 1996.
18 Vgl. Marth, in: Luckhardt 2004, S. 74–76.
19 Steinacker 1922, S. 69–99.
20 Die letzten drei Bilder befinden sich heute im Herrenhausen-Museum; sie stehen auf der Liste nationaler Kulturgüter.
21 Zum folgenden: Friemuth 1989, S. 121f. Das Zitat auf S. 122.
22 Vgl. die Kapitel des vorliegenden Ausstellungskataloges.
23 Alvensleben 1939, Abb. Nr. 3, 4. Die beiden Gemälde, Allegorien auf den „Winterkönig", erschienen letztlich aber nicht in der Auktionsmasse.
24 Separat liefen Verhandlungen um die Aufnahme besonderer Stücke in die Liste nationaler Kulturgüter und um zusätzliche Dauerleihgaben des Welfenhauses. Die von den niedersächsischen Institutionen erworbenen Werke werden auf Grund unterschiedlicher Restaurierungs- und Präsentationsmöglichkeiten nach und nach vorgestellt.
25 Gmelin 1974, S. 442–448.
26 Museum of Fine Arts, Boston, Annual Report, June 30, 2005, S. 28.
27 Ausführlicher Katalog von Peter Finer, Ilmington und London 2006.
28 Acquisition of the Month, in: Apollo February 2007, S. 18f.
29 Diese Möbel (vgl. Ausst.-Kat. München 1994, Bd. 2, S. 354–373) sind auf der Liste nationaler Kulturgüter verzeichnet, die Gemälde im Herrenhausen-Museum ebenfalls.
30 von Rohr 1980.
31 Über den Inhalt des Fürstenhauses, Herrenhausen-Museum, Hannover unterrichtet ein von der Museumsverwaltung herausgegebener Museumsführer (mit Wandabwicklung.

KATALOG

GROSSE VERSTEIGERUNG AUF DER MARIENBURG

Gisela Bungarten

Im Oktober 2005 fand auf der Marienburg bei Nordstemmen die größte Versteigerungsaktion statt, die das Land Niedersachsen jemals erlebt hat. Das Welfenhaus ließ mehr als 6 000 Lose mit rund 20 000 Objekten an acht Geschäftstagen, vom 5. bis 15. Oktober 2005, versteigern, Vorbesichtigungen erfolgten vom 30. September bis 3. Oktober 2005. Das beauftragte Auktionshaus Sotheby's brachte einen Erlös von 43,95 Millionen Euro ein – zuvor war dieser auf 12 Millionen Euro geschätzt worden. Es war die größte Hausauktion in der Geschichte des Auktionshauses. Herzog Philipp von Württemberg, Chefauktionator und Geschäftsführer Deutschland von Sotheby's, leitete die Verkäufe. Organisator der Auktion war Christoph Graf Douglas, ehemaliger Chef von Sotheby's Deutschland, seit geraumer Zeit selbständiger Kunstberater. Er war auch für die Durchführung der Auktionen anderer prominenter Kunstsammlungen in Adelsbesitz zuständig: 1993 hatte Gloria von Thurn und Taxis Kunstgegenstände aus ihrem Erbe für 16 Millionen Euro versteigert, zwei Jahre später trennte sich das Haus Baden für 39,7 Millionen von herrschaftlichem Inventar, 1992, 1999 und 2001 wurde Besitz des Hauses Fürstenberg verauktioniert. Im Falle der Marienburg-Auktion stand Graf Douglas eine handelsübliche Provision von 24 % des Erlöses zu, also ein Betrag von rund 10 Millionen Euro.[1] Initiatoren der Versteigerung waren nach außen Ernst August jun. (Jahrgang 1983) und Christian (Jahrgang 1985), die Söhne des Oberhauptes des Welfenhauses, Prinz Ernst August von Hannover. Prinz Ernst August hatte ihnen die Besitzrechte an den beweglichen Kunstgütern auf der Marienburg kurz vor der Auktion übertragen.

Die versteigerten Objekte reichten von Gemälden und Zeichnungen über Skulpturen, Silber, Porzellan, Glas und Möbeln bis hin zu Rüstungen und Waffen. Es wurden aber auch Kuchenformen und Nachttöpfe versteigert. Das teuerste Lot war Nr. 2757, ein Paar großer Vasen aus der kaiserlichen Petersburger Manufaktur.[2] Sie gingen für 1,7 Millionen Euro an einen anonymen Käufer in Russland.[3] Bei dem billigsten Lot handelt es sich um Nr. 907, einen kleinen Krug des 19. Jahrhunderts aus Raeren, der für 60 Euro verkauft wurde.[4]

Bevor die eigentliche Auktion durchgeführt werden konnte, erfolgte die wissenschaftliche Erfassung und Erschließung des Materials. Hierzu mussten alle zum Verkauf stehenden Objekte inventarisiert, gereinigt und katalogisiert werden. Zum Teil waren umfangreiche restau-

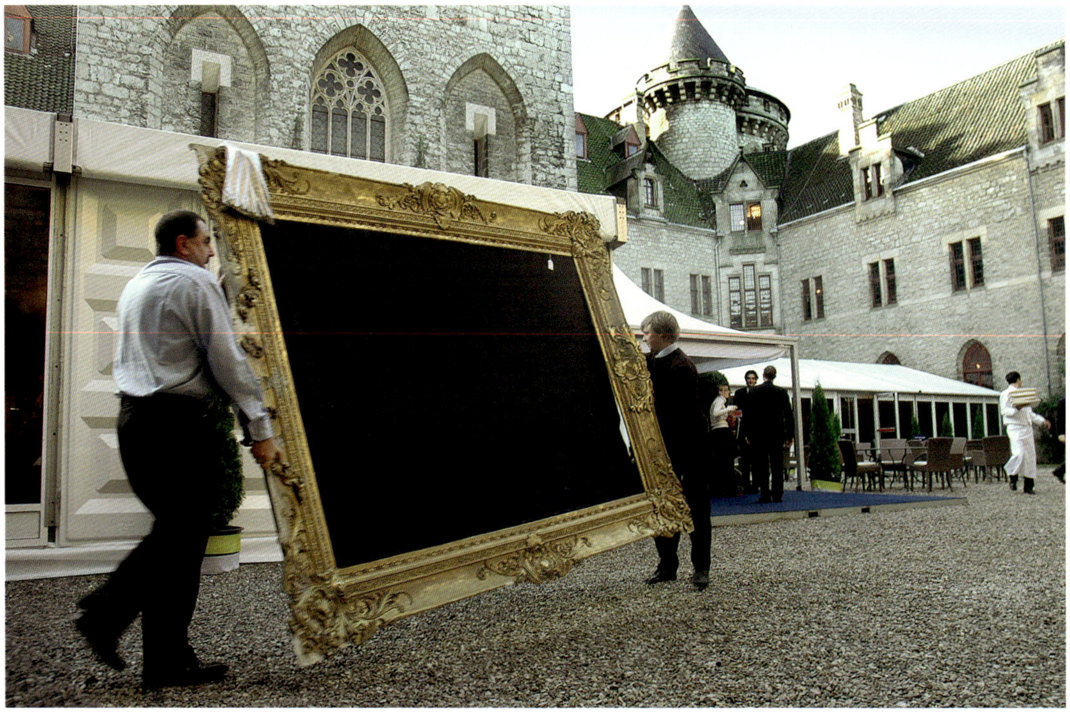

Abb. 1: Mitarbeiter des Auktionshauses Sotheby's tragen ein Gemälde über den Innenhof der Marienburg

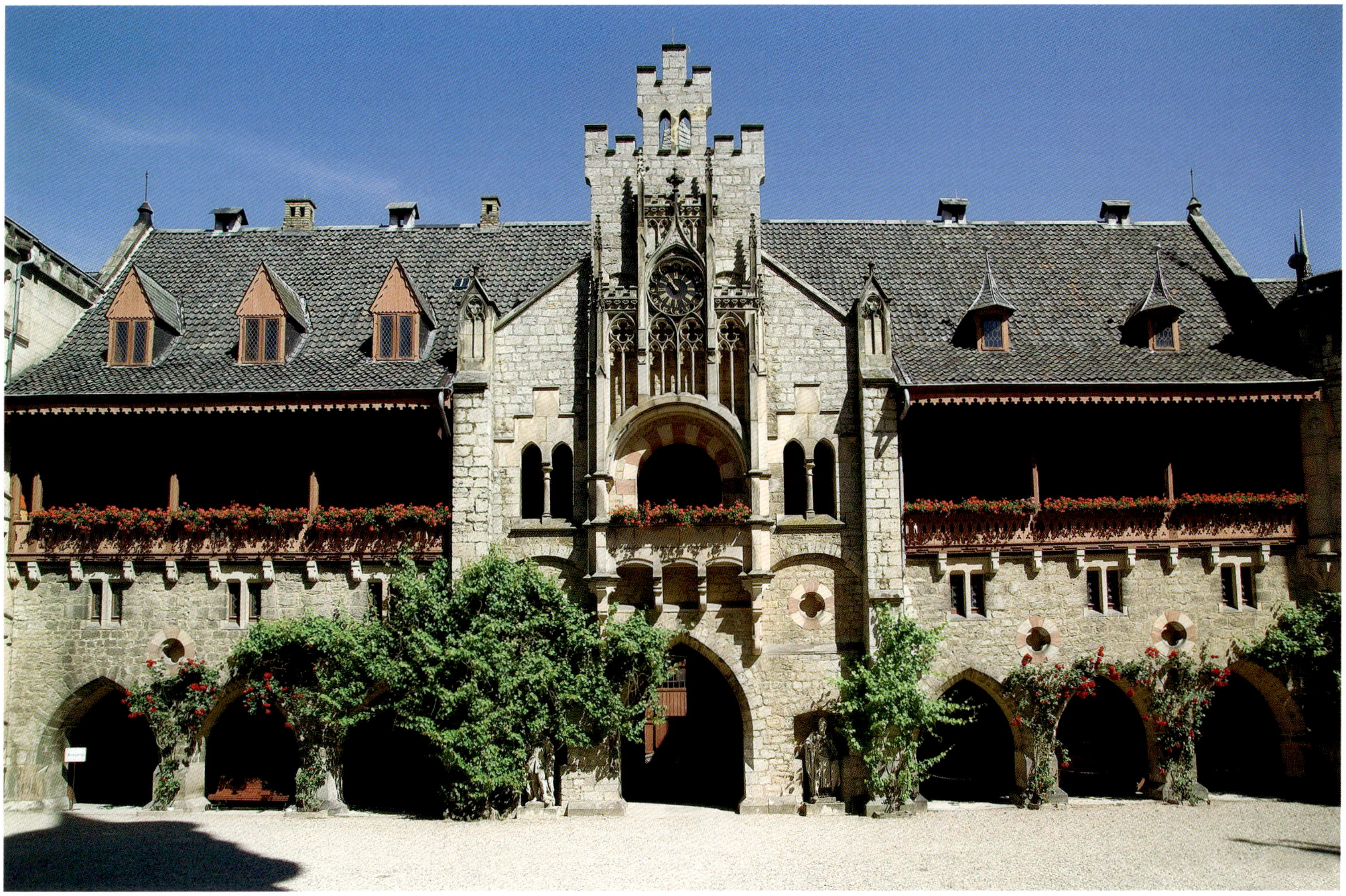

Abb. 2: Marienburg bei Nordstemmen, Innenhof

ratorische Maßnahmen notwendig. Die Bewältigung der Arbeit wurde dem Kunsthandel überlassen. Sotheby's verpackte die Objekte und transportierte sie in einen speziell eingerichteten ehemaligen Flugzeughangar in den Niederlanden in der Nähe von Amsterdam. Eine Vorabinventarisierung auf der Marienburg fand offenbar nicht statt. Nach erfolgter Bearbeitung wurden die Objekte wieder zurück nach Niedersachsen gebracht. Wohl nicht zuletzt wegen der Kürze der zur Verfügung stehenden Zeit blieb die Bearbeitung oftmals unvollständig. So wurde nicht erkannt, dass die beiden Bildnisse der Katharina I. von Russland beide von der Hand des dänischen Malers Møller stammen und ein beinahe identisches Paar bilden (vgl. Kat. Nr. 8) oder dass die Serie von sechs Zeichnungen nicht dem 19./20. Jahrhundert angehören, wie im Katalog vermerkt, sondern von der Hand Tischbeins, dem Gefährten Goethes stammen (vgl. Kat. Nr. 9). Andere zusammengehörende Ensembles wurden auseinander gerissen, um sie in kleinen Lots für Käufer mit schmalem Geldbeutel attraktiv zu machen. Hierzu gehören die silbernen Tischgeschirre, die in heute handelsübliche Sechserstückzahlen aufgeteilt wurden und die kupfernen Topf- und Kuchengeschirre aus der ehemals königlichen Küche, bei denen Töpfe bzw. Kuchenformen und die dazugehörigen Deckel voneinander getrennt wurden.[5]

Bemerkenswert ist auch, dass bereits vor der eigentlichen Auktion einige wertvolle Objekte aus der Marienburg auf den internationalen Kunstmarkt gelangten. Hierzu gehört ein Porträt von Anthonis van Dyck aus dem Jahr 1641, das den pfälzischen Kurfürsten Karl Ludwig, den Bruder der hannoverschen Kurfürstin Sophie zeigt (Leinwand, 107 x 93 cm). Am 7. Dezember 2005 kam es bei Sotheby's in London unter den Hammer.[6] Graf Douglas ließ erklären, dass es weder Ernst August sen. noch dessen beiden Söhnen Ernst August jun. und Christian gehöre. Man wisse nicht, wie es nach London geraten sei.[7]

Ein weiteres Objekt, das in den Handel geriet, ist der sog. Calenberger Altar. Er verschwand im Frühjahr 2005 aus der Marienburg und wurde bei Sotheby's New York veräußert.[8] Heute befindet er sich im Museum of Fine Arts in Boston (vgl. hierzu Luckhardt, Einführung, S. 18).

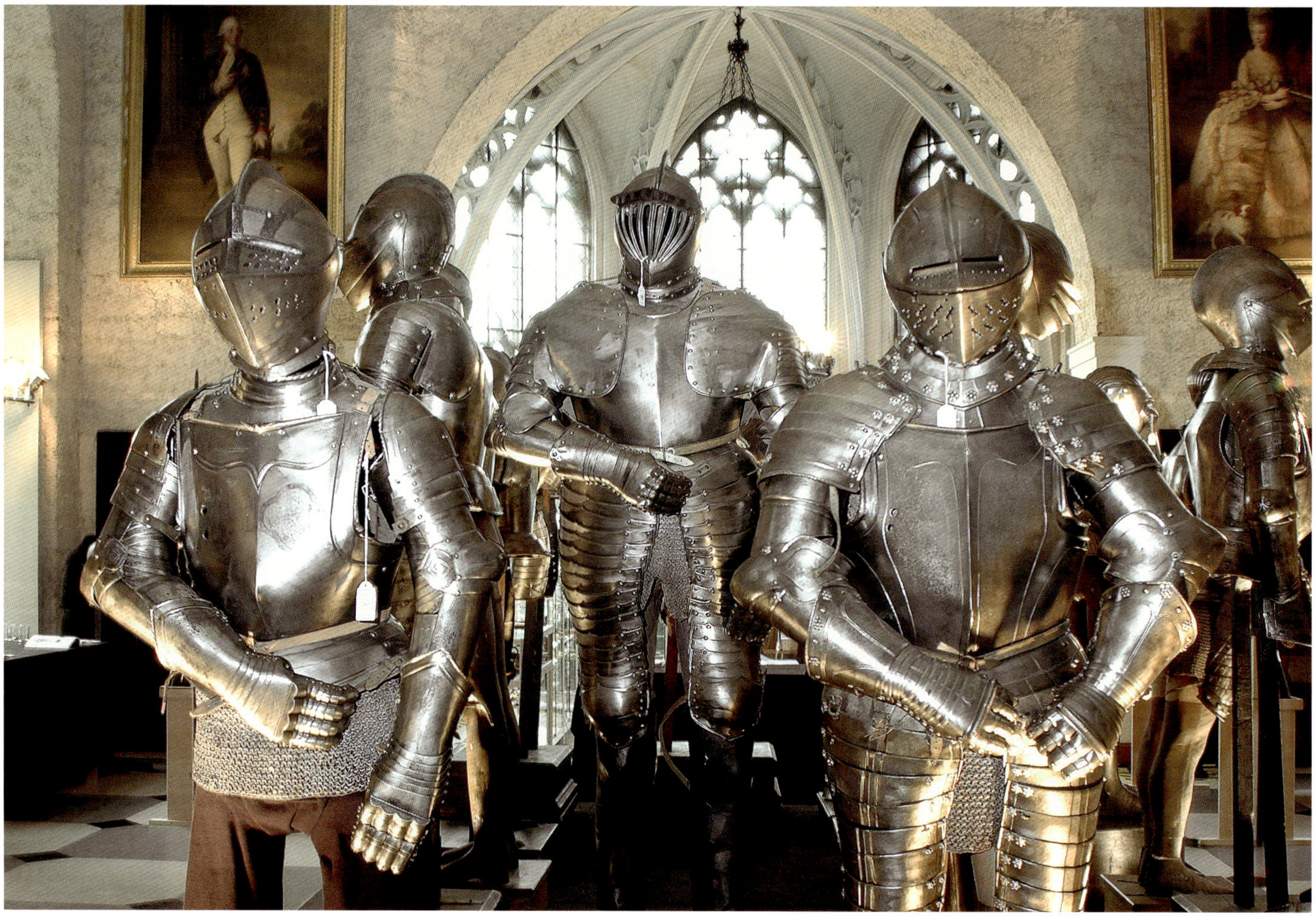

Abb. 3: Sotheby's Auktion auf der Marienburg vom 5.–15.10.2005, zum Verkauf angebotene Rüstungen aus Welfenbesitz

Der große Erfolg der Auktion war sicherlich auch dem Ort der Durchführung geschuldet: dieser ist äußerst geschichtsträchtig. Nur wenige Jahre nach der Thronbesteigung schenkte Georg V. von Hannover 1857 seiner Frau Marie die nachmalige Marienburg zum Geburtstag. Die Königin sollte die Residenz ganz nach ihrem Geschmack und ihren Vorstellungen gestalten dürfen. Marie war von Anbeginn eine ambitionierte Bauherrin und bestimmte die nach ihr benannte Burg maßgeblich in Form und Aussehen. Conrad Wilhelm Hase, Begründer der „Hannoveraner Schule", begann mit den Bauarbeiten. Für den seit seiner Kindheit erblindeten Georg wurde ein Korkmodell erstellt, das noch immer auf der Marienburg steht – damit er das Bauwerk, das er selbst nie würde sehen können, wenigstens ertasten konnte.

Nur wenige Jahre später, 1866, mussten die Bauarbeiten am Schloss, nunmehr unter der Leitung von Edwin Oppler, abgebrochen werden, da es zum Krieg mit dem Königreich Preußen kam. Hannover verlor trotz der siegreichen Schlacht bei Langensalza und der entthronte Georg V. musste das Land 1867 verlassen. Seine Familie folgte ihm ein Jahr später ins österreichische Exil. Die Marienburg wurde daher nie vollendet und war auch nur kurze Zeit tatsächlich bewohnt.

Der Grundriss des Schlosses erinnert an einen barocken Residenzbau. Die vieltürmige, schon von weitem sichtbar aus der Landschaft ragende Anlage jedoch sieht aus wie eine mittelalterliche Höhenburg. Von allen Seiten vermittelt sie den Eindruck, als sei sie über die Jahrhunderte durch immer neue Anbauten gewachsen – und nicht in einem Zug auf dem Reißbrett entworfen und binnen weniger Jahre erbaut.

Die beiden Söhne Ernst Augusts von Hannover ließen vor der Presse immer wieder verlauten, dass der Erlös der Versteigerung in eine Stiftung einfließe, die der Instandhaltung und Restaurierung der Marienburg vorbehalten sei.[9] Es war die Rede davon, ein „Neuschwanstein des Nordens" zu kreieren.[10] Für diese Idee wurde der mit Abstand größte mobile Ausstattungskomplex innerhalb der noch existierenden Welfenschlösser unwiderruflich aufgegeben.

1 Vgl. Süddeutsche Zeitung, 17.10.2005. Die nachfolgenden Ausführungen stützen sich in Ermangelung anderweitiger Literatur ausschließlich auf Presseberichte.

2 Datiert 1842 und 1849, Höhe 92 cm; Sotheby's 5.–15.10.2005, Kunstwerke des Königlichen Hauses Hannover, Schloss Marienburg, Bd. 3.

3 Vgl. Thorsten Fuchs, Der große Preis, in: Hannoversche Allgemeine Zeitung, 12.10.2005.

4 Höhe 18 cm; Sotheby's 5.–15.10.2005, Kunstwerke des Königlichen Hauses Hannover, Schloss Marienburg, Bd. 2.

5 Zum weiteren Verlauf der Auktion s. Luckhardt, Einführung, S. 16–18.

6 Sotheby's London, Old Master Paintings Evening Sale, 7 December 2005, Lot 26.

7 Vgl. Thorsten Fuchs, Gelangte Welfenkunst heimlich ins Ausland? Hannoversche Allgemeine Zeitung, 08.10.2005.

8 Vgl. Ekkehard Böhm, … und wieder ist etwas weg, Hannoversche Allgemeine Zeitung, 21.03.2006.

9 Bisher wurde die Elektroinstallation erneuert und ein Besuchercafé eingerichtet.

10 Der von Graf Douglas geprägte Ausdruck wird u. a. wiedergegeben in Achim Balkhoffs Artikel „Die Hüter des Schatzes", Hannoversche Allgemeine Zeitung, 29.4.2005.

1 Bernhard Christoph Francke
(Hannover? 1660/70–1729 Braunschweig)

PORTRÄT DES HERZOGS AUGUST WILHELM VOR DEM SCHLOSS WOLFENBÜTTEL, 1717/18

Leinwand, 166 x 133 cm
Auf der Rückseite Besitzstempel des Braunschweiger Stadtschlosses: H. S. B. 128
Braunschweig, Herzog Anton Ulrich-Museum,
Inv. Nr. GG L 8 (Eigentum der Richard Borek Stiftung)
Provenienz: Braunschweig, Stadtschloss;
Schloss Marienburg

Lit.: Biermann 1914, Bd. 1, Abb. 214; Thieme/Becker, Bd. 12, S. 338; Zimmermann 1915/16, S. 109, Nr. 12; Meier 1922, S. 4, 10, Nr. 128; Thöne 1963, S. 136, 254f., Abb. 111; Ausst.-Kat. München 1994, Bd. 2, S. 606, Kat. Nr. G 7, Abb. S. 362; Haak 2001, S. 74–75, S. 220, Kat. Nr. BS 18; AKL, Bd. 43, S. 463 (König-Lein); BrBL 2006, S. 226f. (Luckhardt); Ausst.-Kat. Wolfenbüttel 2006, Abb. 30

Herzog August Wilhelm zu Braunschweig-Lüneburg der Linie Wolfenbüttel (1662–1731) zeigt sich in diesem großformatigen, halbfigurigen Porträt nicht nur als Herrscher und Feldherr, sondern auch als selbstbewusster Bauherr. Er steht, den Oberkörper nach links gewendet, hinter einer breiten steinernen Brüstung und vor einer mächtigen Säule mit rotem Vorhang. Der Herzog trägt einen hermelingefütterten Mantel in kräftigem Blau, der über die Brüstung drapiert ist, darunter einen Prunkharnisch sowie ein spitzenbesetztes weißes Hemd. Quer über die Brust verläuft das blaue Band des dänischen Elefantenordens, der ihm 1699 verliehen worden war. Sein hoheitsvolles Erscheinungsbild wird durch die weiße, hohe Allongeperücke vervollständigt. Mit der rechten Hand umfasst er den Kommandostab, den er auf der Brüstung abstützt, die linke Hand liegt auf den vor ihm ausgebreiteten Zeichnungen. Die obere zeigt die Fassade der Trinitatiskirche in Wolfenbüttel, die auf seine Veranlassung 1719 errichtet wurde. Darunter liegt der Entwurfsplan einer Bastion, der mit der Aufschrift „Die Festung Braunschweig" versehen ist und auf den Ausbau der Braunschweiger Befestigungsanlagen unter Herzog August Wilhelm hinweist. Außerdem ist links im Hintergrund das Wolfenbütteler Schloss dargestellt, das 1714 bis 1717 umgebaut und mit einer barocken Ummantelung versehen wurde. Dank der Bauleidenschaft des Herzogs wurden von Hermann Korb, dem Leiter des herzoglichen Landbauwesens, noch weitere große Bauprojekte vollendet.[1]
Nach dem Tod Herzog Anton Ulrichs 1714 übernahm dessen Sohn August Wilhelm im Alter von 52 Jahren die Regierung, doch seine Interessen galten wohl mehr den wissenschaftlichen Studien, seinen Kunstsammlungen und dem Theater. Seine glanzvolle Hofhaltung in Wolfenbüttel bestimmte lange das Bild von August Wilhelm als genusssüchtigem Herrscher mit Sinn für äußere Prachtentfaltung, das in neuerer Zeit jedoch revidiert wurde.[2]
Der Hofmaler Christoph Bernhard Francke inszenierte ein barockes Herrscherporträt mit den Insignien der Macht, aber auch mit individuellen Kennzeichen. Der vermutlich aus Hannover stammende Francke stand seit 1693 als Leutnant in braunschweigischen Diensten, doch bald darauf war er als Maler für das Herzogshaus tätig. Unter Herzog August Wilhelm bezog er seit 1716 als Hofmaler ein regelmäßiges Gehalt. Er schuf zahlreiche repräsentative Bildnisse, die sich stilistisch deutlich an der französischen Hofkunst orientieren, insbesondere an Werken von Hyacinthe Rigaud und Nicolas Largillière. Charakteristisch für Francke sind die detaillierte Darstellung der Physiognomie und der Stofflichkeit sowie die von ihm bevorzugten Blautöne.
Das Porträt des Herzogs August Wilhelm vor dem Schloss Wolfenbüttel war bis 1926/27 im so genannten Ministerzimmer des Schlossmuseums Braunschweig ausgestellt; später wurde es in Schloss Marienburg aufbewahrt. Der schlechte Erhaltungszustand bei der Erwerbung 2005 machte umfangreiche Konservierungsmaßnahmen notwendig, die vor allem der Festigung der Malschicht dienten.

SKL

1 Vgl. Ausst.-Kat. Wolfenbüttel 2006.
2 BrBL 2006, S. 57f. (Fimpel); Wagnitz 1994; ADB, Bd. 1, S. 664f.

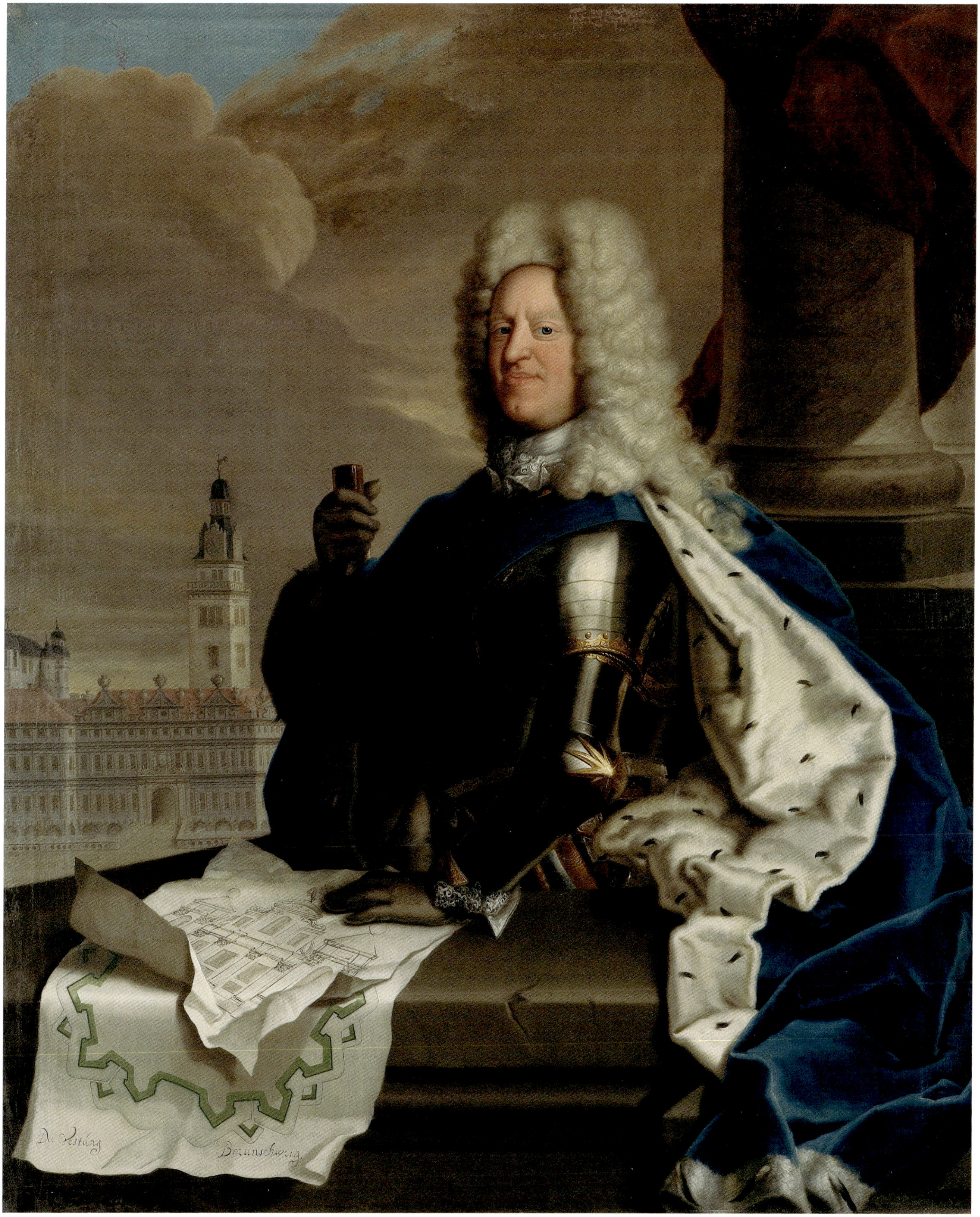
Die Vestung
Braunschweig

2 Johann Conrad Eichler (Peine 1680–1748 Wolfenbüttel)

PORTRÄT DES HERZOGS LUDWIG RUDOLF, 1731–1735

Leinwand, 190,1 x 137,4 cm
Rechts unten beschriftet: LUDOVICUS RUDOLPHUS. DEI GRATIAE DUX BRUNVICENSIS ET LUNEBURGENSIS. AUGUSTAE GENITOR J C Eichler. alias Wollust. Pin
Auf der Rückseite Besitzstempel des Braunschweiger Stadtschlosses: H. S. B. 131
Braunschweig, Herzog Anton Ulrich-Museum, Inv. Nr. GG 875
Provenienz: Braunschweig, Stadtschloss; Schlossmuseum; Schloss Marienburg; 2005 für das Museum mit Mitteln der Stiftung Braunschweigischer Kulturbesitz erworben

Lit.: Meier 1922, S. 4, 10, Nr. 131; Scherer 1899, S. 3; Thieme/Becker, Bd. 10, S. 408f. (Scherer); Haak 2001, S. 77–79, 222–226; AKL, Bd. 32, S. 510f. (Treydel); BrBL 2006, S. 187f. (Luckhardt)

Der aus Peine stammende Johann Conrad Eichler (vgl. Kat. Nr. 3) wurde im Januar des Jahres 1717 von Herzog August Wilhelm (1662–1731) von Braunschweig-Lüneburg zum „Herzogl[ichen] Hof- und Cabinetmaler" ernannt.[1] Jedoch bevorzugte der Herzog für seine Porträts offensichtlich den zeitgleich mit Eichler als Hofmaler tätigen Bernhard Christoph Francke (vgl. Kat. Nr. 1). Eichler ließ sich zunächst in Braunschweig nieder; aus dieser Zeit sind bislang nur wenige Werke bekannt, unter anderem zwei Stillleben, die er für Schloss Blankenburg anfertigte. Dort residierte Herzog Ludwig Rudolf (1671–1735), der 1731 das Fürstentum Braunschweig übernahm, nachdem sein älterer Bruder kinderlos verstorben war. In der nur vierjährigen Regierungszeit Herzog Ludwig Rudolfs wurde Eichler der führende Porträtmaler am Wolfenbütteler Hof und schuf zahlreiche repräsentative Staatsporträts des Herzogs, zumeist im Typus eines Feldherrenbildnisses.

Dazu gehört auch das aus dem Braunschweiger Schloss stammende Werk; es zeigt in Dreiviertelfigur und in Lebensgröße Herzog Ludwig Rudolf in majestätischer Pose vor dem Eingang eines ursprünglich dunkelroten Zeltes, das sich baldachinartig hinter ihm auftürmt. Er trägt einen roten Rock mit Goldstickerei und pelzbesetzten Ärmeln sowie ein weißes, spitzengesäumtes Hemd und eine weiße Halsbinde. Den Oberkörper bedeckt ein reich verzierter Prunkharnisch, um die Hüfte hat er eine goldfarbene Feldherrenschärpe geschlungen. Ludwig Rudolf zeigt sich mit dem Komturkreuz des Johanniter-Ordens, das ihm 1689 mit der Komturei Süpplingenburg verliehen worden war sowie mit dem St. Andreas-Orden, bestehend aus dem Kleinod am Blauen Band und dem Ordensstern. Diesen von Zar Peter I. (1672–1725) gestifteten höchsten russischen Orden erhielt er anlässlich der Heirat seiner Tochter Charlotte Christine Sophie (1694–1715) mit Zarewitsch Alexej (1690–1718) im Jahr 1711. Seine weiß gepuderte Allongeperücke zeigt die modische Form mit flachem Mittelscheitel und geknoteten Haarenden.[2] In seiner rechten Hand hält er den Kommandostab, die linke liegt auf einem federgeschmückten Prunkhelm, der auf einer steinernen Brüstung abgelegt ist. Daneben befindet sich eine liegende, rundliche Bulldogge, die auch auf anderen Porträts des Herzogs zu sehen ist; dahinter ist ein jugendlicher, dunkelhäutiger Page in Uniform zu sehen. Auch am Wolfenbütteler Hof war es Mode, sich von „Mohren" bedienen zu lassen oder sie als Musikanten zu beschäftigen; nachweislich arbeiteten hier im 17. und 18. Jahrhundert mindestens 23 schwarze Hofbedienstete.[3] Möglicherweise handelt es sich bei dem Dargestellten um den Mohr Matthias Jubat, der 1721 erstmals in Wolfenbüttel als Pauker erwähnt wurde und von 1723 bis 1733 ein jährliches Gehalt vom Hof bezog; er starb 1733 im Alter von etwa 22 Jahren.[4] Auf dem links im Hintergrund dargestellten Schlachtfeld wird ein am Boden liegender Leichnam von zwei Soldaten geborgen und ein zweiter Toter von einem Mönch gesegnet. Die bei einem Herrscherbildnis übliche kriegerische Szene suggeriert militärische Leistungen des Dargestellten. Herzog Ludwig Rudolf hatte jedoch nur 1689/90 am Pfälzischen Erbfolgekrieg teilgenommen und war in der Schlacht bei Fleury in französische Gefangenschaft geraten.[5]

Eichlers Porträtdarstellung ist deutlich an der französischen Hofkunst und insbesondere an den Bildnissen von Hyacinthe Rigaud orientiert. Ein solches Repräsentationsbild betonte nicht so sehr die Individualität des Dargestellten, sondern dessen Rang, Macht und Reichtum. Nachdem Herzog Ludwig Rudolf 1735 verstorben war, scheint Eichler am Hof wieder weniger gefragt gewesen zu sein; aus dieser Zeit sind vor allem Stillleben überliefert. Dennoch behielt er seinen Status als Hofmaler bis zu seinem Tod 1748.[6]

Noch 1922 wurde bei Eichlers Werk die „Frische und Freudigkeit der Farben" gelobt;[7] seither hat sich der Erhaltungszustand des Porträts sehr verschlechtert. Dies machte – ebenso wie der starke Schädlingsbefall – umfangreiche Konservierungsmaßnahmen notwendig.[8]

SKL

1 Scherer 1899, S. 2; Thöne 1963, S. 255. Die Bestallungsurkunde vom 15.1.1717 befindet sich im Niedersächsischen Staatsarchiv in Wolfenbüttel.
2 Vgl. Ausst.-Kat. Braunschweig 2006, S. 108, 213.
3 Knittel 1965; Reissinger 1997.
4 Knittel 1965, S. 87. Ein Schwarzer, allerdings mit einem Turban, wurde von Eichler auch auf dem sehr ähnlichen Porträt des Herzogs Ludwig Rudolf im Braunschweigischen Landesmuseum sowie einem 1734 datierten Ganzfigurenbildnis im Kaisersaal in Gandersheim dargestellt.
5 ADB, Bd. 19, S. 541–543 (P. Zimmermann); BrBL 2006, S. 461f. (Bepler).
6 Im Kirchenbuch der katholischen St. Petri-Gemeinde in Wolfenbüttel wurde vermerkt: „Pictoris Aulicus"; vgl. Thöne 1963, S. 255.
7 Meier 1922, S. 4.
8 Hierbei wurden bei einer Infrarotuntersuchung zahlreiche Pentimenti festgestellt.

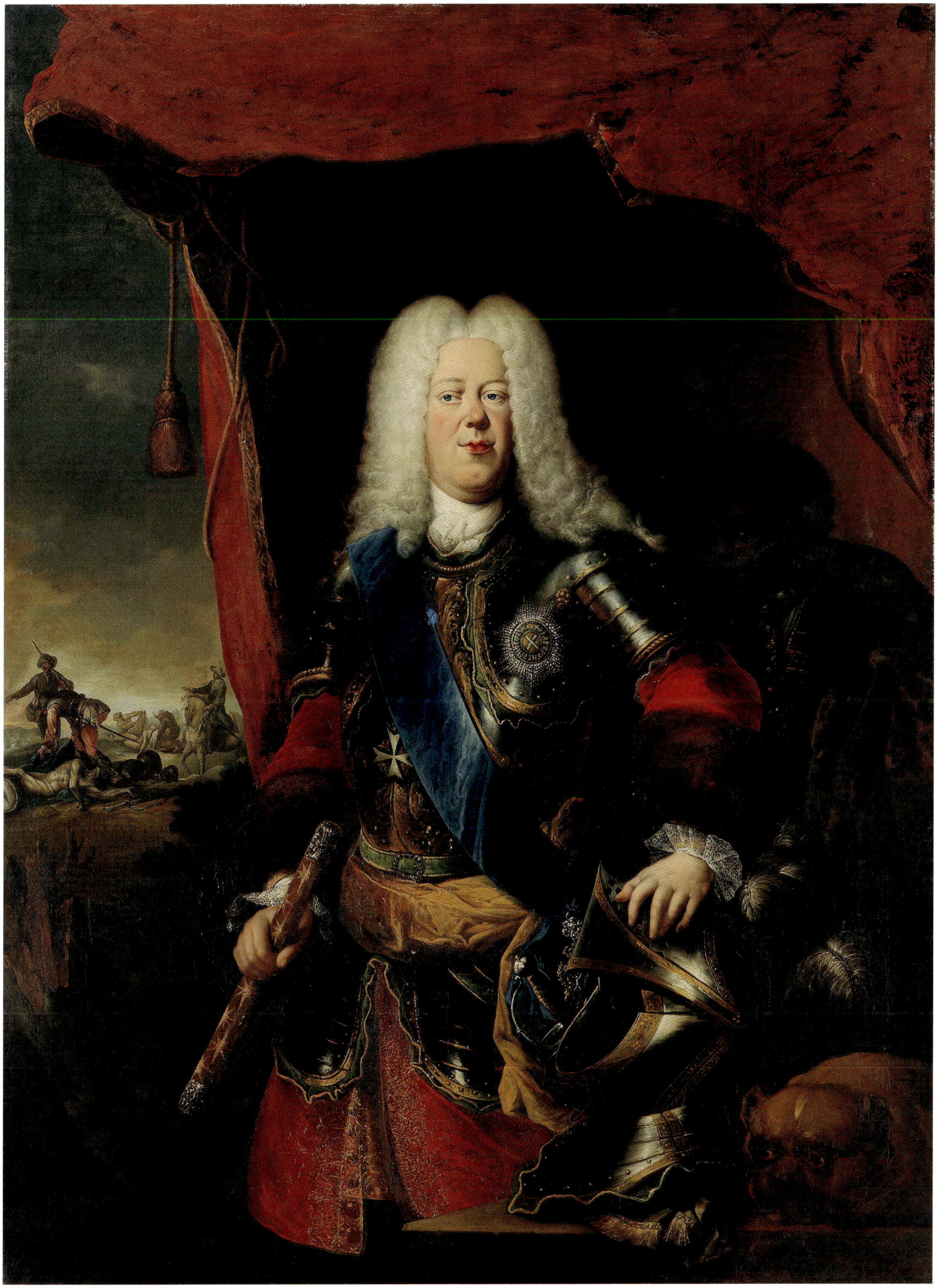

3 Johann Conrad Eichler (Peine 1680–1748 Wolfenbüttel)

PORTRÄT DES FELDMARSCHALLS MATTHIAS JOHANN GRAF VON DER SCHULENBURG, 1716

Leinwand, 112 x 94 cm
Auf der Rückseite Beschriftung: Ritrato dell Eccellen:imo Sig.re de Schulenburg./ Mareschallo di Campo della Seren: ma Republicha / di Venetia. Chi ha valerosamente Difeso l'Isola / di Corffù contro l'inimigo della Christianità. // JC Eichler alias Wollust Pinxit. / Norimberga. 1716.
Besitzstempel des Blankenburger Schlosses: H. S. Bl. 263
Braunschweig, Herzog Anton Ulrich-Museum, Inv. Nr. GG L 7 (Eigentum der Richard Borek Stiftung)
Provenienz: 1776 Schloss Salzdahlum; 1922 Schloss Blankenburg; 1945 Schloss Marienburg

Lit.: Scherer 1899, S. 2, 4; Thieme/Becker, Bd. 10, S. 409 (Scherer); Steinacker 1922, S. 89, Nr. 84, Abb. 62; Kelsch 1983, S. 38; BrBL 2006, S. 187f. (Luckhardt)

Das Porträt des Feldmarschalls Matthias Johann Graf von der Schulenburg (1661–1747) wurde 1776 im Katalog der herzoglichen Gemäldegalerie Salzdahlum genau beschrieben, jedoch „einem italienischen Meister" zugeordnet.[1] Wahrscheinlich war dies durch die auf der Rückseite angebrachte Beschriftung in italienischer Sprache (Abb. 1) bedingt. Sie nennt jedoch auch den Maler Johann Conrad Eichler „alias Wollust" und den Entstehungsort Nürnberg sowie das Jahr 1716. Ein 1713 datiertes Selbstbildnis des Malers (Herzog Anton Ulrich-Museum, Inv. Nr. GG 616) ist auf der Rückseite in derselben Handschrift bezeichnet. Eichler hielt sich spätestens seit 1709 in Rom auf, wo er Mitglied der niederländischen Künstlervereinigung war und den Beinamen „Wollust" bekam. Mit diesem Namen signierte er auch später noch seine Werke, nachdem er 1717 zum Wolfenbütteler Hofmaler ernannt worden und zunächst für Herzog August Wilhelm, dann vor allem für Herzog Ludwig Rudolf tätig war (vgl. Kat. Nr. 2).
Auf der Rückreise von Italien kam Eichler 1716 nach Nürnberg, wo er mit Matthias Johann Graf von der Schulenburg zusammentraf und dessen Porträt gestaltete. Dieser war – wie in der Beschriftung auf der Rückseite dargelegt – Feldmarschall der Republik Venedig und hatte im Krieg gegen die Türken erfolgreich die Festung Korfu verteidigt, die als letztes Bollwerk der Christenheit gegen die „Heiden" angesehen wurde. Er wurde als „Held von Korfu" gefeiert und erhielt hohe Auszeichnungen. Seine militärische Laufbahn hatte er in Diensten der Braunschweiger Herzöge begonnen: Der aus Emden bei Magdeburg stammende Schulenburg kam 1684 als Kammerjunker an den Wolfenbütteler Hof. Wenig später trat er in den Militärdienst ein, beteiligte sich am Ungarn-Feldzug, kämpfte im Pfälzischen Erbfolgekrieg und wurde schließlich zum Oberst befördert. Herzog Anton Ulrich betraute ihn mit zahlreichen diplomatischen Missionen, die ihn 1698 auch nach Paris führten. Dort ließ sich Schulenburg vom französischen Hofmaler Hyacinthe Rigaud porträtieren.[2] Auch nachdem er 1699 den Dienst quittierte und zunächst für den Herzog von Savoyen, dann für August den Starken, Kurfürst von Sachsen, König von Polen tätig war, stand er weiterhin in Kontakt mit Herzog Anton Ulrich. 1715 wurde Schulenburg in den Grafenstand erhoben und erhielt den Oberbefehl über die venezianischen Truppen. Durch sein erfolgreiches Handeln wurde er zu einem der berühmtesten Feldherren des 18. Jahrhunderts.[3] Daher wurden Bildnisse von Schulenburg am Wolfenbütteler Hof, der früheren Wirkungsstätte des Feldmarschalls, sicher auch zur Hervorhebung der eigenen politischen Bedeutung genutzt.
Das halbfigurige Bildnis zeigt den Grafen in einem dunkelroten, goldbestickten Rock, dessen Ärmel mit braunem Pelz besetzt sind. Darunter trägt er einen Brustharnisch, ein Lederwams und eine goldfarbene Feldherrenschärpe. Die weiße Allongeperücke – in der modischen Form einer Knotenperücke[4] – betont das lange Gesicht, das durch auffallend blaue Augen und einen dunklen Bartschatten charakterisiert ist. In der rechten Hand hält er den Marschallstab, die linke ist auf das über einem Baumstamm liegende Leopardenfell gestützt. Im Hintergrund ist dunkles Laubwerk dargestellt, links öffnet sich der Ausblick auf eine belagerte Stadt, wodurch an Schulenburgs ruhmreiche Tat auf Korfu erinnert wird. Eichlers Bildnis des Grafen steht – wie das wesentlich spätere Porträt Herzog Ludwig Rudolfs – in der Tradition der französischen Porträtmalerei.
Auch bei diesem Gemälde waren vor der Ausstellung umfassende Konservierungs- und Restaurierungsmaßnahmen notwendig.

SKL

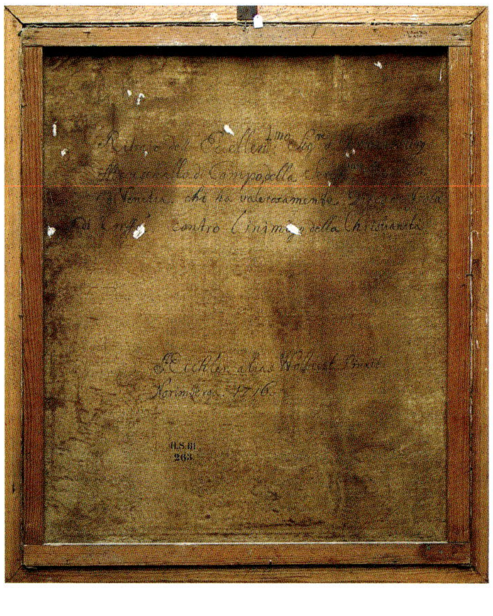

Abb. 1: Rückseite des Porträts mit Beschriftung

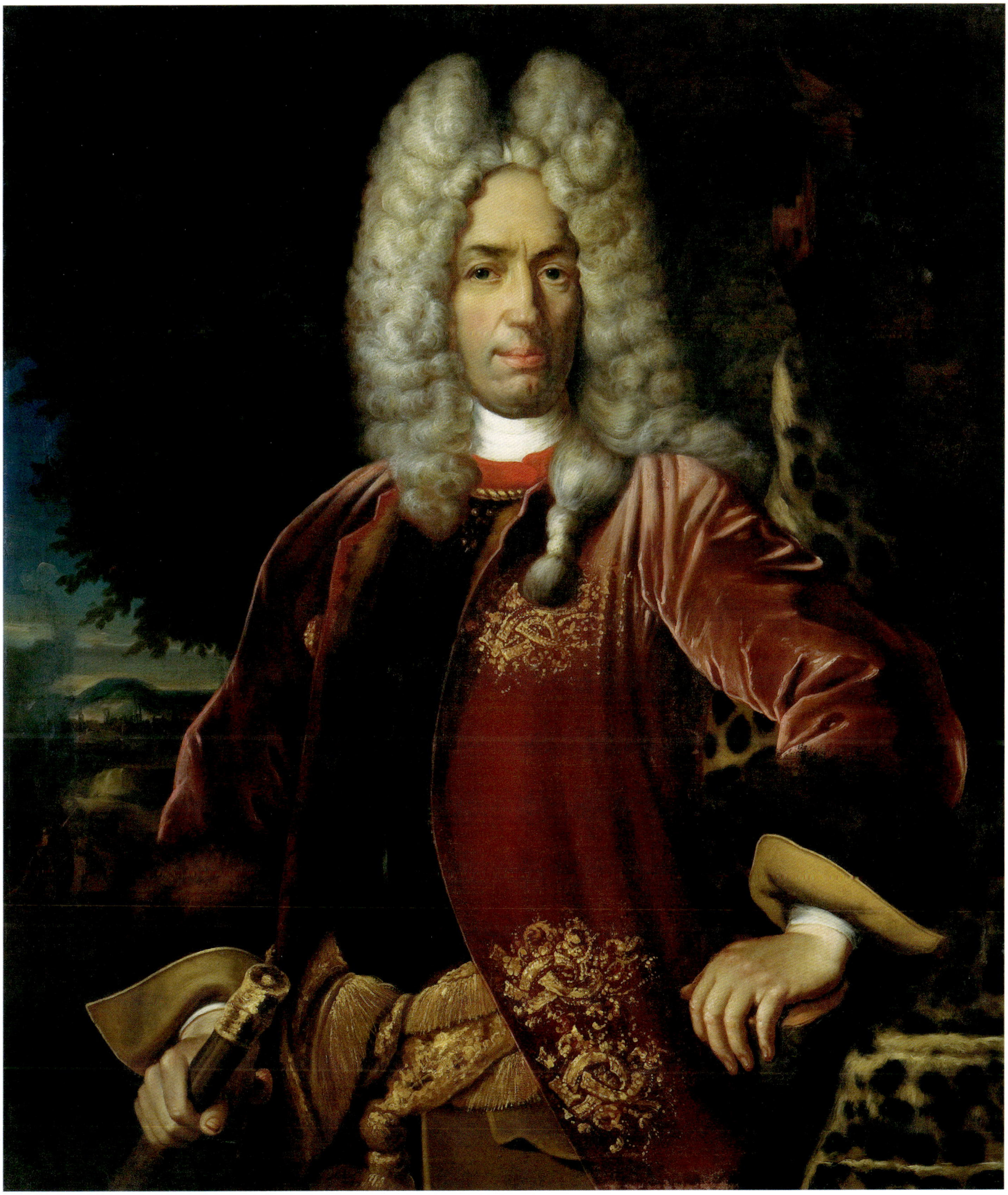

1 Eberlein 1776, S. 248, Viertes Kabinett, Nr. 38.
2 Herzog Anton Ulrich-Museum, Inv. Nr. GG 529; vgl. Ausst.-Kat. Braunschweig 1983, S. 260–262, Kat. Nr. H 6; vgl. Luckhardt 2005, S. 76.
3 Vgl. BrBL 2006, S. 639f. (Fimpel); ADB, Bd. 32, S. 667–674 (P. Zimmermann).
4 Vgl. Ausst.-Kat. Braunschweig 2006, S. 108, 213.

4

Johann Martin Frantz d. Ä. (?),
Dorotheenthal oder Braunschweig

WASSERBECKEN ZUM WEINKÜHLEN ODER SPÜLEN, UM 1715

Fayence, glasiert und bemalt
B 73,0 cm, T 53 cm, H 29 cm
Marke: f
Braunschweig, Herzog Anton Ulrich-Museum, Inv. Nr. Fay 7671
Provenienz: erworben 2005 auf der Marienburg bei Sotheby's[1] vom Kunsthändler Errol Manners, London; 2007 angekauft mit Mitteln der Stiftung Braunschweigischer Kulturbesitz

Das Becken[2] beschreibt in seinem Grundriss eine vierpassartige, ovaloide Figur, die auch in der Form der am Rand profilierten Bodenplatte angelegt ist. Es ruht auf vier, jeweils eine abgeflachte Kugel umklammernden Adlerklauen. Die auf der Platte aufgebauten vier Wandabschnitte sind stark ausgebaucht. Eine umlaufende Doppelrille markiert den Übergang von der Schulter zum Hals des Gefäßes. Die angestückt erscheinende, überstehende Lippe ist als Eierstab ausgebildet. In den vertikalen Einziehungen der Gefäßwandung sitzt jeweils eine Protome mit Adlerkopf. Die beiden Längsseiten der Gefäßwandung sind mit einer plastisch aufgeformten Kartusche, die beiden Schmalseiten mit einem Maskaron besetzt. Von den Adlerschnäbeln gehaltene, blütenbesetzte Girlanden schaffen eine Verbindung zwischen den Protomen und den vier Schmuckelementen der Wandungsabschnitte.
Die Bemalung in den Farben Blau, Gelb, Eisenrot und Schwarz hat hauptsächlich die Aufgabe, die plastisch aufgeformten bzw. angestückten Formelemente zu betonen. Dabei wurde die blaue Farbe als Grundfarbe eingesetzt. Aussparungen bilden Binnenformen wie die Federn der Adlerhälse oder Zierelemente wie die Blüten an den Kartuschen und Maskarons. Feinstrukturen wie das Gefieder der Federn und Blätter sowie Konturen wie die der Augen der Masken und Adler wurden in einem zeichnerischen Duktus mit schwarzen Linien angelegt. Das Gelb blieb auf die Färbung der Adlerschnäbel und -klauen, das Eisenrot auf die der Adleraugen und der Zungen der Masken beschränkt.
Tektonik und Gestaltung des Wasserbeckens sind aus dem Metallhandwerk übernommen.[3] Zu erinnern ist an entsprechende Gefäße des großen Silberbuffets, das gegen Ende des 17. Jahrhunderts für den Rittersaal im Berliner Schloss angefertigt wurde. Unter den dort aufgestellten, heute verlorenen, jedoch in einem Stich wiedergegebenen Spülbecken zeigen zwei Modelle Füße in Form von Löwenklauen auf abgeplatteten Kugeln, eine am Rand profilierte Bodenplatte, eine starke Ausbauchung der Gefäßwandung, eine möglicherweise auch mit einem Eierstab verzierte überstehende Lippe, Löwenköpfe an den Schmalseiten sowie Wappen an den Längsseiten. Beim größeren Modell, das einen Durchmesser von rund anderthalb Metern erreichte, sind zwischen die Löwenköpfe und Wappen gespannte Girlanden zu erkennen.[4] Klaue, Protome, apotropäischer Maskaron, Girlande und Eierstab sind geläufige Elemente der antiken Kunst. Ganz offensichtlich griff man bei der Gestaltung neuzeitlicher Wasserbecken öfters darauf zurück. Zwei niederländische, um 1700 entstandene Wasserbecken aus Ton, die sich im Besitz des Herzog Anton Ulrich-Museums befinden, zeigen ebenfalls Klauenfüße, Löwenmasken und Eierstablippe.[5] Der im Vergleich zu den Berliner Becken abweichende vierpassförmige Grundriss des Fayence-Gefäßes hat einen statischen Grund. Mit den Einziehungen wird eine Versteifung der Seitenwände erreicht.
In den beiden Kartuschen sind einmal das Wappen der Fürsten von Schwarzburg-Sondershausen und einmal das Wappen der Herzöge von Braunschweig-Lüneburg wiedergegeben. Die Verbindung der beiden Wappen ergibt nur Sinn in Beziehung auf Fürst Anton Günther II. von Schwarzburg-Arnstadt (1653–1716) und dessen Gemahlin Auguste Dorothea (1666–1751), die eine Tochter Herzog Anton Ulrichs von Braunschweig-Wolfenbüttel war. 1715/16 gründete der Fürst oder die Fürstin unweit von Arnstadt die nach ihr genannte Fayencemanufaktur Dorotheenthal. Mit der Gründung wurden der aus Arnstadt stammende Brenner und Glasurmacher Johann Philipp Frantz sowie dessen Söhne, die Fayencemaler Johann Martin Frantz d. Ä. und Johann Dewald Frantz, eingestellt. Johann Philipp war bis dahin zusammen mit seinen Söhnen in der 1707 ins Leben gerufenen Herzoglichen Fayencemanufaktur in Braunschweig tätig gewesen. Der aktuelle Wissensstand zur Dorotheenthaler wie auch zur Braunschweiger Manufaktur ist nicht ausreichend für eine sichere Zuordnung und Datierung des Wasserbeckens.[6] Folgende Beobachtungen konnten gemacht werden: Die auf der Unterseite des Beckens angebrachte f-Marke ähnelt in ihrem Duktus bestimmten f-Marken auf Dorotheenthaler und Braunschweiger Fayencen.[7] Das den Rand der Bodenplatte schmückende Spiralmuster erscheint in vergleichbaren Formen sowohl an Stücken der Dorotheenthaler als auch der Braunschweiger Manufaktur.[8] Gelegentlich ist es auch bei anderen Thüringer Manufakturen zu beobachten.[9] Aus dunklem Grund ausgesparte Blüten sind bei einer um 1720 entstandenen Dorotheenthaler Vase nachweisbar.[10] Derartige Blüten zieren aber auch die blau und manganviolett bemalten Hintergrundflächen eines 1709 datierten Humpens der Braunschweiger Fayencemanufaktur.[11] Wie ein im Braunschweigischen Landesmuseum erhaltener Gartentopf belegt, war diese Manufaktur offensichtlich um 1710 in der Lage, sehr große Stücke in ausgezeichneter Qualität herzustellen.[12]

AW

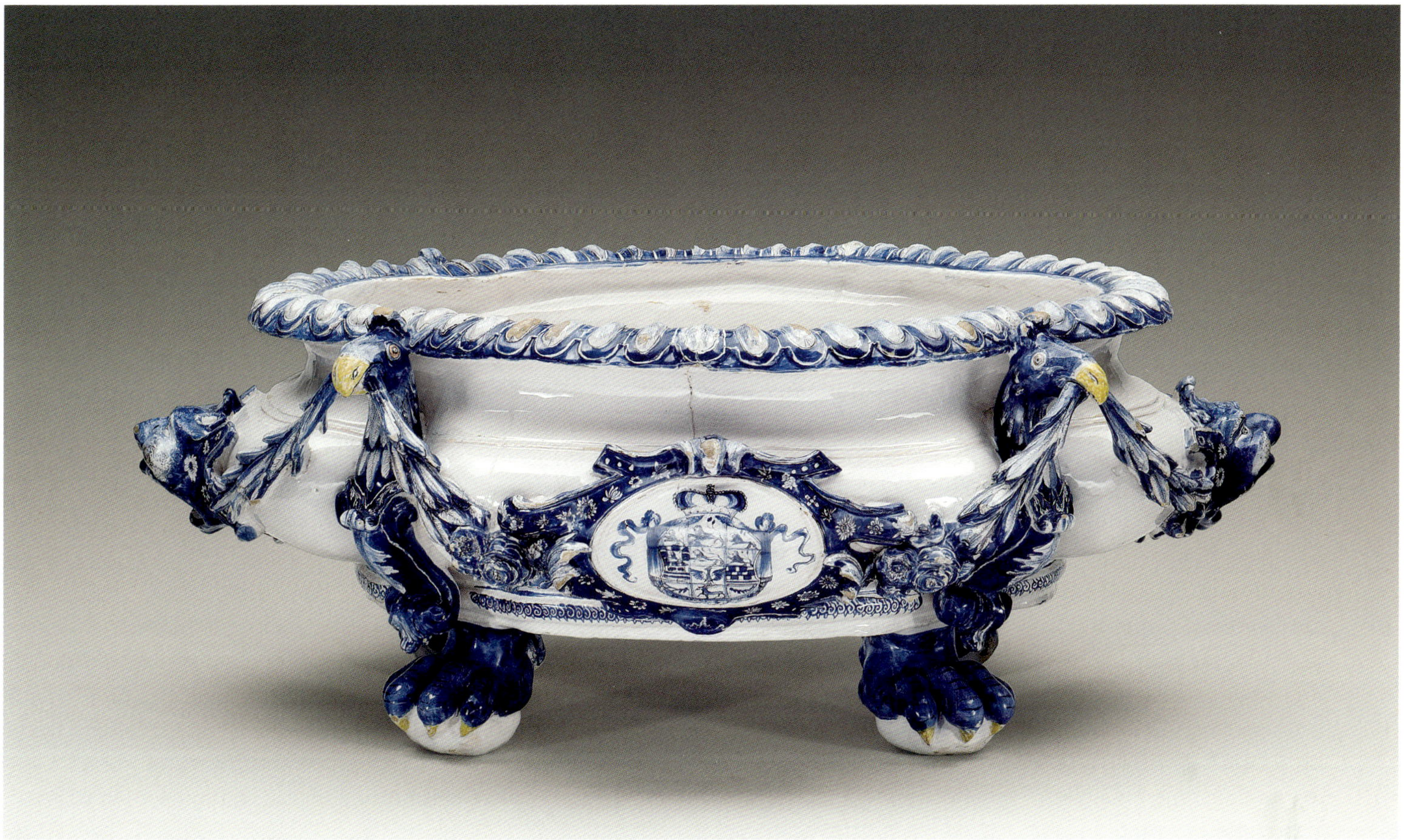

1 Sotheby's 5.–15.10.2005, Kunstwerke des Königlichen Hauses Hannover, Schloss Marienburg, außer Katalog.
2 Helga Scheidt, Arnstadt, sowie Kathrin Kunze, Eisenach, danke ich für das jeweilige Gutachten zum Wasserbecken.
3 Vgl. Hernmarck 1978, Abb. 279, Weinkühler, George Garthorne, London 1699–1700, H 82,5 cm, Eremitage, St. Petersburg.
4 Keisch 1997, S. 30, Abb. 14.
5 Inv. Nr. Ker 220/221.
6 Mahnert 1993, S. 61–98; Spies 1971.
7 Mahnert 1993, S. 176, Nr. 13f.; Spies 1971, [S. 417], Nr. 18f.
8 Mahnert 1993, S. 76, Abb. 31, S. 77, Abb. 32, S. 79, Abb. 35, S. 84, Abb. 41, S. 90, Abb. 49; Spies 1971, S. 295, Abb. 36, S. 304, Abb. 46, S. 306, Abb. 49, S. 307, Abb. 50f., S. 312, Abb. 57, S. 314, Abb. 60, S, 325, Abb. 74, S. 337, Abb. 90.
9 Mahnert 1993, S. 43, Abb. 4, S. 131, Abb. 82; Ausst.-Kat. Marburg 2006, Abb. S. 45, Abb. S. 69f. (Erfurt oder Dorotheenthal), Abb. S. 159.
10 Mahnert 1993, S. 80, Abb. 36.
11 Spies 1971, S. 272f., Abb. 1–3, und S. 69f.
12 Spies 1971, S. 277., Abb. 8f., und S. 72.

5 ZWEI ZWEIARMIGE GIRANDOLEN, UM 1740

Johann Bernhard Müller, Potsdam
Silber, getrieben, gegossen, ziseliert
H 37,0 cm und 36,5 cm, B 32,5 cm und 32,8 cm
Beschauzeichen: gekrönter Adler mit Blitzbündeln für Potsdam
Feingehaltsstempel: 13 über LO
Meisterzeichen: MUL über LER
Kontrollzeichen (?): A
Inschriften: jeweils an der Innenseite des Fußes: ligiertes Monogramm PC unter einer Königskrone, No. 12 (Kos 796) und No. 14 (Kos 797)
Braunschweig, Herzog Anton Ulrich-Museum, Inv. Nr. Kos 796, Kos 797
Provenienz: erworben 2005 auf der Sotheby's[1]-Auktion Marienburg mit Mitteln der Stiftung Braunschweigischer Kulturbesitz

Jede der beiden Girandolen[2] besteht aus zwei auseinandernehmbaren Teilen, dem Ständer und dem zweiarmigen Einsatz. Bei herausgenommenem Einsatz kann der Ständer auch als Leuchter für eine Kerze benutzt werden. Schaft und Fuß, durch eine starke Einschnürung gegeneinander abgesetzt, sind auf Kontrastwirkung gearbeitet. Der glockenförmige Fuß zeigt ein verhältnismäßig flaches, hautartiges, der Schaft dagegen ein plastisch hervortretendes Relief, dessen dynamische Wirkung hauptsächlich von den drei spiralig angeordneten S-Spangenbündeln hervorgerufen wird. In entgegengesetzter Richtung gelesen entspricht die Auszierung der Tülle dem oberen Abschluss des Fußes. Das Mittelstück des Einsatzes ist kegelförmig gestaltet. Hier sind C-Spangen und Blattspitzen sowie drei Rocaillen mit Muscheln zu einem kleinteilig angelegten Ornamentrelief zusammengefügt. Der Adler vermittelt das Bild eines auf unsicherer Standfläche gelandeten Vogels, der durch Flügelschlagen die Balance zu halten versucht. Aufgrund des jeweiligen dreiachsigen vertikalen Gliederungssystems und der größtenteils ähnlichen Reliefstruktur verbinden sich Schaft und Einsatzkegel zu einem einheitlichen Formgebilde. Dagegen sind die beiden gegenständig am Kegel angelöteten, S-förmig geschwungenen Arme im Eineinhalb-Rhythmus in das Dreierschema eingepasst, so dass eine der drei Rocaillen zerschnitten wird. Die beiden seitlichen Tüllen wiederholen ebenso das Gestaltungsmuster der Einsatztülle wie die beiden darunter angeordneten Teller zum Auffangen der Wachstropfen.

Das Beschauzeichen weist die beiden Girandolen als Potsdamer Arbeiten aus. Nach den Verzeichnissen von Rosenberg und Scheffler steht das Meisterzeichen MULLER in Verbindung mit Potsdam für den Goldschmied Johann Bernhard Müller oder dessen Sohn Christian Friedrich Müller. Johann Bernhard wird 1737 als Berliner Amtsmeister und 1777 als Ältermann des Potsdamschen Amtes erwähnt. Der 1745 geborene Christian Friedrich kommt aus zeitlichen Gründen als Schöpfer der Girandolen nicht in Betracht.[3]

Die charakteristische Silhouette des Ständers folgt einem spätestens seit der Mitte des 18. Jahrhunderts gängigem Schema.[4] In der schlanken, weit nach oben gezogenen Ausbuchtung des Fußes und der starken Einschnürung zwischen Fuß und Schaft lassen sich Merkmale festmachen, die verstärkt an Leuchtern der ausgehenden Rokokozeit zu beobachten sind.[5] Die Ausbildung des kegelförmigen Einsatzes mit dem Adler lässt die ursprüngliche Interpretation des Girandoleneinsatzes kaum noch erahnen. Ihr zufolge wurden die Tülle als Vase, das Mittelteil des Einsatzes als wuchernde Pflanze, die Arme als daraus herauswachsende Blatttriebe und die seitlichen Tüllen als Blüten dargestellt. Die Pflanze wurde dabei in der Regel zu einem betont asymmetrischen Gebilde ausgeformt.[6] Das darin zum Ausdruck gebrachte Gestaltungsprinzip wird hier in der Inkongruenz der Kegel- und Leuchterarmachsen sowie der „instabilen" Haltung des Adlers erkennbar.

Das jeweils in die Innenseite des Fußes eingravierte Monogramm PC unter einer Königskrone steht aller Wahrscheinlichkeit nach für die preußische Prinzessin Philippine Charlotte (1716–1801), die Gemahlin Herzog Carls I. von Braunschweig-Lüneburg aus dem Hause Wolfenbüttel (1713–1780). Dementsprechend ist der bekrönende Adler als preußisches Hoheitszeichen zu deuten. Philippine Charlotte[7] genoss nicht nur als Landesmutter großes Ansehen im Herzogtum, sondern auch als Königstochter, die allein schon aufgrund ihrer Abstammung dem kleinen Land zur Mehrung seines Ruhmes verhalf. Zeichen ihrer Wertschätzung sind verschiedene kunsthandwerkliche Stücke, die ihr Porträt oder die preußischen Insignien gleichberechtigt neben dem Porträt ihres Gemahls bzw. den Insignien des Braunschweiger Herrscherhauses zeigen (vgl. Kat. Nr. 6). Deshalb ist nicht auszuschließen, dass das Leuchterpaar als Teil des offiziellen Tafelgeschirrs bei Hofe benutzt wurde. Im Übrigen wurden einige Kunstgegenstände mit preußischer Thematik auch im Herzoglichen Kunst- und Naturalienkabinett in Braunschweig öffentlich zur Schau gestellt.[8]

AW

1 Sotheby's 5.–15.10.2005, Kunstwerke des Königlichen Hauses Hannover, Schloss Marienburg, Bd. 2, Lot Nr. 1159.
2 Winfried Baer, Berlin, danke ich für das von ihm erarbeitete ausführliche Gutachten zu den Girandolen.
3 Rosenberg 1925, S. 283f.; Scheffler 1968, S. 115–118, S. 215f.
4 Ein Beispiel aus der Mitte der 1740er Jahre bei Nocq / Alfassa / Guérin 1926, pl. XXXII.
5 Seling 1980, Bd. 2, Abb. 829; Ausst.-Kat. München 1994, Bd. 2, S. 576f., Nr. 165f.; Spies 1996, Bd. 2, S. 124, Nr. 330, S. 138, Nr. 365.
6 Vgl. Gruber 1982, S. 243–245, Abb. 347f., 350f. und 353.
7 BrBL 1996, S. 93f., s.v. Philippine Charlotte, Braunschweig-Lüneburg (Münch).
8 S. Ausst.-Kat. Braunschweig 2004, S. 206.

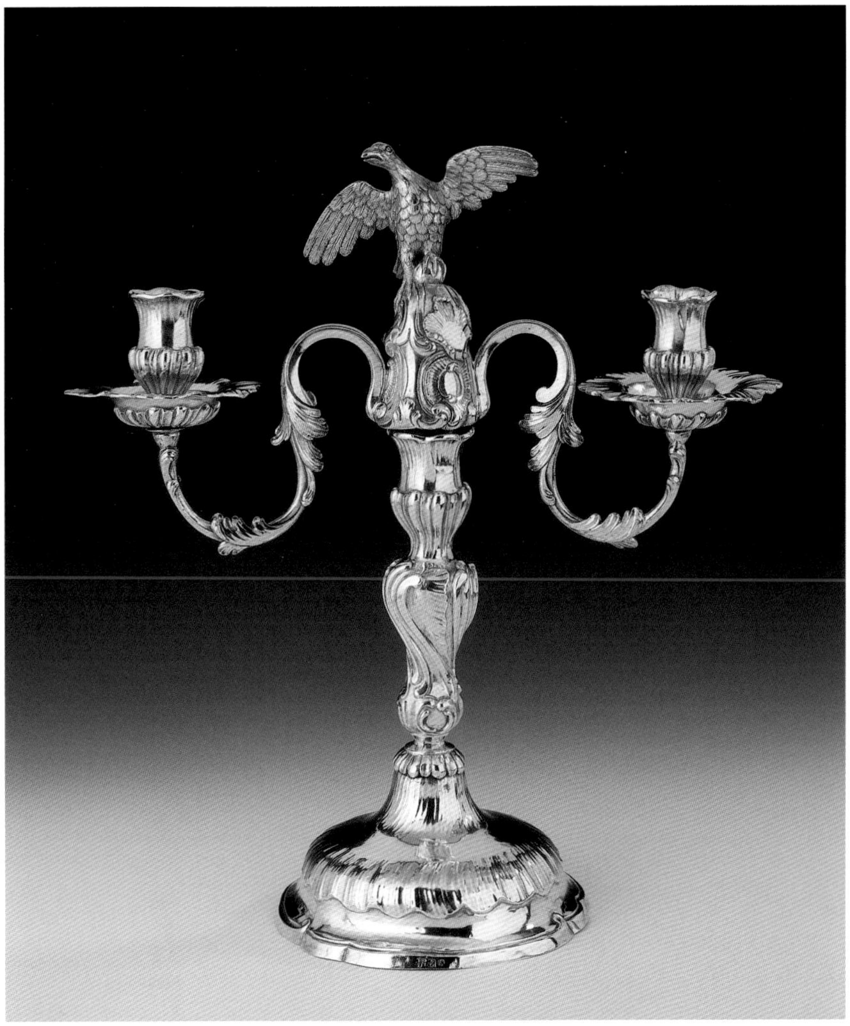

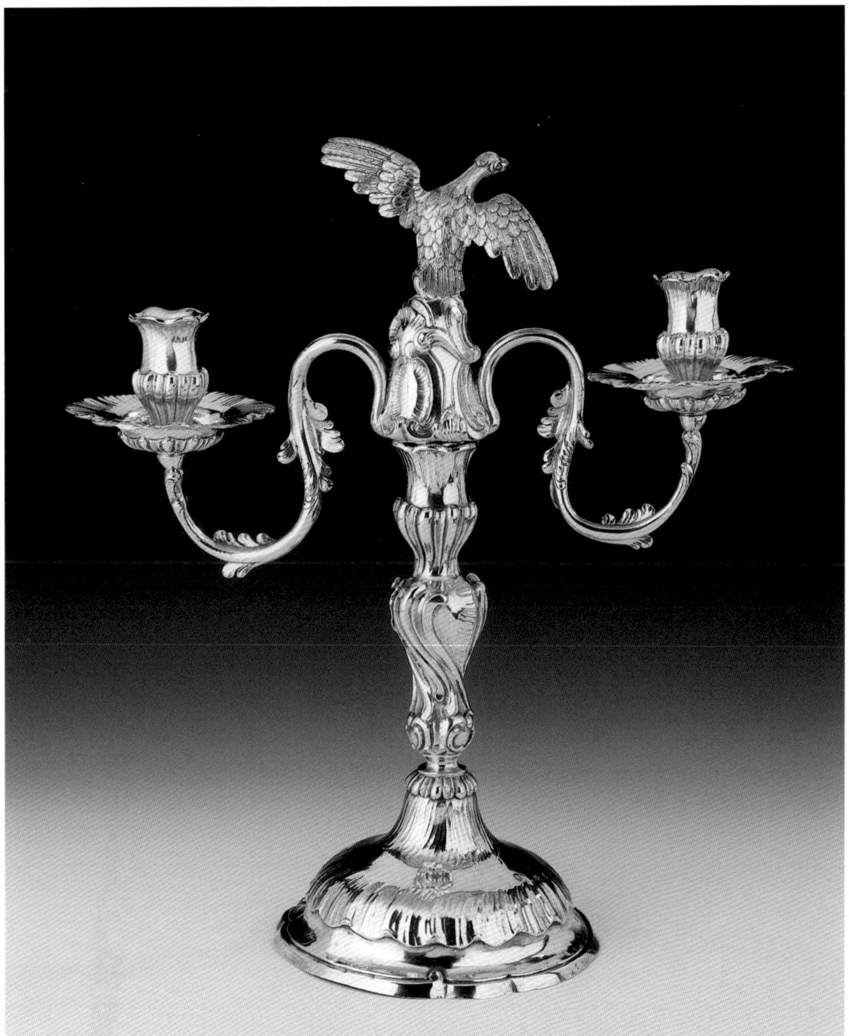

6 DECKELPOKAL, MITTE 18. JAHRHUNDERT

Herkunft unbestimmt
Glas, geschliffen, geschnitten, poliert
H mit Deckel 32,0 cm, Dm Fuß 11,2 cm, Dm Kuppa 9,7 cm
Braunschweig, Herzog Anton Ulrich-Museum, Inv. Nr. Gla 184
Provenienz: erworben 2005 auf der Sotheby's[1]-Auktion Marienburg mit Mitteln der Stiftung Braunschweigischer Kulturbesitz

Als kennzeichnende Merkmale des Pokals sind zu nennen: der abgeflachte Rand des Glockenfußes, der verhältnismäßig geringe Querschnitt des aufgehenden Balusterschafts, der gestaucht erscheinende, unmittelbar auf dem Schaft aufsitzende, zurückspringende Nodus, die flache Wölbung des Deckels und die sphäroid gestaltete Silhouette des grazil wirkenden Birnenknaufs. Die Kuppa hat einen konischen Zuschnitt. Facettiert sind der obere Teil des Fußes (2 Reihen), der Schaft (3), der Nodus (3), die aufgehende Kuppa (4) sowie der Deckelknauf (6). In horizontaler Richtung zählt man am Fuß, Schaft und Nodus 8 Facetten, an der Kuppa 11 Facetten und am Deckelknauf oben 8 und unten 10 Facetten. Die obere Facettenreihe an der Kuppa wird von sichelförmigen Einkerbungen gerahmt. Zudem sind hier die Zwickel der Facetten dreifach abgetreppt. Im Boden der Kuppa bilden sieben eingestochene Luftblasen die regelmäßige Form eines Sechsecks mit Mittelpunkt.
In die Wandung der Kuppa ist ein geraffter Hermelinmantel mit bekrönendem Herzogshut eingeschliffen. Das Zentrum des Mantels wird von einer zweifeldigen, von Rollwerk und zwei Blattranken gerahmten Kartusche eingenommen. In die Felder sind das Spiegelmonogramm C und das Monogramm PC eingepasst. Ein graziles Kugelband ziert den Rand der Kuppa. Die Ausführung des Ziermotivs der Wandung zeugt von einem genauen Auge, einer ruhigen Hand und einem ausgeprägten gestalterischen Differenzierungsvermögen des Glasschleifers. So unterstreicht eine feine Linienstruktur die plastische Form der an den Rändern umgeschlagenen Mantelrückseite. Die Vorderseite dagegen ist durch locker verteilte Schraffurflecken und polierte Linsen, deren unteres Ende durch grannenartige Schraffen aufgelöst wird, als Hermelinpelz charakterisiert. Dabei stellen die im Kontrast zur matt geschliffenen Hintergrundfläche dunkel erscheinenden Linsen auf eine sinnliche Weise die auf den weißfarbigen Pelz aufgenähten schwarzen Schwanzspitzen dar. Die Hasten der im Mattschliff ausgeführten Buchstaben der Monogramme werden durch ein im mittleren Abschnitt eingefügtes dreigliedriges poliertes Kugelband akzentuiert. Zierliche Sternchen leuchten aus dem Hintergrund der Monogrammfelder hervor.
Im Katalog des Auktionshauses Sotheby's wird das Glas als Lauensteiner Pokal bezeichnet.[2] Ein Vergleich mit den von Alheidis von Rohr der Glashütte Lauenstein zugeordneten Gläsern kann diese Lokalisierung nicht bestätigen.[3] Dagegen sprechen hauptsächlich der geringe Querschnitt des aufgehenden Schafts, die Ausbildung des Nodus und die Form des Deckelknaufs. Zudem unterscheidet sich das Glas bezüglich des Proportionsverhältnisses zwischen Unterteil und Kuppa grundsätzlich von den Lauensteiner Pokalen. Während seine Kuppa die Höhe des aus Fuß und Schaft sich zusammensetzenden Unterteils deutlich übertrifft, ist in der Regel bei jenen, sofern sie einen Nodus besitzen, das umgekehrte Verhältnis zu beobachten. Die Gestaltung von Schaft und Nodus bei einigen in die Mitte des 18. Jahrhunderts datierten Pokalen, die in der Literatur Sachsen, vornehmlich Glücksburg, zugeordnet werden, zeigt große Ähnlichkeiten mit der entsprechenden Lösung des Braunschweiger Glases. Nicht vergleichbar ist dagegen die jeweilige Ausbildung des Fußes, die bei den sächsischen Gläsern der Trompetenform folgt.[4]
Die Monogramme C und PC sind in Verbindung mit dem Herzogshut als Carl und Philippine Charlotte aufzulösen. Herzog Carl I. von Braunschweig-Lüneburg der Linie Wolfenbüttel (1713–1780) ehelichte 1733 die preußische Prinzessin Philippine Charlotte (1716–1801). Für den Herzog und das Herzogtum bedeutete diese Verbindung einen erheblichen Prestigegewinn, den Carl I. offensichtlich sehr zu schätzen wusste. Verschiedene künstlerische Erzeugnisse demonstrieren eine formale Gleichrangigkeit bei der Darstellung des Herzogspaars. Zu verweisen ist zunächst auf die Medaille von 1747 (Kat. Nr. 38). Ein 1734 in Wolfenbüttel fertiggestellter Dielenschrank, der sogenannte Hochzeitsschrank, zeigt auf dem linken Türflügel das preußische und auf dem rechten das braunschweigische Wappen. Im Gebälk erscheinen der preußische Adler und der Braunschweiger Löwe, auf dem mittleren der drei Pilaster das Monogramm PC und das Spiegelmonogramm C.[5] Auf einem in Öl auf Leinwand gegen Mitte des 18. Jahrhunderts gemalten Doppelbildnis ist die zur Rechten des Herzogs sitzende und ihn bei der Hand fassende Herzogin als gleichberechtigte Gemahlin wiedergegeben.[6] In der Umschrift eines 1757/58 als Gipsrelief angefertigten Doppelbildnisses des Herzogspaars wird Philippine Charlotte als „NATA PRINCEPS BORUSS. [IAE]" (geborene preußische Prinzessin) bezeichnet.[7] Ein weiteres Möbel, der 1751/1752 für Herzog Carl I. angefertigte sogenannte Spiegelschrank, trägt an der jeweiligen Vorderseite von zwei pyramidenförmigen, symmetrisch zueinander angeordneten Aufsätzen einmal das Monogramm C und einmal das Monogramm PC.[8]

AW

1 Sotheby's 5.–15.10.2005, Kunstwerke des Königlichen Hauses Hannover, Schloss Marienburg, Bd. 2, Lot Nr. 1019.
2 Wie Anm. 1
3 von Rohr 1991.
4 Klesse 1965, S. 272f., Nr. 302; Klesse 1973, S. 234, Nr. 652; Rückert 1982, Bd. 2, S. 295, Nr. 854 und Taf. 275; Baumgärtner 1987, S. 248–251, Nr. 201–203.

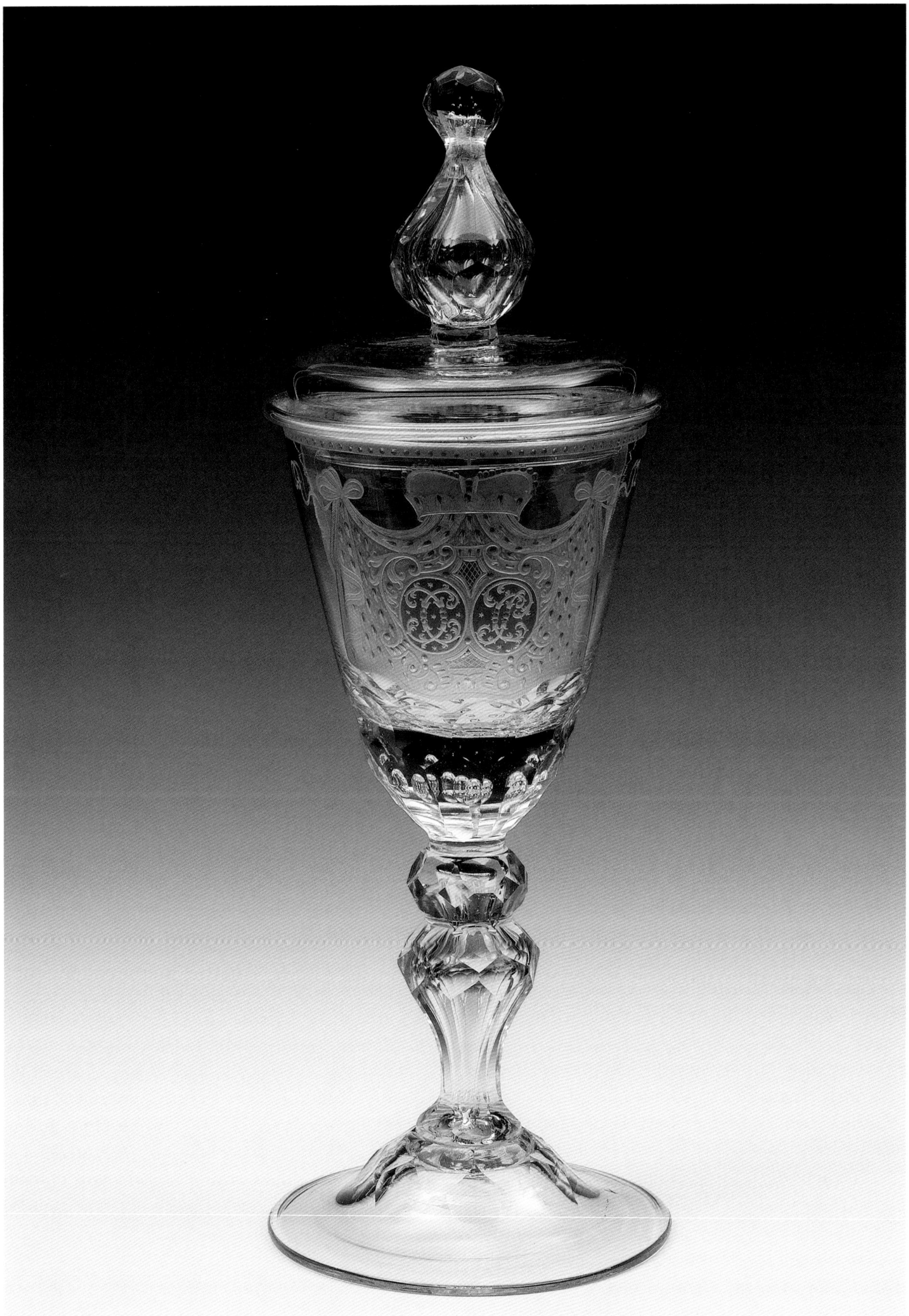

5 Im Besitz des Braunschweigischen Landesmuseums.

6 Im Besitz des Braunschweigischen Landesmuseums. Ausst.-Kat. Braunschweig 1995a, S. 51, Nr. 2, mit Abb.

7 Im Besitz des Herzog Anton Ulrich-Museums. Ausst.-Kat. Braunschweig 1997/98, Abb. 2 und 3.

8 Im Besitz des Herzog Anton Ulrich-Museums. Walz 1992.

7 SIEBEN WEINGLÄSER, DATIERT 1686

Adam Götze, Glashütte in der Nieste, Hessen
Gelbgrünes Glas, bemalt mit weißer, rötlichgelber und schwarzer Emailfarbe
H / Dm Fuß / Dm Kuppa in cm:
16,5/8,2/7,7 – 16,7/8,7 7,8 – 16,9/8,2/7,9
16,9/8,6/8,0 – 17,0/8,4/8,3 – 17,2/8,2/8,0 – 17,4/8,4/7,9
Braunschweig, Herzog Anton Ulrich-Museum,
Inv. Nr. Gla 185a–g
Provenienz: erworben 2005 auf der Sotheby's[1]-Auktion Marienburg mit Mitteln der Stiftung Braunschweigischer Kulturbesitz

Die einzelnen Gläser des Satzes unterscheiden sich untereinander durch Maßabweichungen von rund 6%, durch eine variierende Ausrichtung der Bemalung in ihrem jeweiligen Verhältnis zur Ausrichtung der Flügelchen sowie durch leichte Abweichungen in der Ausführung des aufgemalten einheitlichen Monogramms mit Krone und Jahreszahl. Den Maßen, die den jeweiligen Maximalwert anzeigen, ist zu entnehmen, dass der Durchmesser des Fußes etwa der Hälfte der Gesamthöhe entspricht. Der obere Durchmesser der Kuppa ist etwas kleiner als der des Fußes. In der Höhe übertrifft die Kuppa ein wenig den aus Fuß und Hohlbalusterschaft zusammengesetzten Ständer. Zwei horizontale Elemente, eine Scheibe und ein Ring, markieren die beiden Verbindungsstellen zwischen den drei funktionalen und formalen Hauptbestandteilen des Gefäßes, dem Fuß, dem Schaft und der Kuppa. Fußring, nach oben anschwellender Schaft, Nodus, Zwischenlager und Scheibe erinnern an den Aufbau einer klassischen Säulenordnung mit Plinthe, Säulenschaft, Kapitell und Abakus. Die strenge Ausgewogenheit der Komposition wird durch die vier paarweise angestückten Flügelchen aufgelockert.
Das Monogramm RA mit Krone, die Jahreszahl und das Strich-Dreipunkt-Ornament wurden vom Emailmaler offensichtlich ohne Benutzung einer Schablone aufgetragen. Unterschiede in der Größe und im gegenseitigen Abstand der einzelnen Darstellungselemente machen dies wahrscheinlich. Zudem variiert der Abstand der Malerei zu der oberen und unteren Begrenzung der Kuppawandung. Ungeachtet dieser Unregelmäßigkeiten verraten die Darstellungen eine ruhige und routinierte Hand, die sich bei der Ausführung der Buchstaben- und Ziffernbalkenenden eine gewisse kreative Freiheit erlaubte. Die Darstellung der Krone wirkt dank der bewegten Formen der Binnenzeichnung außerordentlich lebendig.
Die gelblichgrüne Tönung des Glases, die Art der Kombination von Krone, Monogramm, Jahreszahl und Strich-Dreipunkt-Ornament sowie die Darstellungsweise der einzelnen Elemente zeigen eine sehr enge Verwandtschaft zu zwei Humpen, die sich im Besitz des Kasseler Landesmuseums bzw. des Bayerischen Nationalmuseums befinden.[2] Wie die Weingläser sind die beiden Gefäße lediglich mit einer Krone und darunter angeordnetem Monogramm, Jahreszahl und Strich-Dreipunkt-Ornament verziert. Beide tragen das Monogramm C, einmal in Verbindung mit der Jahreszahl 1678 und einmal in Verbindung mit der Jahreszahl 1680. Wieder sind die Krone mit rötlichgelber sowie schwarzer und das Monogramm, die Jahreszahl und das Ornament mit weißer Emailfarbe aufgemalt. Der Buchstabe des Monogramms und die Ziffern der Jahreszahl entsprechen in ihrem Typus denen der Weingläser. Die Krone der Weingläser erscheint wie eine Kopie der beiden älteren Ausführungen. Dass ihre Binnenstrukturen weniger detailliert als jene wiedergegeben sind, ist mit der unterschiedlichen Größe zu erklären. Sie ist nur halb so groß wie die ihrer Vorgänger.
Die beiden Humpen gelten als Erzeugnisse des Glasmachers Adam Götze.[3] Götze erhielt 1657 eine Konzession zum Betreiben einer Glashütte „unter Münden" an der Olbe, die er 1676 in die Nieste im Kaufungerwald verlegte. Bereits im 16. und zu Beginn des 17. Jahrhunderts wurden in diesem Gebiet auf Betreiben der Landgrafen von Hessen-Kassel Hohlgläser hergestellt. Speziell für die Produktion von Weingläsern versuchte man dabei, die formvollendeten Venezianischen Produkte nachzuahmen und deren Qualität zu erreichen. 1583 bis 1584 wurde in Kassel sogar eine von italienischen Glasmachern geleitete venezianische Hütte betrieben. Ein um 1600 im Hessischen Reinhardswald hergestelltes Weinglas beweist, dass man vor dem Dreißigjährigen Krieg diesem Ziel recht nahe gekommen war.[4] Auch die Gestaltung der sieben Weingläser steht noch ganz in der Tradition der Venezianischen Glaskunst. Merkmale dafür sind das dünnwandige Glas, der flache Fuß, der schlanke Schaft, die zierlichen Gliederungselemente Ring und Scheibe, die elegante Form der Kuppa und nicht zuletzt die gewaffelten Flügelchen.
Das Monogramm RA in Verbindung mit der Krone und der Jahreszahl 1686 ist Herzog Rudolf August zu Braunschweig-Lüneburg der Linie Wolfenbüttel (1627–1704) zuzuordnen.[5] Rudolf August übernahm 1666 die Regierung des Herzogtums. Seit dem Jahr 1685 musste er die Herrschaft mit seinem nachgeborenen Bruder, Herzog Anton Ulrich, teilen. Im Unterschied zu diesem hat er nur sehr wenige mit seiner Person unmittelbar in Verbindung stehende Realien hinterlassen. Zu verweisen ist in diesem Zusammenhang auf zwei im Kestner-Museum aufbewahrte Glashumpen, die sein Monogramm und die Jahreszahl 1669 bzw. 1678 tragen.[6]

AW

1 Sotheby's 5.–15.10.2005, Kunstwerke des Königlichen Hauses Hannover, Schloss Marienburg, Bd. 2, Lot Nr. 958.
2 Dreier 1969, [S. 23f.], Abb. 17; Rückert 1982, Bd. 1, S. 104, Nr. 188, Taf. 56, Farbtafel X. Antje Scherner, Kassel, danke ich für Hinweise zum Kasseler Humpen.
3 Dreier 1969, [S. 23f.]; Hartmann 1997, S. 619; Almeling 2006, S. 45.
4 Dreier 1969, [S. 13–21], Abb. 12; Almeling 2006, S. 43, Abb. 17.
5 BrBL 2006, S. 598f., s.v. Rudolf August, Herzog zu Braunschweig und Lüneburg [Bepler].
6 Mosel 1979 , S. 75, Nr. 72, S. 76, Nr. 77.

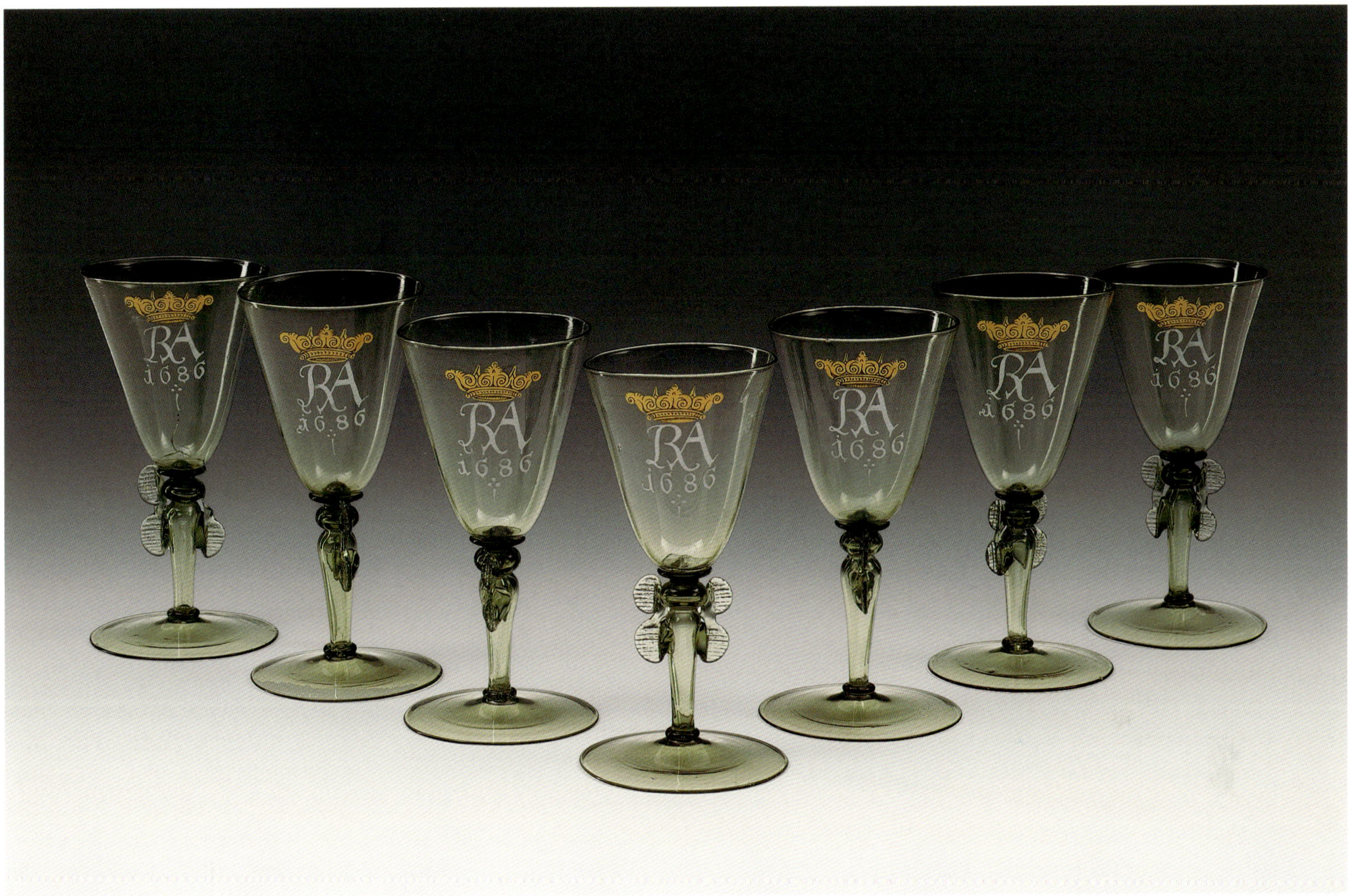
RA
1686

8 Andreas Møller (Kopenhagen 1684–1762/1766 Berlin)

PORTRÄT DER ZARIN KATHARINA I., 1712

Leinwand, 79 x 66 cm
Auf der Rückseite bezeichnet: C. Zaarin. A. Möller pinx. Greifswald 1712.
Besitzstempel des Blankenbuger Schlosses: H. S. Bl.
Privatbesitz
Provenienz: Schloss Blankenburg; Schloss Marienburg; seit 2005 Privatbesitz

Lit.: Weilbach 1897, S. 153; Thieme/Becker, Bd. 25, S. 4; Steinacker 1922, S. 87f., Nr. 74 und 75; Marx 1981, S. 47

Das ursprünglich in Schloss Blankenburg aufbewahrte Porträt zeigt Katharina I. von Russland (1684–1727), die zweite Ehefrau des russischen Zaren Peter des Großen (1672–1725). Sie trägt ein einfaches, blaues Kleid mit einem tiefen Dekolletee und ein weißes Untergewand, das am Ausschnitt kragenartig umgeschlagen ist. Über ihrer linken Schulter liegt ein roter Mantel. Ihre grau gepuderten Haare sind in einer modischen Hochfrisur mit zwei seitlichen Stirnlocken angeordnet, lange Lockensträhnen fallen über die rechte Schulter. Ihr volles Gesicht mit geröteten Wangen und einer langen Nase wird von den großen dunklen Augen dominiert, den Mund umspielt ein leichtes Lächeln. Bis auf eine Brosche am Ausschnitt des Kleides trägt sie keinerlei Schmuck und keine Herrscherinsignien.
Katharina I., die erste russische Zarin, hieß eigentlich Martha Skawronskaya und wurde als Tochter eines Bauern 1684 in Kreuzburg im damals schwedischen Livland geboren. Ihre Eltern starben wenig später an der Pest; Martha kam später nach Marienburg in das Haus des deutschen Pastors Ernst Glück (1654–1705). 1702 gelangte Martha nach Moskau, wo sie als Geliebte im Hause des Fürsten Alexander Danilowitsch Menschikow (1673–1729) lebte. Dort begegnete die Neunzehnjährige Zar Peter I., der sie 1703 zu seiner Mätresse machte. Zwei Jahre später änderte sie ihren Namen in Katharina (Jekaterina Alexejewna) und trat zum orthodoxen Glauben über, bevor der Zar sie wenig später heimlich heiratete. Beide hatten 12 gemeinsame Kinder, von denen nur zwei Töchter überlebten. Die offizielle Heirat fand am 19. Februar 1712 in St. Petersburg statt. Im Mai 1724 ließ Peter der Große Katharina zur Kaiserin krönen, nach seinem Tod 1725 regierte sie zwei Jahre lang als russische Zarin.[1] Der Zar nannte seine Frau in Briefen „Katerinuschka, meine Herzensfreundin"[2] und lobte ihre „heldenmütige Unerschrockenheit"[3].
Bedingt durch die Geschehnisse im Nordischen Krieg reiste Peter I. im August 1712 nach Greifswald, im September folgte ihm Katharina. Sie blieb offenbar bis zum Jahresende in Pommern.[4] In dieser Zeit wurde sie von Andreas Møller porträtiert, der zwei nahezu identische Versionen ihres Bildnisses gestaltete. Das zweite Gemälde zeigt sie in derselben Kleidung und in übereinstimmender Körperhaltung, jedoch wirkt ihr Gesicht voller, ihr Lächeln ist gelöster und ihr Blick offener (Abb. 1). Es sind die frühesten nachweisbaren Porträts des aus Kopenhagen stammenden Malers, der 1714 in Kassel, dann in Bayreuth, Dresden, Wien, London und Paris tätig war, bevor er 1736 dänischer Hofmaler wurde.
Møller war auch als Miniaturenmaler tätig und ließ sich später in Berlin nieder, wo er 1762 oder 1766 starb.[5] Zeitgenössische Kunstkritiker wiesen auf die Ähnlichkeit seiner frühen Werke mit den Gemälden des Adam von Mányoki (1673–1756) hin.[6] Außerdem gibt es Anklänge an die Arbeiten von Johann Kupezky (1666–1740), der 1712 in Karlsbad Peter den Großen porträtierte.[7] Møllers Werke sind meist auf der Rückseite signiert und mit dem Jahr sowie dem Ort der Entstehung bezeichnet. Sein Bildnis Katharinas entsprach der von Peter dem Großen nach 1700 bevorzugten Porträtmalerei, die von den Traditionen der altrussischen Herrscherdarstellung abwich.[8] Der Zar berief 1711 Johann Gottfried Tannauer (1680–1733/1737) als Hofmaler nach St. Petersburg; dieser schuf 1715 ein offizielles Porträt Katharinas.[9] Es zeigt sie in prunkvoller Kleidung, reich geschmückt und mit den Insignien einer Kaiserin.
Es ist bemerkenswert, dass Møller in seinen Porträts auf derartige Hoheitszeichen verzichtete. Ungeklärt ist, warum er zwei nahezu identische Gemälde anfertigte, die beide im 19. Jahrhundert in Schloss Blankenburg nachgewiesen sind. Hier residierte bis 1731 Herzog Ludwig Rudolf (1671–1735), der auf Betreiben seines Vaters Herzog Anton Ulrich (1633–1714) einer Heirat zwischen seiner zweiten Tochter Charlotte Christine Sophie (1694–1715) und dem Zarewitsch Alexei (1690–1718) zugestimmt hat-

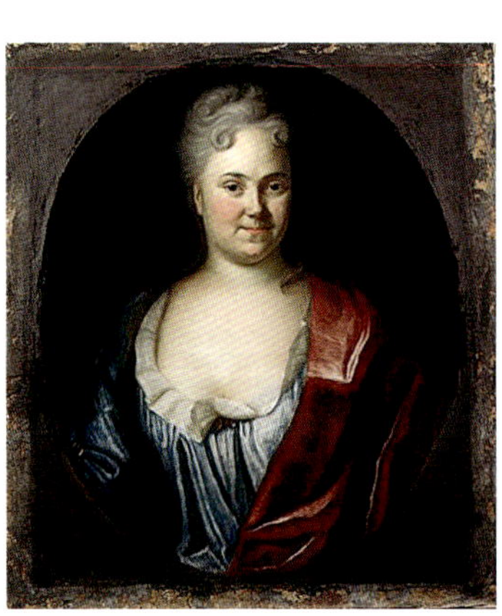

Abb. 1: Andreas Møller, weitere Version des Porträts, Privatbesitz

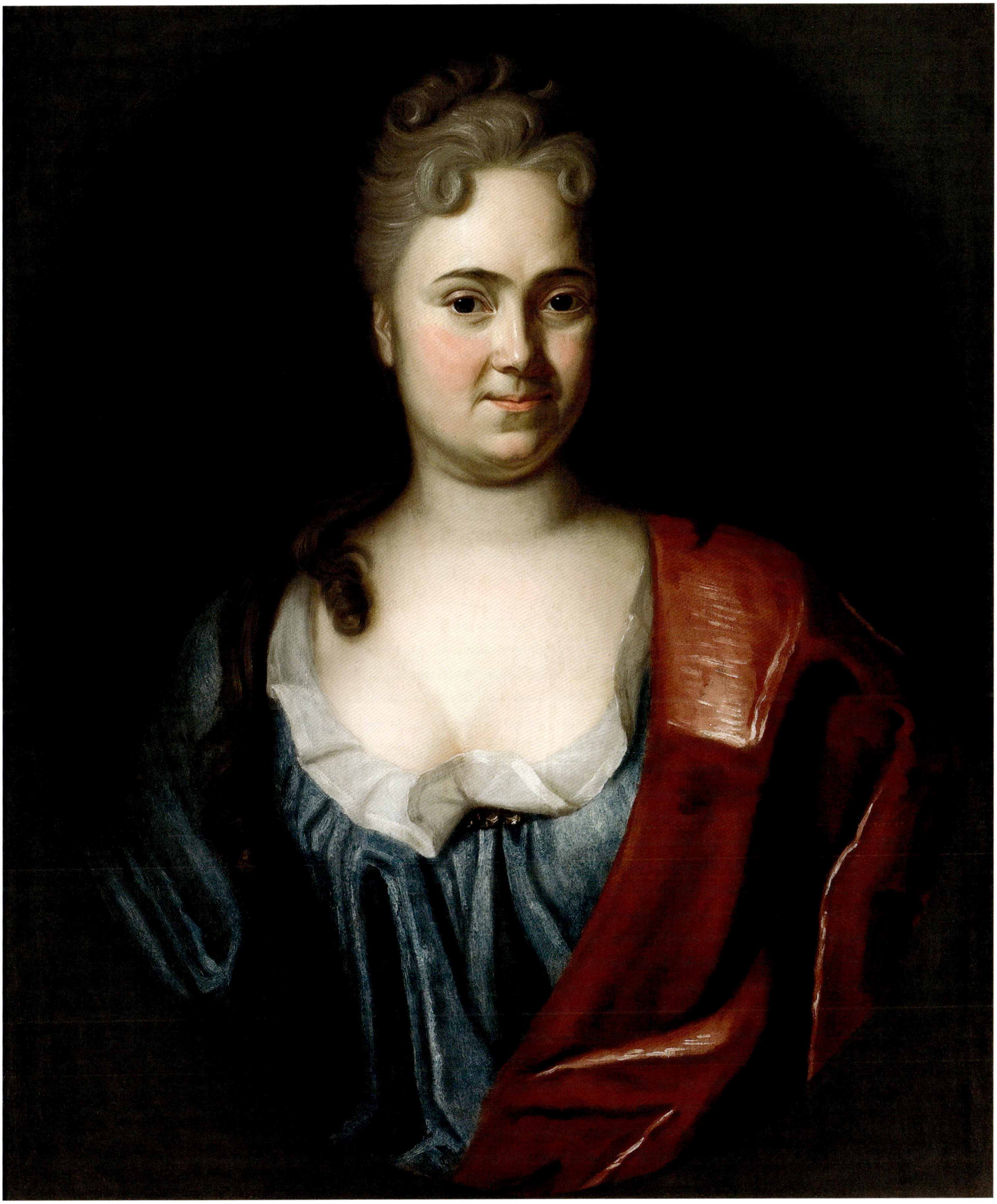

te; die Hochzeit fand 1711 in Torgau statt.[10] Peter der Große reiste nach dem Aufenthalt in Pommern Anfang 1713 nach Holstein, anschließend kam er im März nach Salzdahlum.[11] Es ist denkbar, dass er selbst die Porträts seiner Ehefrau aus Greifswald mitbrachte, von denen möglicherweise eines für Herzog Anton Ulrich, das andere für Herzog Ludwig Rudolf bestimmt war.

Als die beiden Bildnisse nach Schloss Marienburg gebracht wurden, war offenbar nicht mehr bekannt, dass sie Katharina I. zeigen. Sie wurden in der Auktion 2005 getrennt voneinander und jeweils in einem größeren Lot angeboten und konnten erst in Privatbesitz wieder vereint werden.

SKL

1 Vgl. Wittram 1964, Bd. 1, S. 271, 371f., Bd. 2, S. 325, 502; Neumann-Hoditz 1983, S. 109–112; Donnert 1989, S. 101, 183, 308.
2 Vgl. Ausst.-Kat. Bad Pyrmont 1999, S. 111f.
3 Ukas vom 15. November 1723, zitiert nach Neumann-Hoditz 1983, S. 111.
4 Vgl. Thümmel 2002, S. 200–213.
5 Vgl. Marx 1981, S. 41–48.
6 Hagedorn 1755, S. 339f.
7 Herzog Anton Ulrich-Museum, Inv. Nr. GG 579. Das Gemälde war vermutlich ein Geschenk des Zaren an Herzog Anton Ulrich bei seinem Besuch in Salzdahlum 1713; vgl. Ausst.-Kat. Dortmund/Gotha 2003, Bd. 1, S. 57, Kat. Nr. 2, Bd. 2, S. 24, Abb. 12; Jacoby 1989, S. 159–161.
8 Vgl. Dückershoff 2003.
9 Das Porträt gelangte wohl 1716 als Gastgeschenk an den Waldecker Hof in Pyrmont, wo sich Peter der Große zur Kur aufhielt; heute im Museum im Schloss Bad Pyrmont, vgl. Ausst.-Kat. Bad Pyrmont 1999, S. 159, Abb. S. 88.
10 Vgl. Wittram 1964, Bd. 2, S. 356–360; Donnert 1989, S. 274–280; Guerrier 1875.
11 Vgl. Hahne 1913, S. 25–30; Grote 2005 a.

9 Johann Heinrich Wilhelm Tischbein
(Haina/Hessen 1751–1829 Eutin)

JOSEPH UND DIE FRAU DES POTIPHAR, 1779–1799 (?)

nach Carlo Cignani (Bologna 1628–1719 Forlì)
Pinsel in Braun, Deckweiß, über Graphit, auf Papier, 64,8 x 64,8 cm
Privatbesitz
Provenienz: Schloss Marienburg; seit 2005 Privatbesitz

Das Blatt gehört zu einer Serie mit sechs Zeichnungen (Abb. 1–5), die 2005 im Auktionskatalog als „Deutsch, Ende 19./frühes 20. Jahrhundert" klassifiziert worden waren.[1] Der Vergleich mit einer siebten dazugehörigen Zeichnung, die sich in Weimar befindet und aus dem Besitz Johann Wolfgang von Goethes stammt, ermöglichte die Zuschreibung an Johann Heinrich Tischbein.[2] Der aus einer großen nordhessischen Künstlerfamilie stammende Maler war nach der Ausbildung bei seinem Onkel Johann Heinrich dem Älteren (1722–1789) in Kassel, dann bei seinem Onkel Johann Jakob (1724–1791) in Hamburg zunächst als angesehener Porträtist in Kassel, Hannover und Berlin tätig. Mit einem Stipendium der neu gegründeten Kasseler Kunstakademie reiste er 1779 nach Italien und studierte zwei Jahre lang in Rom. Es folgte ein Aufenthalt in Zürich bei Johann Caspar Lavater (1741–1801), bevor Tischbein 1783 mit der durch Goethe vermittelten Unterstützung des Herzogs Ernst II. von Sachsen-Gotha (1745–1804) erneut nach Rom reiste. Als Goethe 1786 in die italienische Hauptstadt kam, wohnte er die ersten Monate bei Tischbein in dessen Domizil am Corso. Wenig später schuf dieser das berühmte Porträt „Goethe in der Campagna di Roma"[3] und die bekannte Zeichnung „Goethe am Fenster"[4]. 1789 wurde Tischbein zum Direktor der Akademie in Neapel ernannt, doch nachdem die Stadt 1799 von den Franzosen eingenommen worden war, kehrte er nach Deutschland zurück. In Göttingen

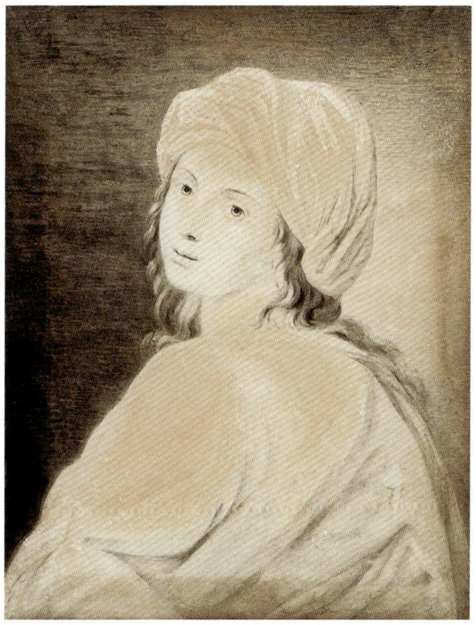

Abb. 1–5: J. H. W. Tischbein, Serie von Zeichnungen nach italienischen Meistern, 1779–1799 (?), Privatbesitz

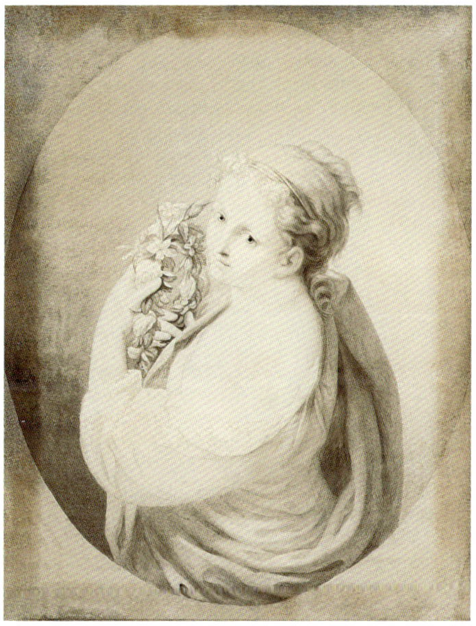

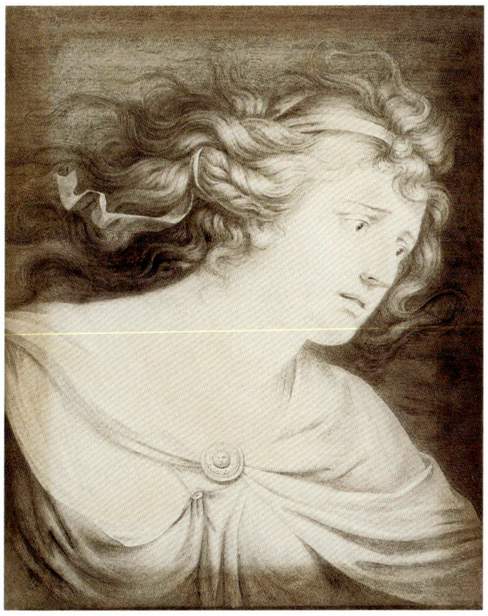

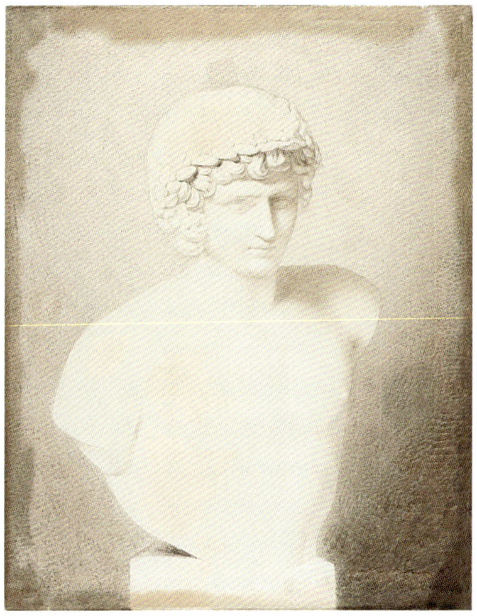

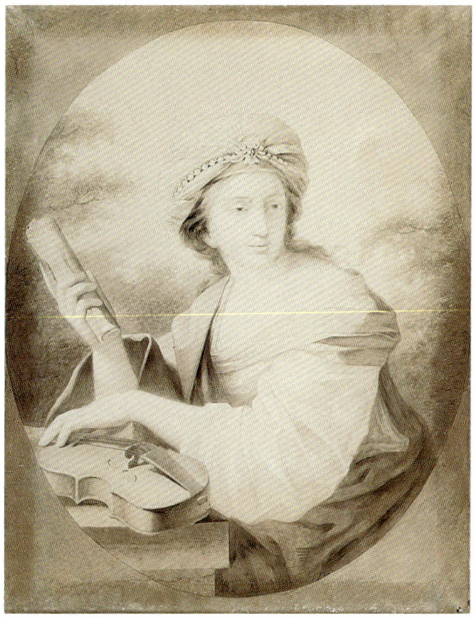

gründete er eine „Zeichenakademie für Damen“, bevor er nach Hamburg übersiedelte. 1808 wurde er Hofmaler bei Herzog Peter Friedrich von Oldenburg (1755–1829) in Eutin, wo er seine letzten Lebensjahre verbrachte.[5]
Während seines ersten Rom-Aufenthaltes studierte Tischbein an der Privatakademie des Schweizer Bildhauers Alexander Trippel (1744–1793) und beschäftigte sich vorrangig mit dem Zeichnen berühmter Kunstwerke, nach der Natur und nach dem lebenden Modell. So berichtete er in einem Brief an Herzog Ernst II., er habe „in einigen Galerien nach Bildern gezeichnet.“[6] Auch im Unterricht an der von ihm geleiteten Akademie in Neapel war das Zeichnen bestimmend.[7] Nach seinen Angaben bevorzugte er italienische Meister wie Raffael und Michelangelo, aber auch die Carracci und Guido Reni dienten als Vorbild.
Ein Künstler aus dem Umkreis Renis, Carlo Cignani, schuf um 1680 das Ölgemälde, das die Vorlage für die ausgestellte Zeichnung bildete (vgl. Abb. 6).[8] Es zeigt ein beliebtes Bildthema aus der alttestamentarischen Josephs-Geschichte (1. Moses, 39): Die Frau des Potiphar versucht mit allen Mitteln, Joseph zu verführen. Cignani zeigt sie halbnackt vor einem weiß bezogenen Bett, das mit einer geflügelten Holzfigur geschmückt ist. Sie umarmt den jungen Mann, der im Zurückweichen die Arme erhoben hat und den Kopf abwendet. Auch die gespreizten Hände verdeutlichen seine Abwehr. Cignanis Komposition wurde von Tischbein exakt wiederholt, auch der enge Bildausschnitt und das achteckige Format des Gemäldes wurden übernommen. Es bleibt allerdings die Frage, wo er Cignanis Werk, das bereits 1749 aus der Casa Contarini in Venedig nach Dresden kam, gesehen haben konnte. Möglicherweise nutzte Tischbein eine Replik des Gemäldes. Dies war nachweislich auch 1779 der Fall, als er die rechte Figur aus Annibale Carraccis Deckengemälde im Palazzo Farnese in Rom, das durch eine Kopie ersetzt worden war, in einer Zeichnung wiedergab.[9]
Die anderen Zeichnungen dieser Serie unterschiedlichen Formats zeigen verschiedene Sujets: eine weibliche Gestalt als Allegorie der Musik, die Büste eines Jünglings, einen Ausschnitt aus einem Historienbild, das Bildnis eines jungen Mannes und eine junge Frau mit einem Blütenkranz (Abb. 1–5). Stärker als das ausgestellte Blatt zeigen sie eine dem Klassizismus entsprechende Typisierung. Es ist denkbar, dass die Studien im Zusammenhang mit Tischbeins Akademie-Tätigkeit in Neapel entstanden. Nach seiner Rückkehr aus Italien besaß Tischbein wohl eine große Sammlung mit Zeichnungen italienischer Meister, die er offenbar als Lehrmittel ansah.[10] Bislang jedoch ist ungeklärt, wie und wann die Blätter auf Schloss Marienburg gelangten.

SKL

Abb. 6: Carlo Cignani, Joseph und die Frau des Potiphar, um 1680, Dresden, Gemäldegalerie Alte Meister

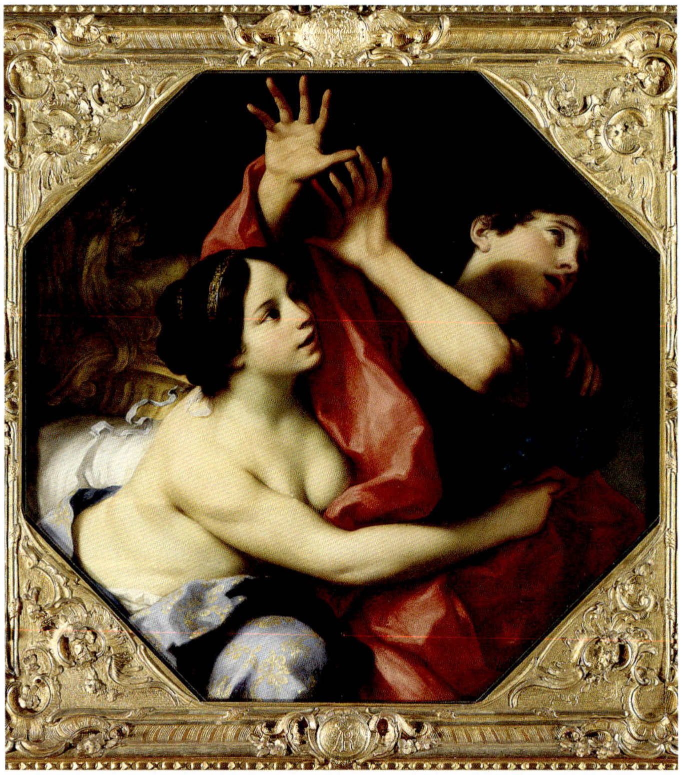

1 Kunstwerke des königlichen Hauses Hannover, Sotheby's Marienburg, 5.–15.10.2005, Bd. 3, Lot. Nr. 4698: sechs Aquarelle.
2 Vgl. Oppel 1991.
3 Frankfurt a. M., Städelsches Kunstinstitut; vgl. Ausst.-Kat. Kassel/Leipzig 2005/06, S. 220f., Kat. Nr. 76; Mildenberger 1986, S. 33–39; Lenz 1979.
4 Frankfurt a. M., Freies Deutsches Hochstift; vgl. Mildenberger 1986, S. 30, 216, Kat. Nr. 39; Lenz 1979, S. 36f., Abb. 28.
5 Vgl. Heinz 2005, S. 37–47, Biographie S. 227f.; Oppel 1991, S. 4–14; Lenz 1979, S. 23–26, Thieme/Becker, Bd. 33, s. v. Johann Heinrich Wilhelm Tischbein, S. 213–215 (H. Vollmer).
6 Lenz 1979, S. 23.
7 Vgl. Schiller 1861, Bd. 2, S. 141–144, 151, 155.
8 Dresden, Gemäldegalerie Alte Meister; vgl. Ausst.-Kat. Frankfurt a. M. 1988/89, S. 522f., Kat. Nr. D 9.
9 Darstellung der Tugend, Landesmuseum für Kunst und Kulturgeschichte Oldenburg; vgl. Ausst.-Kat. Kassel/Leipzig 2005/06, S. 37 und 39, Abb. 10.
10 Oettingen 1910, S. 8.

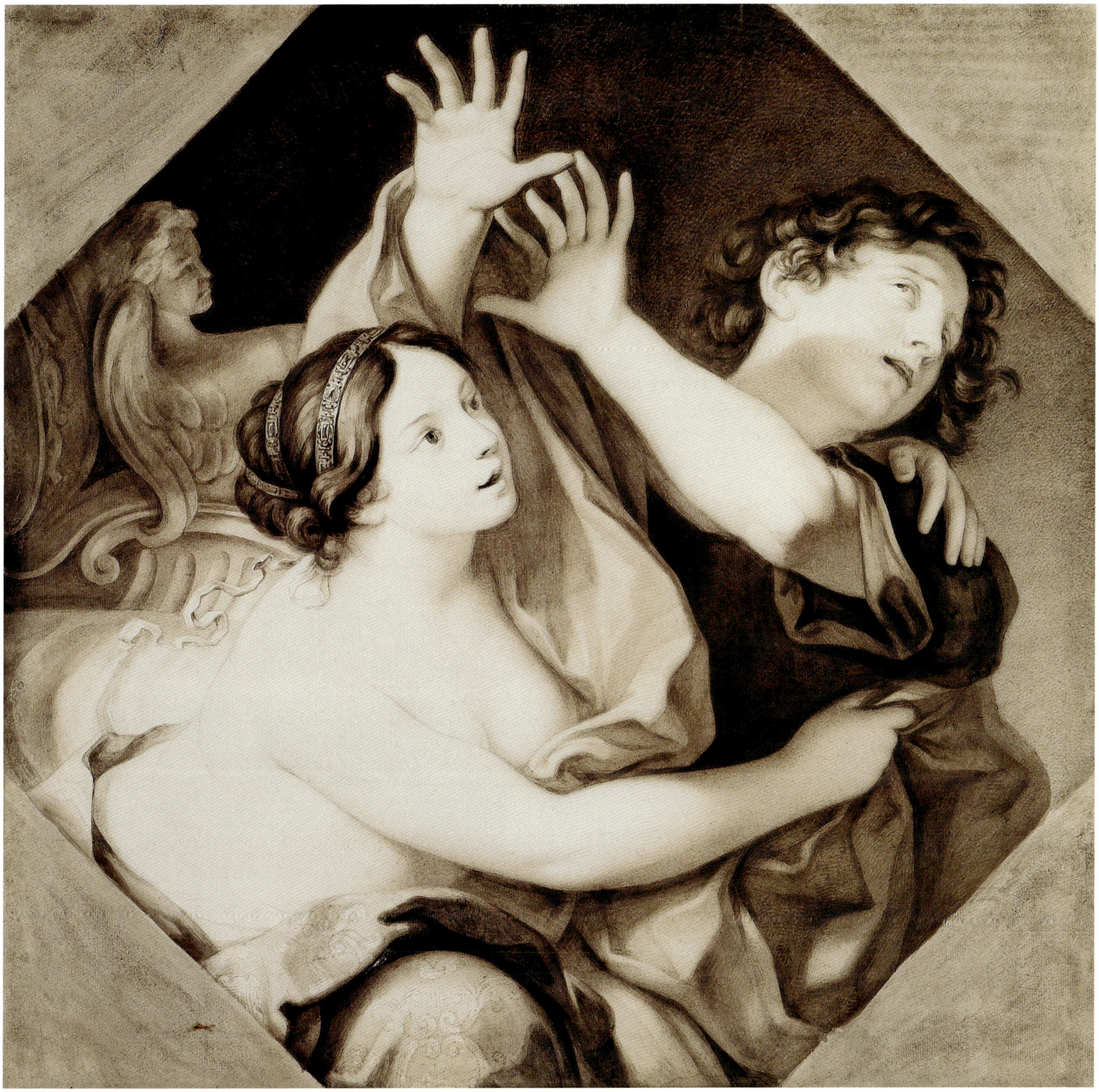

Jeder Privatbesitz, auch der einer fürstlichen Familie, ist den Gefahren der Verschleppung und Versplitterung ausgesetzt.[1]

Julius Lessing,
Direktor des Berliner Kunstgewerbemuseums

Der Welfenschatz ist der einstige Reliquienschatz der früheren Stiftskirche St. Blasius in Braunschweig, dem heutigen evangelischen Dom. Er ist also nicht der profane Hausschatz des Fürstengeschlechts der Welfen. Da er aber im Mittelalter über Jahrhunderte durch zahlreiche Stiftungen der welfischen Landesherren und Kirchenpatrone vermehrt wurde und sich seit dem 17. Jahrhundert über nahezu 260 Jahre auch im unmittelbaren Besitz des Welfenhauses befand, kam der Name seit Ende des 19. Jahrhunderts in Gebrauch.

Der Schatz umfasst Werke der Schatzkunst vom 11. bis zum 15. Jahrhundert, fast ausschließlich Goldschmiedearbeiten von hoher Qualität, darunter zahlreiche Reliquiare und Tragaltäre (vgl. Abb. 3, 5, S. 4, 10). Deren Stifter waren zunächst Brunonen und später Welfen. Die ältesten Stiftungen stammen von der Gräfin Gertrud († 1077), der Witwe des Grafen Ludolf. Aus dieser Zeit blieben vier Reliquiare erhalten, von denen nur das Armreliquiar des hl. Blasius[2] in der Stiftskirche St. Blasius verblieb und 1829 in das Herzog Anton Ulrich-Museum in Braunschweig gelangte (vgl. Abb. 5).

Das älteste erhaltene Inventar von 1482, heute in der Herzog August Bibliothek, verzeichnet 140 Objekte. Nachdem sich die Reformation 1528 in Braunschweig durchgesetzt hatte, wurden St. Blasius und das angeschlossene Stift im Jahre 1540 protestantisch. Aus einem aus dieser Zeit stammenden neuen Inventar geht hervor, dass sich der Schatz an mehreren Stellen befand. Die prominentesten Objekte

Abb. 1: Ursprüngliche Aufbewahrung des Welfenschatzes, Kapelle im Leineschloss, Hannover, Zeichnung aus einem Album von Unico Ernst von Malortie (1804–1887), Oberhofmarschall am königlichen Hof Hannover

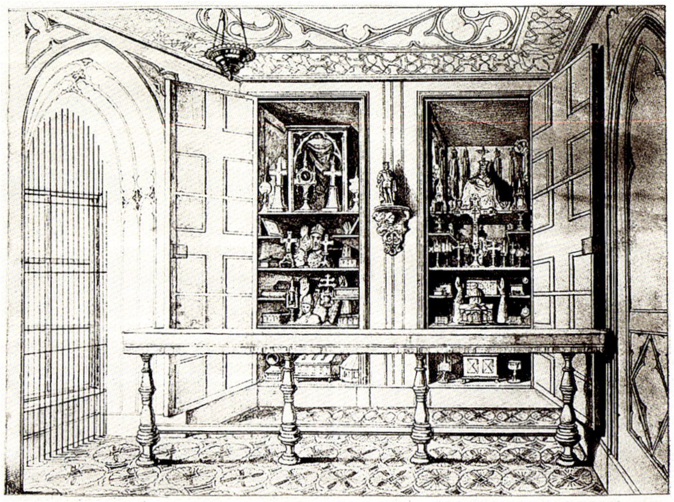

Abb. 2: Präsentation des Welfenschatzes, vermutlich um 1885 im Museum für Kunst und Industrie, Wien, nicht näher bezeichnete Photographie

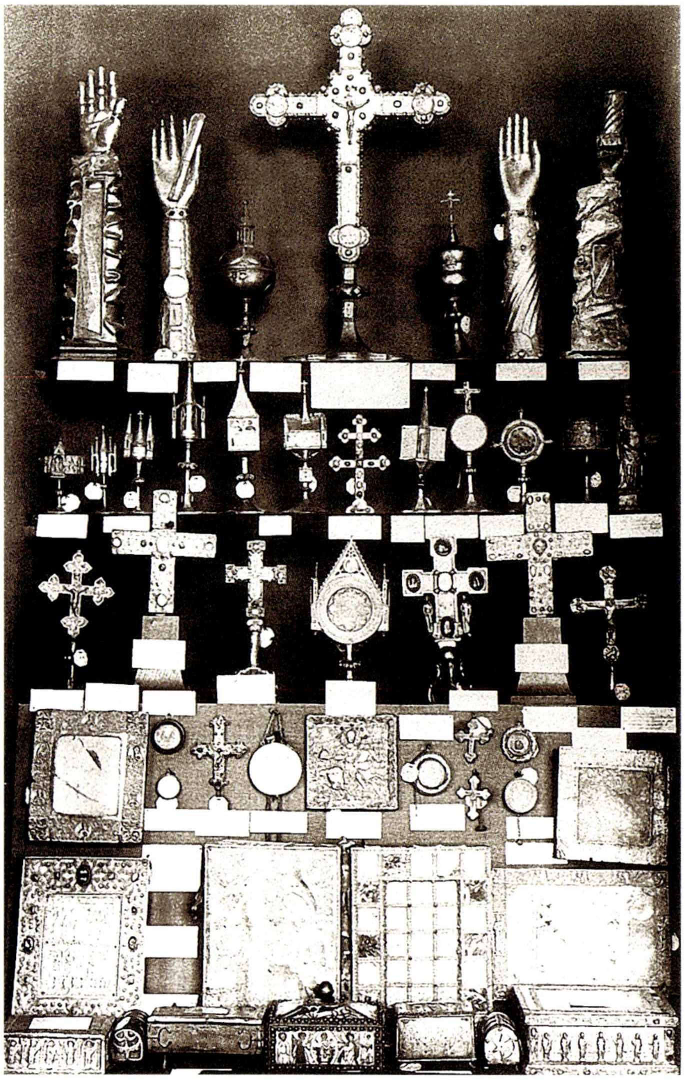

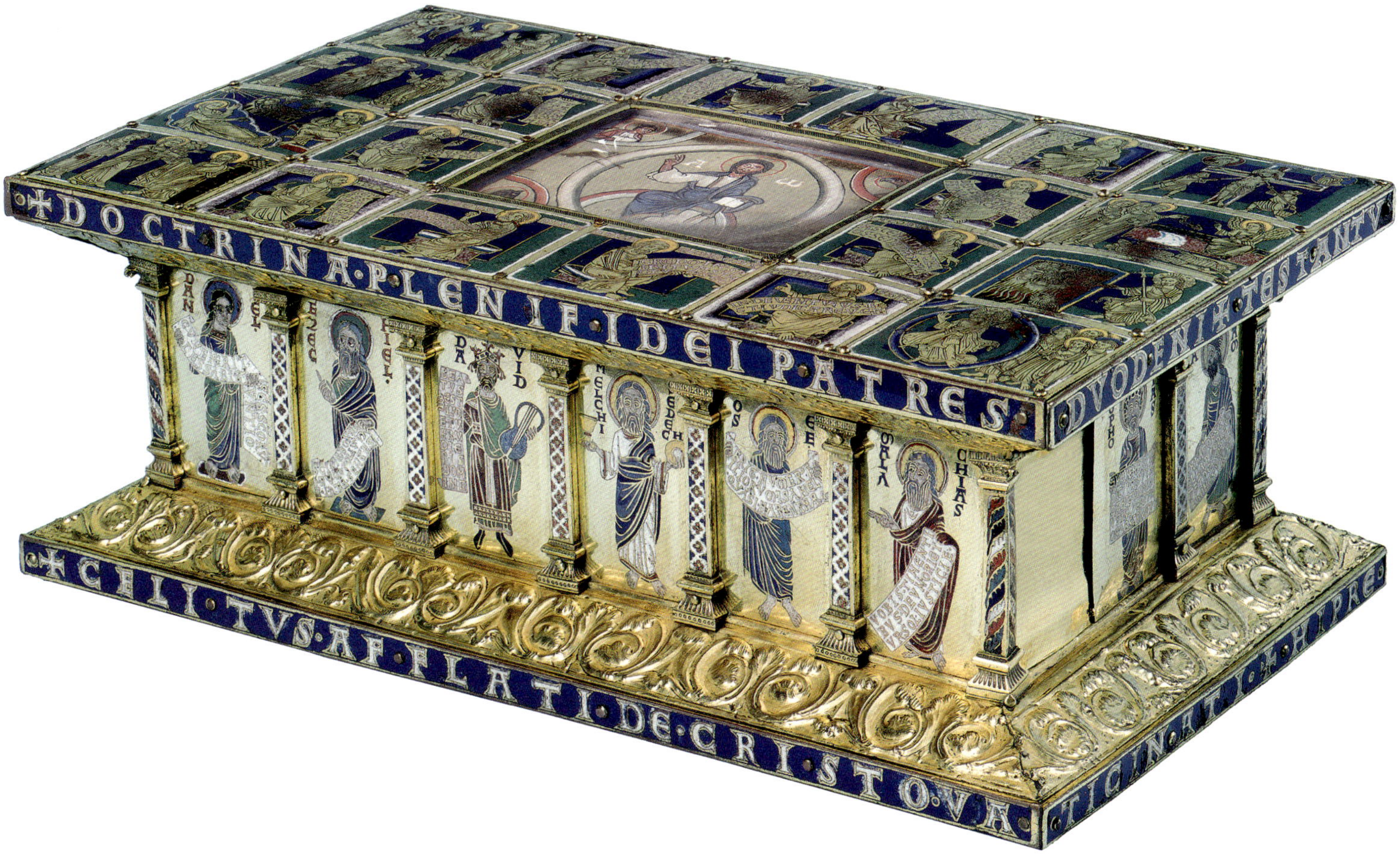

Abb. 3: Tragaltar des Eilbertus, Meister Eilbertus, um 1150–1160, Staatliche Museen zu Berlin, Kunstgewerbemuseum

wurden im Hochaltar und im Sacrarium aufbewahrt. Nach der Aufhebung und Zerstörung des Stiftes St. Cyriacus in der Nähe Braunschweigs im Jahre 1545 übertrug man den dortigen Reliquienschatz in die Johanneskapelle des Blasius-Domes, ein Teil wurde offensichtlich mit dem Blasiusschatz vereint. Bei einem nächtlichen Einbruch in den Dom am 6. Mai 1574 wurden zwanzig Gegenstände entwendet, überwiegend Monstranzen. Zwischen 1658 und 1670 erfolgten weitere schwerwiegende Eingriffe in den Bestand des Schatzes durch Herzog Anton Ulrich. Er ließ sich gegen Quittung wiederholt Gegenstände aushändigen, die er jedoch offenbar nur teilweise zurückgab.[3]

Am 26. Juli 1671 übernahm ein Beauftragter des Herzogs Johann Friedrich aus der Calenberger Linie in Braunschweig die „bey der hiesigen Thurmkirchen Stiffts Sancti Blasii befundenen Reliquien, zu […] Meines gnädigsten Fürsten und Herrn Vergnügung“[4] und brachte dabei 143 Werke sakraler Kunst von ihrem seit Jahrhunderten angestammten Ort nach Hannover in die Kapelle des Leineschlosses (vgl. Abb. 1). Johann Friedrich, der 1651 katholisch geworden war, hatte für seine Waffenhilfe bei der im Juni 1671 erfolgten Unterwerfung der unbotmäßigen Stadt Braunschweig von seinem Vetter, dem braunschweigischen Landesherrn Herzog Rudolf August, den Reliquienschatz der Stiftskirche St. Blasius als Kompensation verlangt und mit wenigen Ausnahmen[5] auch zugebilligt bekommen. Die rechtliche und räumliche Bindung des Welfenschatzes an seinen ursprünglichen Bestimmungsort ging damit verloren.

Während des Siebenjährigen Krieges wurde der Schatz im Jahre 1757 aus Sicherheitsgründen von Hannover nach Stade und Glückstadt verbracht, wo er bis 1764 verblieb. Angesichts des drohenden Einmarsches Napoleons wurde er 1803 erneut in Sicherheit gebracht. Diesmal transferierte man ihn nach England, das seit 1714 mit Hannover durch Personalunion verbunden war. Bis zur Rückführung 1816 verblieb er in der Bank of England in London. 1861 gründete König Georg V. von Hannover das Königliche Welfenmuseum, das als „Sammlung von Altertümern des Welfischen Fürstenhauses“ konzipiert worden war. Ende 1862 wurde das Welfenmuseum im Altenburg-Palais in der Calenberger Neustadt in Hannover eröffnet. Hier erfolgte auch die erste museale Präsentation des Welfenschatzes. Er war jedoch nur für einen ausgewählten Besucherkreis zugänglich.[6] Im Zuge der Annexion des Königreichs

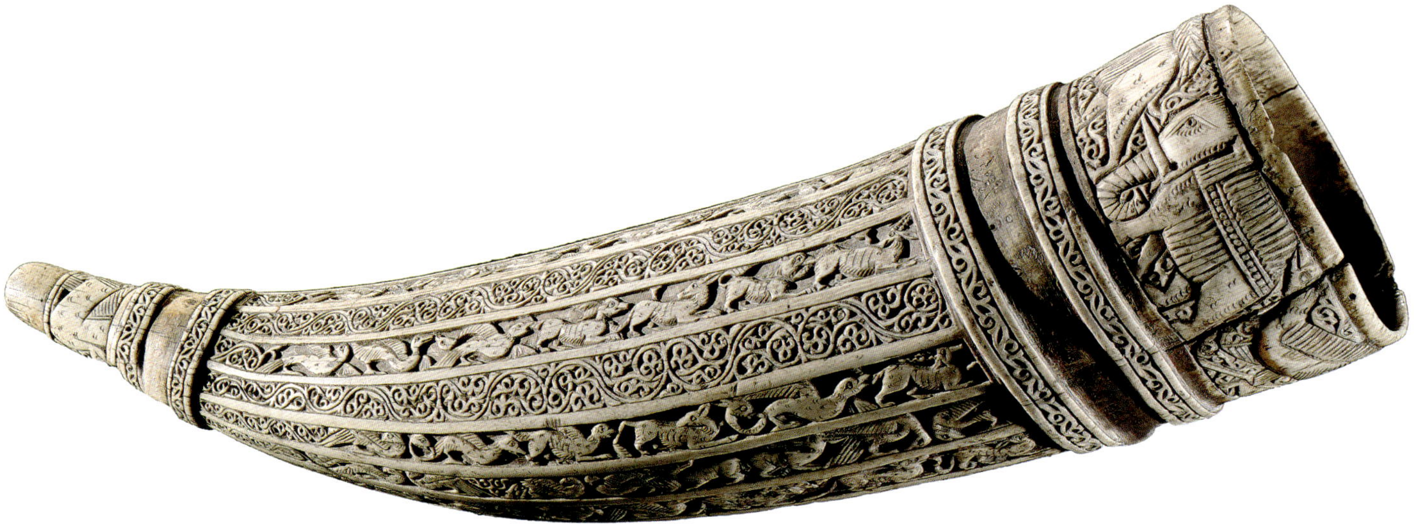

Abb. 4: Olifant, Unteritalien, 11. Jh., Elfenbein, Braunschweig, Herzog Anton Ulrich-Museum

Hannover durch Preußen 1866 kam der Schatz als Hausvermögen an Georg V., der ihn 1867 in sein Exil nach Österreich mitnahm. Von 1869 bis 1906 wurde der Schatz als Leihgabe im Österreichischen Museum für Kunst und Industrie in Wien gezeigt (vgl. Abb. 2). Anschließend veranlasste das Oberhaupt des Welfenhauses, Ernst August Herzog von Cumberland, die Überführung in sein Palais in Wien-Penzing. Im Jahre 1918, gegen Ende des Ersten Weltenkrieges, wurde der Schatz in die Schweiz verlagert, bis er 1921 nach Österreich zurückgebracht wurde, dieses Mal nach Schloss Cumberland im oberösterreichischen Gmunden.
Im Herbst 1927 sah sich Ernst August von Braunschweig-Lüneburg, der Sohn des Herzogs von Cumberland, zum Verkauf des Schatzes gezwungen. Die 82 damals noch erhaltenen Objekte wurden zunächst in einer Bank im Schweizerischen Aarau deponiert. Verkaufsverhandlungen in den USA blieben erfolglos, ebenso Bemühungen in Deutschland, die kostbarsten und historisch wichtigsten Teile vor der Abwanderung zu bewahren. Einem Angebot des Herzogs, der Stadt Hannover den Welfenschatz im Ganzen und die Herrenhäuser Gärten für zehn Millionen Reichsmark zu überlassen, erteilte man am 30. Dezember 1929 eine Absage. Schließlich übernahm am 6. Januar 1930 ein Konsortium Frankfurter Kunsthändler den Welfenschatz für acht Millionen Reichsmark. Sich anschließende Verhandlungen mit den Berliner Museen über einen Ankauf blieben ebenfalls ergebnislos. Gleichzeitig erfolgte in dieser Zeit eine neue Katalogisierung und Veröffentlichung des Schatzes durch Otto von Falke, Robert Schmidt und Georg Swarzenski, die in deutscher und englischer Sprache erschien. Noch im gleichen Jahr wurden ‚Verkaufsausstellungen' in Frankfurt am Main, Berlin und in mehreren Städten der USA durchgeführt. 38 Stücke wurden an verschiedene Museen und Privatsammlungen verkauft. Das Museum of Art in Cleveland erwarb mehrere Hauptwerke, darunter den Tragaltar der Gräfin Gertrud.
Eine folgenlose, aber dennoch beachtenswerte Begebenheit ereignete sich ebenfalls in den dreißiger Jahren in Braunschweig: Als der Stiftungsvorstand des Herzog Anton Ulrich-Museums den unrühmlichen Versuch unternahm, aus finanziellen Gründen das Gemälde Das Mädchen mit dem Weinglas Jan Vermeers zu verkaufen und dies scharfen Protest kunsthistorischer Kollegen auslöste, versuchte er, sein Anliegen dennoch durchzusetzen, indem er den Welfenschatz ins Spiel brachte und dabei eine nationalistische Argumentation verfolgte. Teile des Welfenschatzes sollten gegen das Gemälde Vermeers eingetauscht werden.[7] Bei den Gegenständen des Welfenschatzes handele es sich „um wertvolle bodenständige Arbeiten, die für uns hier einen weitaus höheren Geschichts- und Gemütswert" hätten „als das holländische Gemälde."[8] Der angestrebte Tausch kam glücklicherweise nicht zustande.
Im Jahr 1935 konnte der noch 42 Gegenstände umfassende nicht verkaufte Teil des Welfenschatzes nach langwierigen, von dem damaligen Preußischen Finanzminister Prof. Dr. Johannes Popitz geführten Verhandlungen durch den Preußischen Staat für die Berliner Museen erworben werden, wo er dem Kunstgewerbemuseum (damals Schlossmuseum) überwiesen wurde. Auch das gezeigte Reliquienkreuz (vgl. Kat. Nr. 10) gehört zu diesem Ankaufskomplex.

Abb. 5: Armreliquiar des Hl. Blasius, niederdeutsch, um 1040, Braunschweig, Herzog Anton Ulrich-Museum

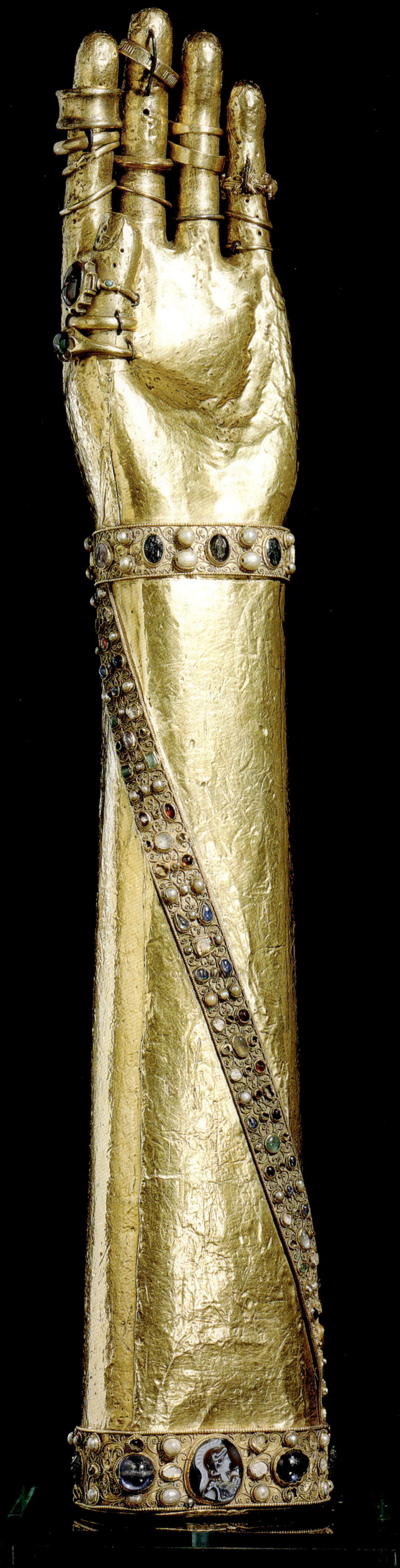

Dem Herzog Anton Ulrich-Museum gelangen in den folgenden Jahrzehnten verschiedene Erwerbungen aus dem Schatz, hierzu gehört eine Reliquienmonstranz (vgl. Kat. Nr. 11), 1964 bei dem Münchner Auktionshaus Weinmüller gekauft, ein furniertes Kästchen mit Emailplatte des Evangelisten Matthäus, 1978 bei Sotheby's Parke Bernet in London angekauft (vgl. Kat. Nr. 12) und ein bemaltes Kästchen (vgl. Kat. Nr. 13), das 1985 bei Sotheby's in New York versteigert wurde.

Literatur: Neumann 1891; Falke / Schmidt / Swarzenski 1930; Schilling 1930–1931; Kötzsche 1973; de Winter 1985; de Winter 1986; Jaitner 1986, S. 391–422; Boockmann 1993; Kötzsche 1995, in: Ausst.-Kat. Braunschweig 1995, Bd. 2, S. 511–528; Boockmann 1997; Ehlers / Kötzsche 1998; Lambacher 2003; Döring 2004; Marth 2004

1 Deutsche Rundschau 17/4 (1891), S. 114–117.
2 Armreliquiar des hl. Blasius, Braunschweig, vor 1077, Goldblech auf Holzkern, H 51,3 cm, Inv. Nr. MA 60. Die anderen drei Reliquiare werden seit 1931 im Museum of Modern Art in Cleveland, Ohio, aufbewahrt.
3 Marth 200 4, S. 51.
4 Zit. nach Lambacher 2003.
5 Hierzu gehört eines der beiden „Blasiushörner", ein aus Elfenbein geschnitzter Olifant, der ebenfalls im Herzog Anton Ulrich-Museum verwahrt wird (vgl. Abb. 4, Inv. Nr. MA 107, Unteritalien, 11. Jh., größte L 58 cm).
6 Das Regulativ für die Conservierung und Aufbewahrung der Gegenstände der kgl. Reliquienkammer im Kgl. Welfenmuseum vom 14. März 1863 sah vor, dass der Schatz unter doppeltem Verschluss während der allgemeinen Öffnungszeiten des Museums blieb. Nur in „besonderen Fällen (war) das Vorzeigen einzelner Gegenstände an Männer von Fach und solche, bei denen ein besonderes Interesse obwaltet, gestattet", vgl. Jaitner 1986, S. 398.
7 Vgl. hierzu Döring 2004, S. 277–280.
8 HAUM Altregistratur, Neu 411, Brief von Zimmermann an Dr. Boden, Braunschweigischer Gesandter bei der Reichsregierung in Berlin, 19.03.1931, zit. nach Döring 2004, S. 280.

Abb. 1: Reliquienkreuz mit Kreuzfuß, Staatliche Museen zu Berlin, Kunstgewerbemuseum, Rückseite

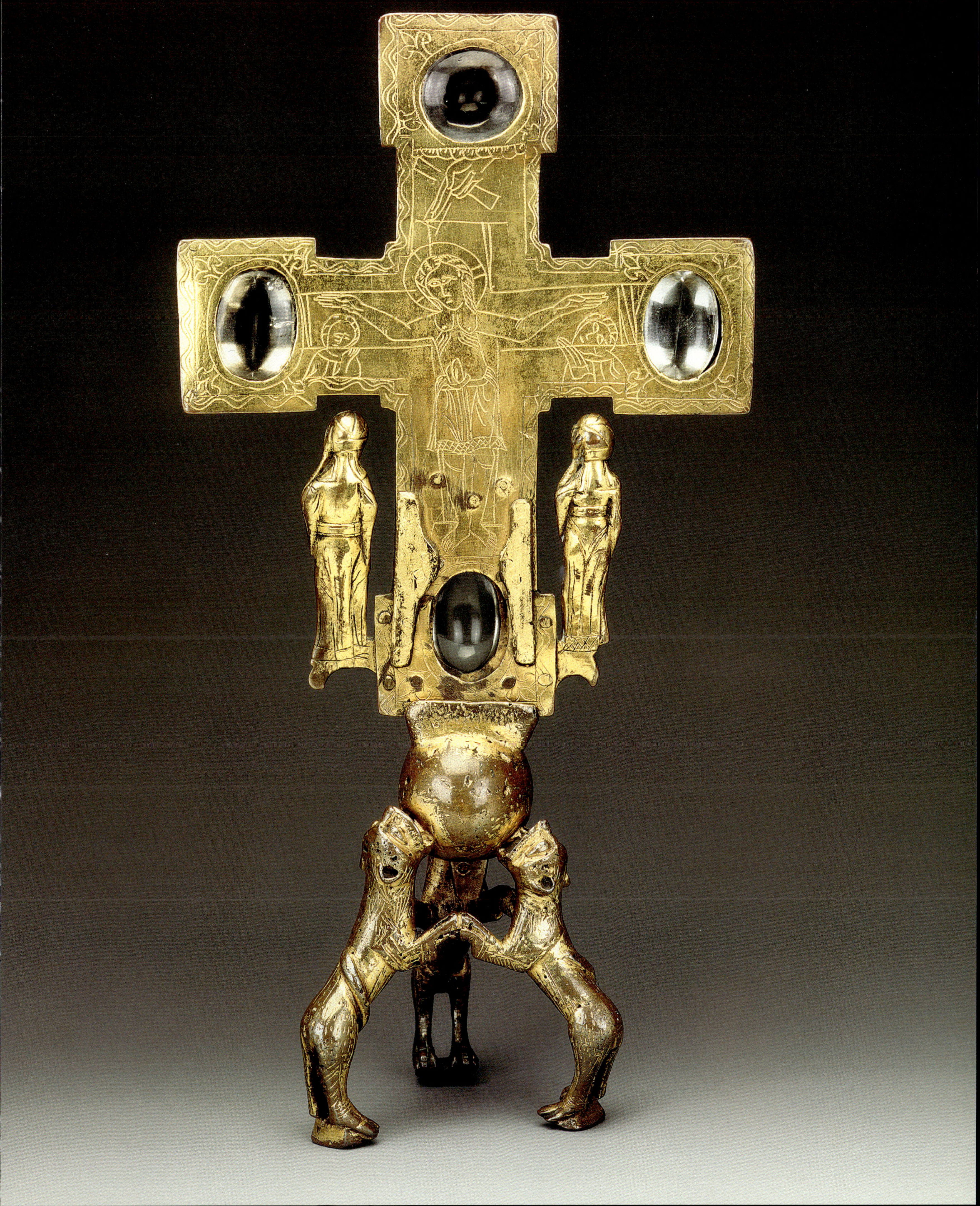

10

RELIQUIENKREUZ MIT KREUZFUSS

Niedersachsen, 1. Viertel 12. Jahrhundert
Bronze, vergoldet, Bergkristall
Das untere Kreuzende gebrochen, rückseitig mit zwei Metallstreifen (Kupfer) geschient; Bergkristall des unteren Endes mit neueren Schellen befestigt
H mit Kreuzfuß 34,5 cm, Kreuz 21,5 cm (mit Dorn 27,5 cm), B 17,2 cm
Berlin, Staatliche Museen, Kunstgewerbemuseum, Inv. Nr. W 10
Provenienz: seit 1697 im Welfenschatz belegt; 1930 Frankfurter Händlerkonsortium; 1935 durch den preußischen Staat angekauft

Lit.: Neumann 1891, S. 103–107, Nr. 4, Abb. Vorder- und Rückseite; Falke / Schmidt / Swarzenski 1930, S. 119f., Nr. 16; Swarzenski 1932, S. 293f.; Kötzsche 1973, S. 28f., Nr. 11; Springer 1981, Nr. 16 (Lit.); de Winter 1986, S. 59f., S. 172, Nr. 17; Marth 1988; Bloch 1992; Ausst.-Kat. Braunschweig 1995, Bd. 1, S. 237f., Nr. D 53 (Marth)

Das Kreuz ist erst 1697 im Welfenschatz belegt. Möglicherweise gehörte es ursprünglich dem von den Brunonen im 11. Jahrhundert gegründeten Cyriacusstift in Braunschweig und gelangte 1545, als man dieses Stift zerstörte, zusammen mit anderen Gegenständen nach St. Blasius.[1] 1935 wurde es zusammen mit den anderen verbleibenden Objekten des Welfenschatzes durch den Preußischen Staat für die Berliner Museen erworben.[2]

Drei auf ihren Hinterbeinen stehende Löwen halten mit aufgerissenem Rachen eine Kugel. Mähnen und Fell der Tiere sind durch eine schlichte Strichgravierung gekennzeichnet. In die Kugel ist das Krückenkreuz eingesteckt. An dessen Enden sitzen Bergkristalle, in der Mitte eine mit einem Bergkristall abgedeckte Reliquienkapsel, die eine Kreuzreliquie und ein sichtbares, auf Pergament geschriebenes Reliquienverzeichnis enthält.[3] Vier kleine Bergkristalle betonen die Ecken der Rahmung dieser Kapsel. Zwei gleich gekleidete weibliche Figuren, die linke Hand im Trauergestus an den Kopf geführt und mit der rechten ein Buch vor dem Leib haltend, stehen auf kleinen gekrümmten Sprossen unterhalb des Querbalkens. Auf der Vorderseite sind oberhalb der zentralen Reliquienkapsel die mit Kreuznimbus versehene Taube, zu ihren Seiten je eine sternförmige Blüte und unter ihr der thronende Christus eingraviert. Auf der Rückseite der Gekreuzigte mit offenen Augen und ohne Wund- oder Nägelmale, darüber eine Hand Gottes und auf den Balkenarmen zwei Büsten (vgl. Abb. 1).

Teilweise ist der Guss fehlerhaft; es finden sich zahlreiche Gussblasenlöcher. Die Vergoldung ist am Fuß zum Teil stark abgegriffen. Die untere Krückung des Kreuzes ist abgebrochen und durch Brücken in Höhe der Standfiguren, die mit Teilen der Rahmenleisten gegossen wurden, wieder auf der Kreuzrückseite befestigt. Die Feuervergoldung und teilweise auch die Steine wurden erneuert. W. A. Neumann schließt neben diesen Eingriffen weitere Umgestaltungen nicht aus.[4] Regine Marth rechnet mit einer nachträglichen fehlerhaften Montage der beiden seitlichen Figuren anlässlich der Reparatur des unteren Kreuzendes.[5]

Die Bedeutung einiger ikonographischer Elemente ist nicht hinreichend geklärt. Die als Kreuzfuß dienenden Löwen veranschaulichen, möglicherweise in Anlehnung an Psalm 22, 22, „Rette mich aus dem Rachen des Löwen", die im Irdischen drohenden Gefahren des Bösen. Dessen Überwindung durch den Opfertod Christi und die Bedeutung des Kreuzes als Sieges- und Erlösungszeichen würden dadurch zusätzlich betont. Vermutungen, ob es sich bei den das Kreuz flankierenden weiblichen Figuren um Ecclesia und Synagoge oder um Maria und Johannes handelt, bleiben fraglich, da sie dieselben Merkmale und Attribute aufweisen.[6] Ebenso ist unklar, ob die auf der Rückseite unterhalb der Arme Christi gravierten Büsten als Maria und Johannes[7] oder als Personifikationen von Sol und Luna zu identifizieren sind, wie sie in ähnlicher Weise vor allem in der Miniaturmalerei häufig vorkommen.

In handwerklicher Hinsicht gibt es Übereinstimmungen mit einfachen Bronzekreuzen, die sich in mehreren Exemplaren in norddeutschen Kirchen und Museen erhalten haben (z. B. in Bad Gandersheim, Holtensen, Redekin).[8] Für diese sind jedoch nicht nur die Form des Krückenkreuzes mit Rahmen und die durchbrochenen Enden für Schmucksteine charakteristisch, sondern auch plastische Figuren des Gekreuzigten. Im Fall des ausgestellten Kreuzes ist der Kontrast zwischen dem gravierten Kruzifixus und den übrigen figürlichen Gravuren einerseits und den aufwendigen plastischen Teilen des Fußes und der seitlich flankierenden Frauengestalten andererseits eigenartig und ungewöhnlich. Die ursprüngliche konzeptionelle Zusammengehörigkeit dieser heterogenen Elemente ist daher ungewiss.

GB

1 Neumann 1891, S. 107; Falke / Schmidt / Swarzenski 1930, S. 120.
2 Kötzsche 1973, S. 13.
3 Neumann verzeichnet u. a. Reliquien der Hll. Jacobus, Jordanus, Stephanus, Nikolaus, Laurentius und Blasius; Neumann 1891, S. 106.
4 Neumann 1891, S. 106.
5 Ausst.-Kat. Braunschweig 1995, Bd. 1, S. 237f., Nr. D 53 (Marth).
6 Ecclesia und Synagoge: Neumann 1891, S. 106; Falke / Schmidt / Swarzenski 1930, S. 119; Kötzsche 1973, S. 68, Nr. 11; Maria und Johannes: Ausst.-Kat. Braunschweig 1995, S. 238 (Marth).
7 Ausst.-Kat. Braunschweig 1995, S. 238, Nr. D 53 (Marth).
8 Bloch 1992, Gruppe I L, vgl. Ausst.-Kat. Braunschweig 1995, S. 238.

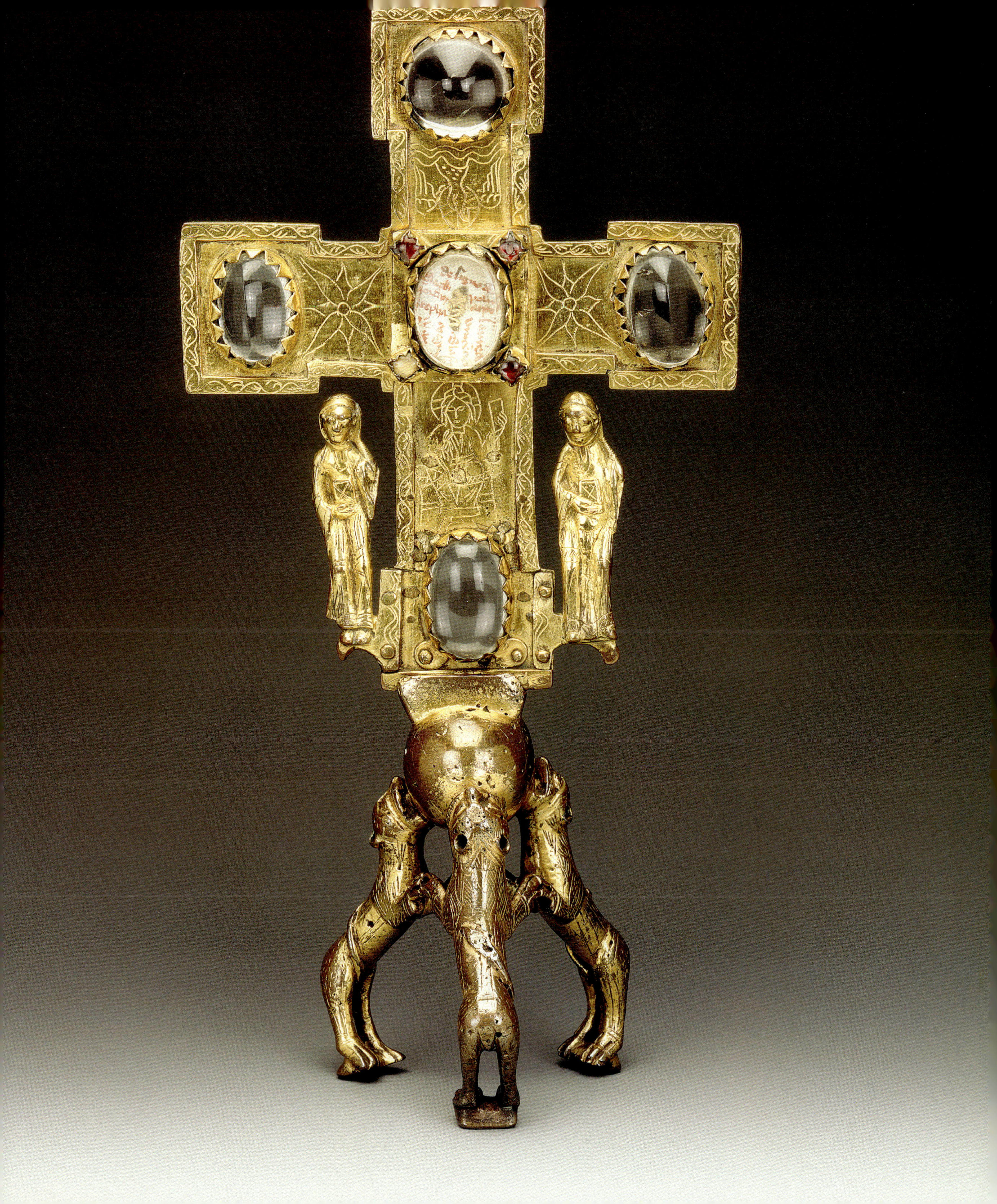

11

RELIQUIENMONSTRANZ

Niedersachsen, 2. Hälfte 15. Jahrhundert
Silber, teilvergoldet; in der runden Kapsel Kreuzigungsrelief aus Perlmutt; Glas, Messing
H 27 cm, Dm Kapsel 8 cm
Braunschweig, Herzog Anton Ulrich-Museum, Inv. Nr. MA 350
Provenienz: Welfenschatz; 1939 Parke Bernet Galleries, New York; 1959 Herman Bear, London; 1961 Edwards R. Lubin, New York; 1964 Auktionshaus Weinmüller, München

Lit.: Falke / Schmidt / Swarzenski 1930, S. 17, 91, 190, Nr. 57, Taf. 92; Auktionskatalog Weinmüller München, Auktion 91, Katalog 99, 1964, Lot Nr. 356, S. 34, Taf. 29; Kötzsche 1973, S. 13; de Winter 1985, S. 142, Nr. 72; de Winter 1986, S. 174, 136, Nr. 72, Farbabb. S. 158; Boockmann 1993, S. 138f., Nr. 202; Boockmann 1997, S. 37f., 79, 145f.; Büttner 2000, S. 50f.

Aus dem Welfenschatz stammt ein bisher als Reliquienmonstranz identifiziertes Objekt aus vergoldetem Silber, das von Herzog Friedrich dem Frommen († 1478) von Braunschweig Lüneburg gestiftet wurde. Das Inventar von St. Blasius von 1482 erwähnt es erstmals[1] und führt weiter aus, dass es unter anderem Reliquien des hl. Sebastian birgt, die zur Abwendung der Pest angerufen wurden.[2] Es konnte 1964 durch das Herzog Anton Ulrich-Museum im Kunsthandel angekauft werden.[3]
Der Sechs-Paß-Fuß, dessen Zarge von einem Perlstab zwischen zwei Horizontalwülsten betont wird, verjüngt sich zum sechsseitigen Schaft, der durch ein podestförmiges Zwischenstück mit Wulst-Kehle-Wulst-Profilen manschettenartig gegliedert wird. Ein Nodus zwischen schmalen Profilen unterbricht den Schaft, der von einem weiteren Profilstück abgeschlossen wird. Hierauf ist eine runde Kapsel montiert, deren Zarge zwischen zwei Kehlen eine umlaufende Reihe von runden Durchbrüchen aufweist, die von Vierpässen gefüllt sind. Die Zwickel zwischen den Kreisdurchbrüchen füllen gravierte Dreiecke aus. Als Schauseite ist der Kapsel ein Perlmuttrelief mit der Kreuzigung Christi eingefügt. In der Mittelachse erhebt sich das breite Kreuz mit Titulus, an dem der nimbierte und mit dem Lendentuch bekleidete Christus hängt. Seine Augen sind mit schwarzer Farbe markiert. Oberhalb des Kreuzes sind Sonne und Mond zu sehen. Links unterhalb des Kreuzes stehen Johannes, Maria und eine weitere Frau, alle nimbiert und in lange Mäntel gehüllt. Auf der rechten Seite befindet sich der Hauptmann, dessen nicht lesbares Spruchband verrät, dass er im Gekreuzigten Gottes Sohn erkannt hat, und zwei weitere Männer. Der Hintergrund gewährt einen Landschaftsausblick auf Hügel und eine Reiterschar. Unterhalb des Kreuzes ist auf den Kapselrand eine unregelmäßig geschnittene, gezackte und gravierte Metallscheibe aufgelötet. Sie symbolisiert den auf Kreuzigungsbildern häufig dargestellten Erdhügel unterhalb des Kreuzes.
Die Rückseite der Kapsel wird von einem modernen vergoldeten Silberdeckel geschlossen. Auf die Kapsel ist ein kurzer, gravierter Silberstab aufgelötet, an dem ein breites Silberkreuz befestigt ist. Auf diesem liegt ein schmaleres Kreuz mit Titulus auf, an das Christus geheftet ist. Der Sohn Gottes ist nimbiert und von drei Nägeln durchbohrt. Die Balkenenden des breiten unteren Kreuzes werden von je einer aufgelöteten fünfblättrigen Silberrosette geziert, die ursprünglich einen kleinen Stein oder Glasfluss im Zentrum besessen haben.
Andreas Büttner möchte das Objekt in seiner ausführlichen Arbeit zum Perlmutt nicht als Reliquiar bezeichnet wissen, da die Reliquie nicht sichtbar für den Gläubigen verwahrt wird, und schlägt eine Funktion als Kusstafel vor.[4] Dieses Gerät, das in der Liturgie eine eher untergeordnete Rolle spielt, wurde häufig besonders kostbar gestaltet. Es gibt Kusstafeln aus Gold, Silber, Kupfer oder Messing, aus Elfenbein, Holz oder Stein. Oftmals ist das zentrale, zu küssende Bildfeld aus einem anderen Material als die Rahmung. Nicht selten bergen die Kusstafeln Reliquien und zeigen zumeist die Kreuzigung Christi, den Schmerzensmann, das Lamm Gottes oder andere Motive aus dem Leben Christi. Im Inventar von 1482 wird das ausgestellte Stück als Agnus Dei bezeichnet[5] (ein kleines Wachsrelief mit der Darstellung des Lamm Gottes, das häufig in Kapseln gelegt wurde und dem man Heil bringende Wirkung nachsagte). Büttner vermutet, dass sich in der runden Kapsel mit dem Perlmuttrelief ein entsprechendes Wachsbild befand, das im Laufe der Zeit verloren ging.[6]

GB

1 Reliquienverzeichnis von 1482, S. 25; vgl. Falke / Schmidt / Swarzenski 1930, S. 17; Boockmann 1993, S. 138f., Nr. 202.
2 Boockmann 1997, S. 38, 79.
3 Auktion Weinmüller München, Freiwillige Versteigerung aus verschiedenem Besitz, Auktion 91, Katalog 99, 1964, S. 34, Lot Nr. 356; erworben mit Mitteln des Landes Niedersachsen und der Stadt Braunschweig.
4 Büttner 2000, S. 50f.
5 Inventar 1482: „unum Agnus Dei deauratum elevatum habens pedem mit ener perlemoder quod dedit dux fredericus senior ecclesie nostre".
6 Büttner 2000, S. 50f.

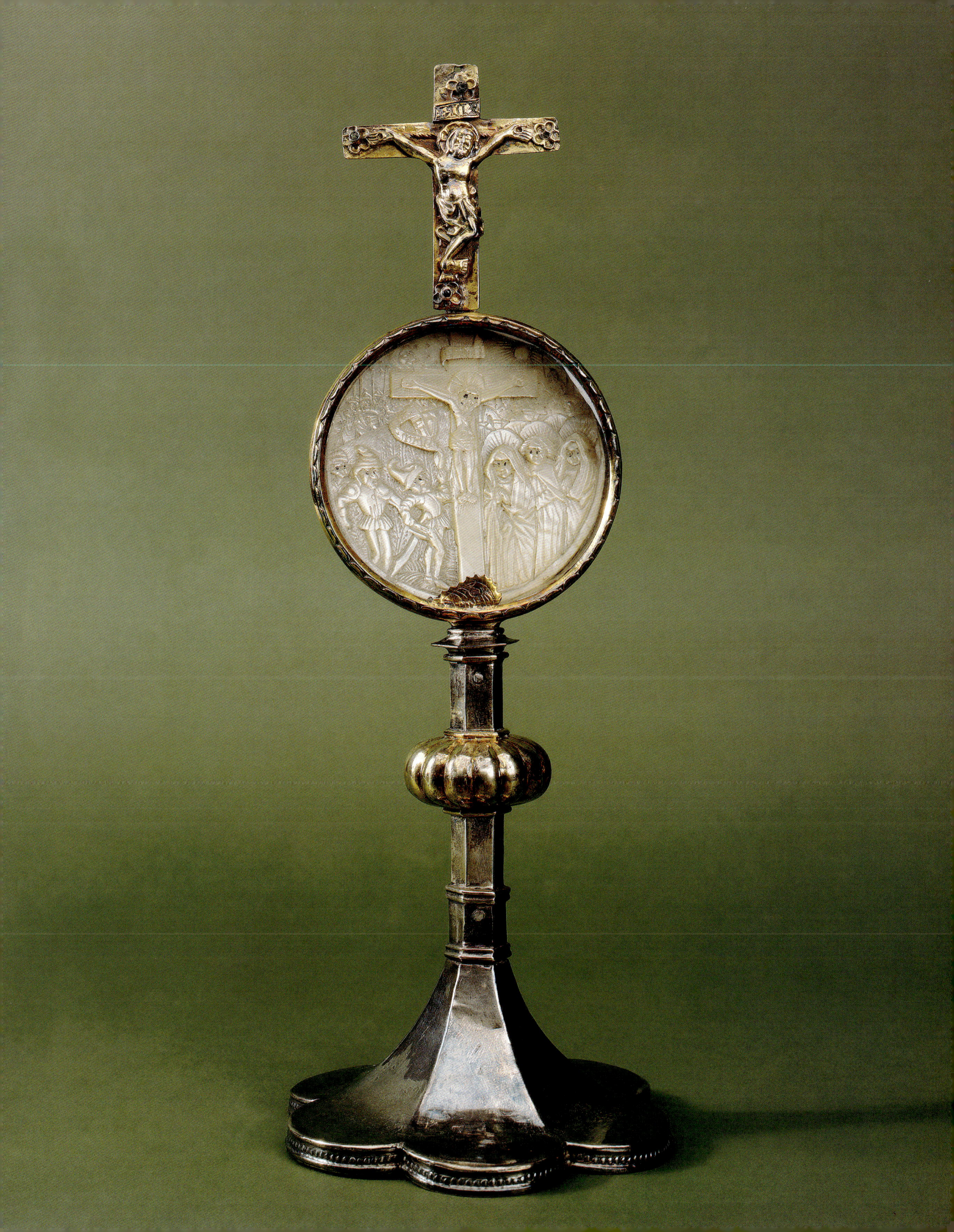

12

FURNIERTES KÄSTCHEN MIT EMAILPLATTE DES EVANGELISTEN MATTHÄUS

Kästchen Sizilien, Ende 12. Jahrhundert; Email Köln, um 1170
Kastenkörper Buchenholz; Furnier Eiche (gebeizt) und Spindelholz (Evonymus); Elfenbein, zum Teil geschwärzt; Kupferbeschläge, Spuren von Feuervergoldung; Schloss Eisen; Emailplatte Grubenschmelz auf Kupfer, vergoldet
Kasten L 21 cm, B 9,5 cm, H 8,8 cm (ohne Füße 5,9 cm); Email H 5,4, B 8,1 cm
Braunschweig, Herzog Anton Ulrich-Museum, Inv. Nr. MA 352
Provenienz: Welfenschatz; 1671 Johann Friedrich von Braunschweig-Lüneburg; 1930 Frankfurter Händlerkonsortium; 1930 Robert von Hirsch; 1978 Sotheby's Parke Bernet, London

Lit.: Neumann 1891, S. 202–205, Nr. 25; Falke / Schmidt / Swarzenski 1930, S. 130, Nr. 19; Ausst.-Kat. Bonn 1979, S. 31–34 (Hedergott); Wex 1989 (Lit.); Ausst.-Kat. Braunschweig 1989, Nr. 19; Himmelheber 1992, S. 77; Himmelheber 1994, S. 66, 68, 71, 76, 85, Nr. 6; Ausst.-Kat. Braunschweig 1995, Bd. 1, S. 223f., Nr. D 43 (Wex)

Das Braunschweiger Kästchen war Teil des Welfenschatzes und findet im ersten Inventar von 1482 Erwähnung.[1] 1671 gelangte es in den Besitz von Herzog Johann Friedrich von Braunschweig-Lüneburg. 1930 wurde es gemeinsam mit dem Welfenschatz an das Frankfurter Händlerkonsortium verkauft und noch im selben Jahr von dem privaten Sammler Robert von Hirsch erworben. Am 22. Juni 1978 versteigerte man dessen Nachlass bei Sotheby's Parke Bernet in London,[2] dabei gelang dem Herzog Anton Ulrich-Museum der Ankauf.[3]

Seiner Technik nach (Konstruktion, Holzmosaik, Beschläge) gehört es zu einer Reihe von zehn Kästchen, einem Tragaltar, einem Wachstafelbüchlein und zwei Fragmenten, die sich in Kirchenschätzen in Gandersheim, Essen, Quedlinburg, Halberstadt, Paderborn und einigen Museen erhalten haben.[4]

Vier wie menschliche Füße gestaltete Füßchen aus ehemals vergoldetem Kupfer tragen einen niedrigen querrechteckigen Kasten. Der Kastenkörper aus bis zu 6 Millimeter dicken, stumpf aneinander stoßenden und verdübelten Buchenholzbrettchen wurde nach dem Zusammenbau mit einem bis zu 3 Millimeter starken Holzmosaik belegt. Dieses wurde aus feinen, gefiederten, jeweils über die ganze Länge durchgehenden Streifen aus dunkel gebeiztem Eichenholz und hellem Spindelholz kunstvoll gefertigt.[5] Auf dem Deckel ist eine querrechteckige, von einem vergoldeten Perlstab eingefasste Grubenschmelzplatte eingelassen und mit Nägeln befestigt. Sie zeigt den Evangelisten Matthäus mit einem Spruchband. Der Kasten ist an den oberen Kanten mit Elfenbeinstreifen belegt und auf der Deckeloberseite wurden an den Schmalseiten zwei geschwärzte Elfenbeinstreifen rechts und links derb angenagelt, deren linker verloren ging. Ehemals vergoldete, C-förmige Kupferbeschläge, deren abgeplattete Enden mit Nägeln im Holz befestigt wurden, verklammern Boden, Längsseite, Schmalseite und Deckel.

Die Kantenelemente wie auch die geschwärzten Elfenbeinstreifen wurden nachträglich ergänzt, ebenso die qualitätvolle Schmelzarbeit mit der Darstellung des hl. Matthäus. Vermutlich geschah dies erst in spätmittelalterlicher Zeit. So entstammt das im Boden angebrachte Kastenschloss wohl spätgotischer Produktion. Seine Verlegung in den Boden erfolgte wahrscheinlich, als man das Email auf dem Deckel anbringen wollte. Das ursprüngliche Schloss wurde entfernt, wobei man offenbar nicht in der Lage war, die entstandenen Fehlstellen in der komplizierten Mosaikauflage zu ergänzen.

Die Neugestaltung könnte mit einer Funktionsumwidmung einhergegangen sein. Das von dem Evangelisten gehaltene Schriftband VENIE(N)T DIES. CV(M). AVFERETVR (die Tage werden kommen, da er ihnen genommen wird) zitiert verkürzt einen Vers aus Mt 9, 15. Da hierdurch ein Sinnbezug zur Fastenzeit bzw. zur Liturgie der Karwoche gegeben scheint, hat man eine Funktion als „Hostiengrab" angenommen, in dem am Gründonnerstag die noch vorhandenen geweihten Hostien auf einem Seitenaltar weggeschlossen werden bis zur Osternacht.[6]

GB

1 Reliquienverzeichnis von 1482, S. 15: „Schrinium antiquum ligneum quod eciam solet stare superius in altari et exponi in festibus dominicalibus superius habens ymagines sancti mathei".

2 Sotheby's Parke Bernet & Co., The Robert von Hirsch Collection. Works of Art, London 22. Juni 1978, Lot Nr. 228.

3 Es konnte mit Mitteln des Landes Niedersachsen und der Bundesrepublik Deutschland erworben werden.

4 Vgl. Himmelheber 1994.

5 Himmelheber lieferte überzeugende Argumente für die Herkunft des Kästchens aus Sizilien; vgl. Himmelheber 1994, S. 69.

6 Bodo Hedergott in Ausst.-Kat. Bonn 1979, S. 31f.

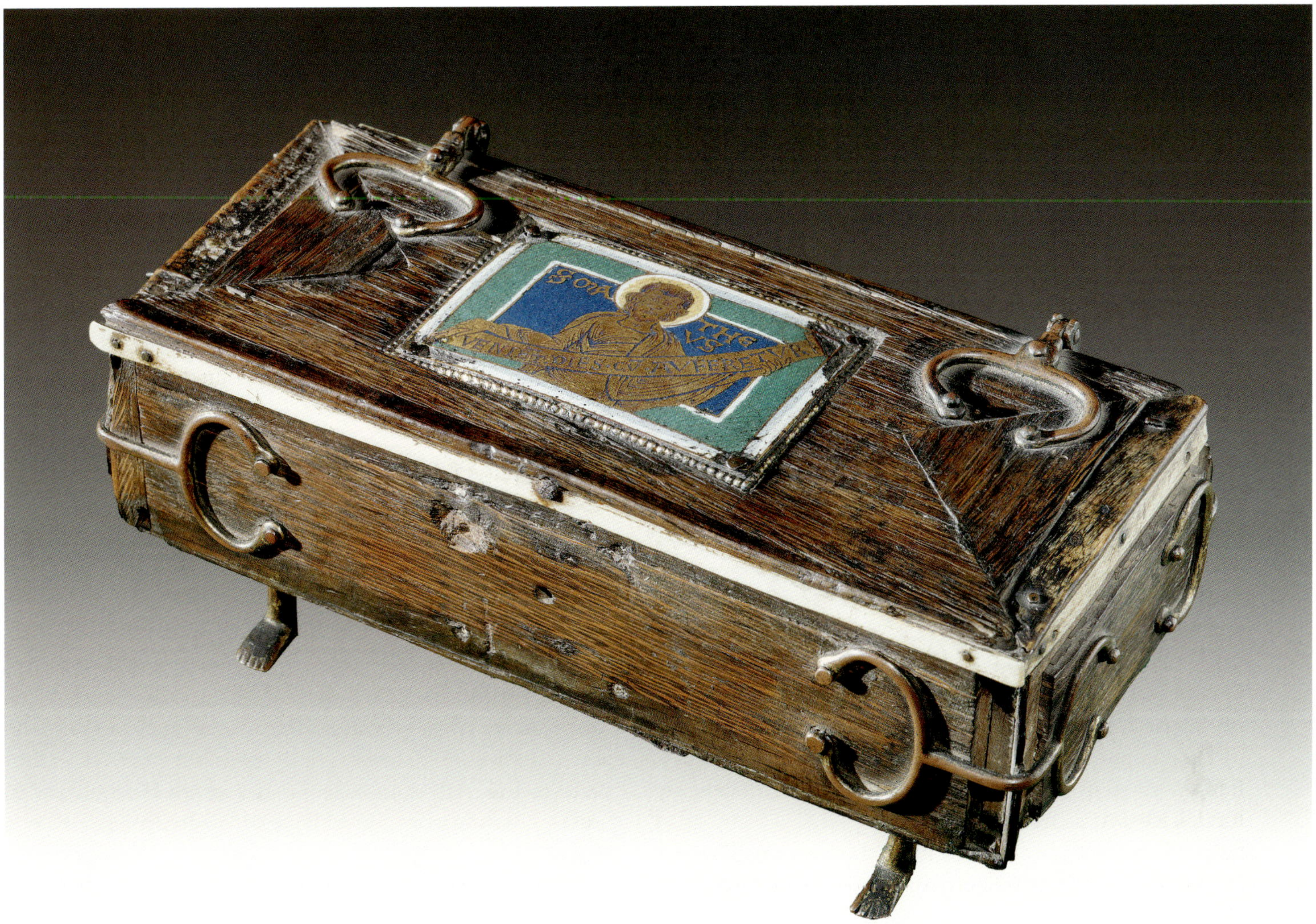

13 BEMALTES KÄSTCHEN

Deutsch, spätes Mittelalter (14./15. Jahrhundert)
Buchenholz, Beschläge aus Eisen
L 17,8, B 13,4, H 13,7 cm, Wandstärke 11–12 mm
Braunschweig, Herzog Anton Ulrich-Museum, Inv. Nr. MA 353
Provenienz: Welfenschatz; 1935 Frankfurter Kunsthändlerkonsortium; 1985 Sotheby's New York

Lit.: Neumann 1891, S. 217f., Nr. 32; Ausst.-Kat. Frankfurt 1930, S. 66, Nr. 76; Falke / Schmidt / Swarzenski 1930, S. 89, 211, Nr. 76; de Winter 1985, S. 141, Nr. 60; Sotheby's New York, November 22 and 23, 1985, European Works of Art. Armour, Furniture and Tapestries, Lot Nr. 13; de Winter 1986, S. 173, Nr. 60; Ausst.-Kat. Braunschweig 1989, S. 38, Kat. Nr. 21, Abb. S. 37

Das bemalte Kästchen war Teil des Welfenschatzes, allerdings kann es im ersten Inventar von 1482 nicht identifiziert werden. Es galt lange Zeit als verschollen, bis es 1985 im amerikanischen Kunsthandel auftauchte. Tatsächlich war es in den Besitz des Frankfurter Kunsthändlerkonsortiums gelangt, das den Welfenschatz 1930 angekauft hatte. Bei den Verkäufen in den Jahren 1930 bis 1935 wurde es von Saemy Rosenberg, dem Neffen von J. Rosenbaum, zurückgehalten und war dann im Besitz seiner Witwe Lisette C. Rosenberg in New York.[1] Ihr Nachlass wurde am 22. und 23. November 1985 bei Sotheby's in New York verauktioniert[2], dabei gelang dem Herzog Anton Ulrich-Museum der Ankauf des Kästchens.[3]
Neumann beschrieb es 1891 noch als mit acht verschiedenen Gegenständen gefüllt, darunter u.a. ein mit rot-weißem Seidenstoff überzogener Ledergürtel, dessen silbervergoldete Schließen mit Korallen und Karneolen geschmückt waren, ein roter Beutel aus Goldbrokat und zwei uneingewickelte, nicht näher bezeichnete Knochensplitter. Das Kästchen scheint also als Behältnis für sakrale Gegenstände und Reliquien fungiert zu haben. Neumann meldete allerdings bereits Zweifel daran an, „ob die jetzt darin verwahrten Stücke ursprünglich hineingehören".[4] Er vermerkte weiterhin, dass Ernst August Herzog von Cumberland Anweisung gegeben habe, den roten Beutel und ein Stück Leinwand zu entnehmen, um sie auf Kartons spannen und sie in der königlichen Stoffsammlung präsentieren zu lassen. Von diesen Stücken fehlt jede Spur.[5]

Bei dem Objekt handelt es sich um einen rechteckigen Kasten aus Buchenholz. Der Deckel in Form eines Walmdachs mit abgeschrägten Seiten ist aus einem Stück geschnitten, der Deckelboden innen parallel zur äußeren Form ausgehöhlt. Die Seiten sind überblattet und mit je zwei Eisennägeln zusammengehalten. Der Boden ist heute eingeklebt, ein ca. 3,5 mm starker Schwundspalt zur Vorderkante hin ausgespant, es finden sich keine alten Nagelspuren für den Boden. Oben auf dem Deckel befindet sich ein beweglicher Bronzering in einer Eisenhalterung, hinten sind zwei Scharnierbänder mit Rosettenköpfen, vorne ein Schloss mit flachem Schlossblech angebracht. Die Köpfe der Nägel sind durch Kreuzschlitze geteilt, die entweder Blüten- oder Kleeblattform aufweisen.
Alle Seiten und der Deckel sind rot bemalt, darauf finden sich goldene, schwarz konturierte Kleeblätter. Ursprünglich gab es offenbar auf den Langseiten zwei Reihen zu je drei Kleeblättern, an den Schmalseiten zwei Reihen zu je zwei. Am oberen Rand der Rückseite finden sich Reste eines aufgeklebten Pergamentstreifens.
Das Holz ist vorzüglich erhalten. Innen sind keine Benutzungsspuren vorhanden. Offenbar wurde das Kästchen in jüngerer Zeit auseinander genommen und neu zusammengefügt, dabei wurden innen die Brettchen überarbeitet und angepasst. Die Kanten sind zumeist scharf und glatt. Die Eisenteile sind sämtlich stark angerostet. Die Farbe ist stark abgerieben und die Kleeblätter sind großteils zerstört. Während auf dem dunkler gehaltenen Deckel noch Reste der farbigen Fassung erkennbar sind, ist an Vorder- und Rückseite kaum noch etwas vorhanden. An den Seiten ist sie stark abgerieben. Offenbar gab es keine Grundierung, wohl aber einen modernen Firnis oder eine Mattierung. Auf dem Kästchenboden finden sich außen Reste eines ehemals aufgeklebten runden Zettelchens mit Zahnrand.

GB

1 de Winter 1986, S. 173, Nr. 60.
2 Sotheby's New York, November 22 and 23, 1985: European Works of Art. Armour, Furniture and Tapestries, Lot Nr. 13.
3 Ausst-Kat. Braunschweig 1989, S. 38, Kat. Nr. 21.
4 Neumann 1891, S. 217.
5 Allerdings wurden bei der Sotheby's Auktion auf der Marienburg 2005 eine Sammlung von Reliquienhüllen versteigert, unter denen sich möglicherweise auch Teile der beschriebenen Objekte befunden haben mögen, Sotheby's 5.–15. Oktober 2005, Kunstwerke des Königlichen Hauses Hannover, Schloss Marienburg, Lot Nr. 3901, erworben durch die Abegg Stiftung, Riggisberg.

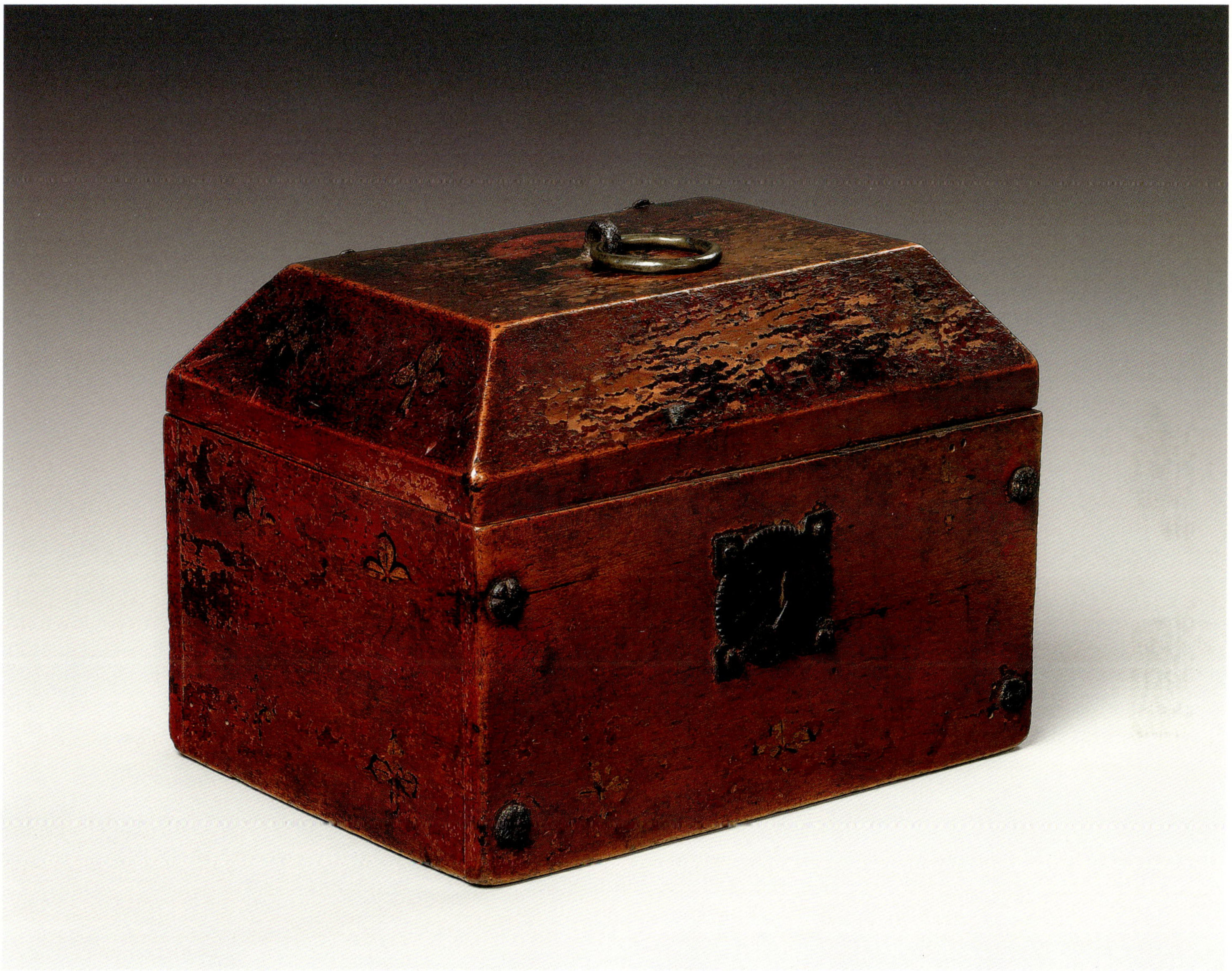

DAS WELFENMUSEUM IN HANNOVER: SEINE SAMMLUNGSGESCHICHTE UND SEINE BEWAHRUNG DURCH DEN ANKAUF IM JAHRE 1955

Gisela Bungarten

Nach dem Tod von König Ernst August, der seit dem Ende der Personalunion mit England 1837 die Förderung des Kunstschaffens und die Erweiterung des stattlichen Kunstbesitzes seines Geschlechts weitgehend vernachlässigt hatte, ergriff Georg V. trotz seiner frühen Erblindung nach seiner Thronbesteigung 1851 vielfältige Initiativen zur Pflege des kulturellen Lebens im Königreich und besonders in der Stadt Hannover. Dies zeigte sich nicht nur in der Förderung des Musikwesens und den Plänen zur Gründung einer Kunstakademie, sondern auch in seinen bereits 1852 einsetzenden Aktivitäten zur Einrichtung eines Familienmuseums. Dieses wurde am 15. April 1854 im Herrenhäuser Galeriegebäude eröffnet und sollte in erster Linie der „geschichtlichen Erinnerung an die hohen Verstorbenen des Welfischen Hauses“[1] dienen. Drei Jahre später folgte die Erwerbung der Kunstsammlung des 73-jährigen Bernhard Hausmann, die der König zunächst am Holzmarkt beließ und die dort der Öffentlichkeit auch weiterhin zugänglich blieb. Ankäufe in den kommenden Jahren schufen Voraussetzungen für die Gründung eines weiteren großen Museums in Hannover.[2]

In einem Aufruf zur Gründung des Welfenmuseums, an dem neben dem Philologen Georg Friedrich Grotefend auch Friedrich Culemann beteiligt war, wurden am 18. Juni 1861, dem Jahrestag der Schlacht bei Waterloo, die Ziele der Institution bekannt gemacht: „Überall in allen deutschen Landen regt sich unserer Zeit ein freudiges Streben, die alten Denkmale der Vorzeit, die Zeugen einer erinnerungsvollen Vergangenheit, die reichen Quellen geschichtlicher Belehrung und nachhaltigen Kunstgenusses der Pietät und dem Verständnisse der Gegenwart näher zu bringen.“[3] Die zum Ausdruck gebrachte Vaterlandsliebe zielte nicht auf die Gründung eines vereinten deutschen Reiches ab, sondern orientierte sich an den partikularistischen Interessen des Königs. Was man wollte, war „eine Art niedersächsisches Nationalmuseum“[4]. Dessen Aufgabe sollte es sein, zu sammeln, „was sich auf Genealogie, Geschlechtergeschichte und Biographie bezieht, auch bezüglich alte Drucke, Archivalien, Urkunden und Akten, Stammbücher, Grabmonumente, Porträts, Denksäulen, Handzeichnungen, Kupferstiche und Holzstiche, Siegel und Siegelstöcke, Münzen und Medaillen, Wappen, architektonisch-ornamentale Sachen, Kunstwerke über Persönlichkeiten und Begebenheiten, kleinere Arbeiten in Metall, Alabaster, Holz, Elfenbein usw., Rüstungen, Waffen und Kriegsgerät, Jagdrequisiten, Schmuckgegenstände, Spielrequisiten, Stickereien und Webereien, Putz und Trachten, Hausgeräte, kirchliches Inventar, Rechtsaltertümer, ferner was sich auf Turniere und Festschießen, Belehrungen, Hoffeierlichkeiten und Feste, Huldigungen, Krönungshandlungen bezieht; auch Prospekte von Städten und Flecken, Burgen, Klöstern und Kirchen, alte Karten.“[5] Das Interesse richtete sich demzufolge auf alle Dinge, die irgendeinen Zusammenhang mit der Geschich-

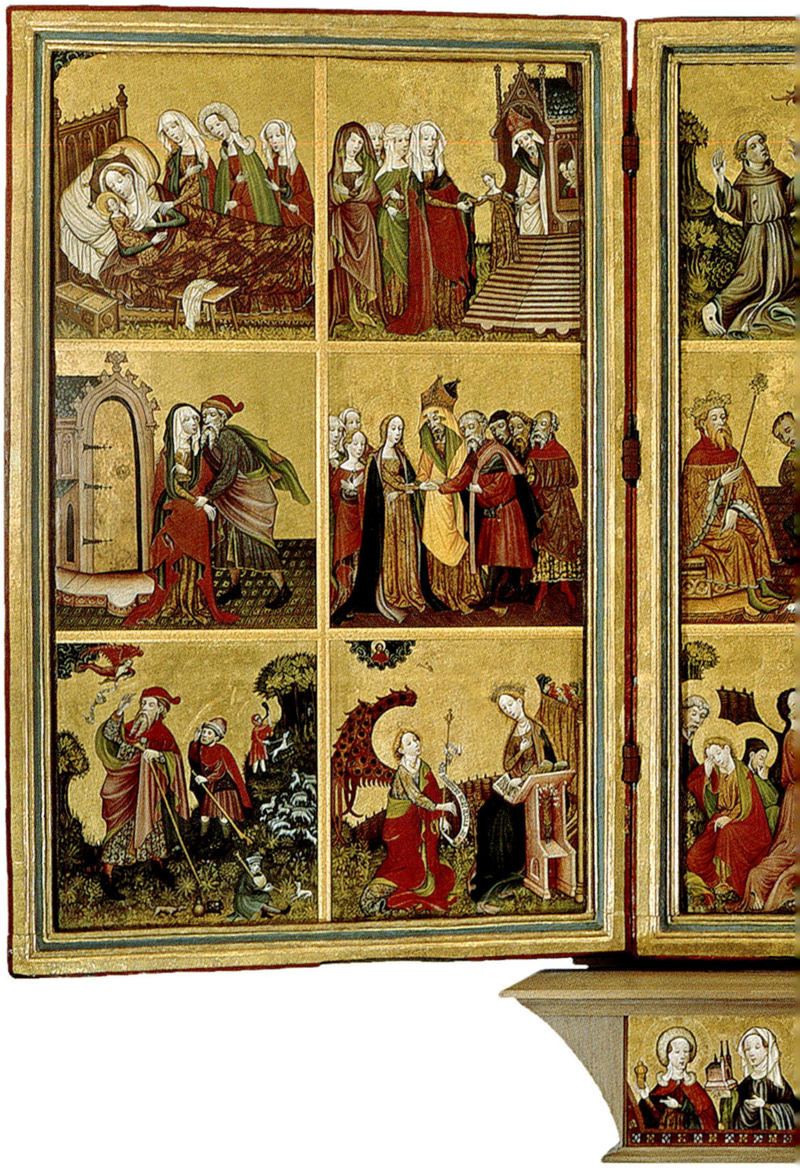

Abb. 1: Sog. Barfüsseraltar, niederdeutsch, 1424, Wandelaltar mit zwei Flügelpaaren und zwei Staffelfragmenten, innerer Zustand, Niedersächsisches Landesmuseum Hannover, Landesgalerie

te des Königreiches, seiner Geographie, seiner Dynastie und seiner Untertanen aufwiesen. Die Sammeltätigkeit für die königlichen Kleinodien- und Raritätensammlungen war also auf vielfältige Gebiete ausgerichtet.

Das Welfenmuseum hatte seinen Sitz im Altenburg-Palais in der Adolfstraße 3 in Hannover, in dem man innerhalb weniger Jahre mehrere Sammlungen zusammenführte. Im Februar 1862 wurde hier auch das Familienmuseum im ersten Stockwerk untergebracht und ein Jahr später kamen im zweiten Stockwerk das Königliche Münzkabinett, die Waffensammlung, Teile der Silberkammer und der älteren Gemäldesammlung hinzu. Das Welfenmuseum näherte sich in seiner Anfangsphase rasch den ihm gesetzten Zielen.[6] Durch sein spezifisches Profil als einer der dynastisch-monarchischen Repräsentation dienenden Institution ergab sich keine Konkurrenz zum Museum für Kunst und Wissenschaft. Man zog in dieser Zeit sogar eine Fusion beider Häuser in Betracht. Der Zugang zum Welfenmuseum war reglementiert. Zwar war es für interessierte Besucher offen, den Welfenschatz durften jedoch nur „Männer vom Fach und solche, bei denen ein besonderes Interesse obwaltet", in Augenschein nehmen.[7]

Die Perspektive eines kontinuierlichen Ausbaus des Museums fand durch die historischen Ereignisse ein Ende, als im September des Jahres 1866 in Folge der Weigerung Georgs V., sich in den Auseinandersetzungen zwischen Österreich und Preußen neutral zu verhalten, das Königreich Hannover durch Preußen annektiert wurde. Georg V. war gezwungen, 1866 ins Exil nach Gmunden in Oberösterreich zu gehen. In Hannover wurde das Welfenmuseum als Institution von preußischer Seite nicht respektiert. Es begann die Auflösung und Dezimierung seiner Bestände.[8] Das Gebäude musste geräumt werden, weil es der preußische Generalgouverneur als Dienstwohnung beanspruchte. Einzelne Sammlungsteile wurden wieder separiert und gelangten in unterschiedliche Gebäude der Stadt. Die mehrjährigen Bemühungen um ihre Zusammenführung wurden damit weitgehend zunichte gemacht.

Bedingungen für eine Neuordnung der verschiedenen Sammlungen ergaben sich erst im Jahr 1892 durch die Ent-

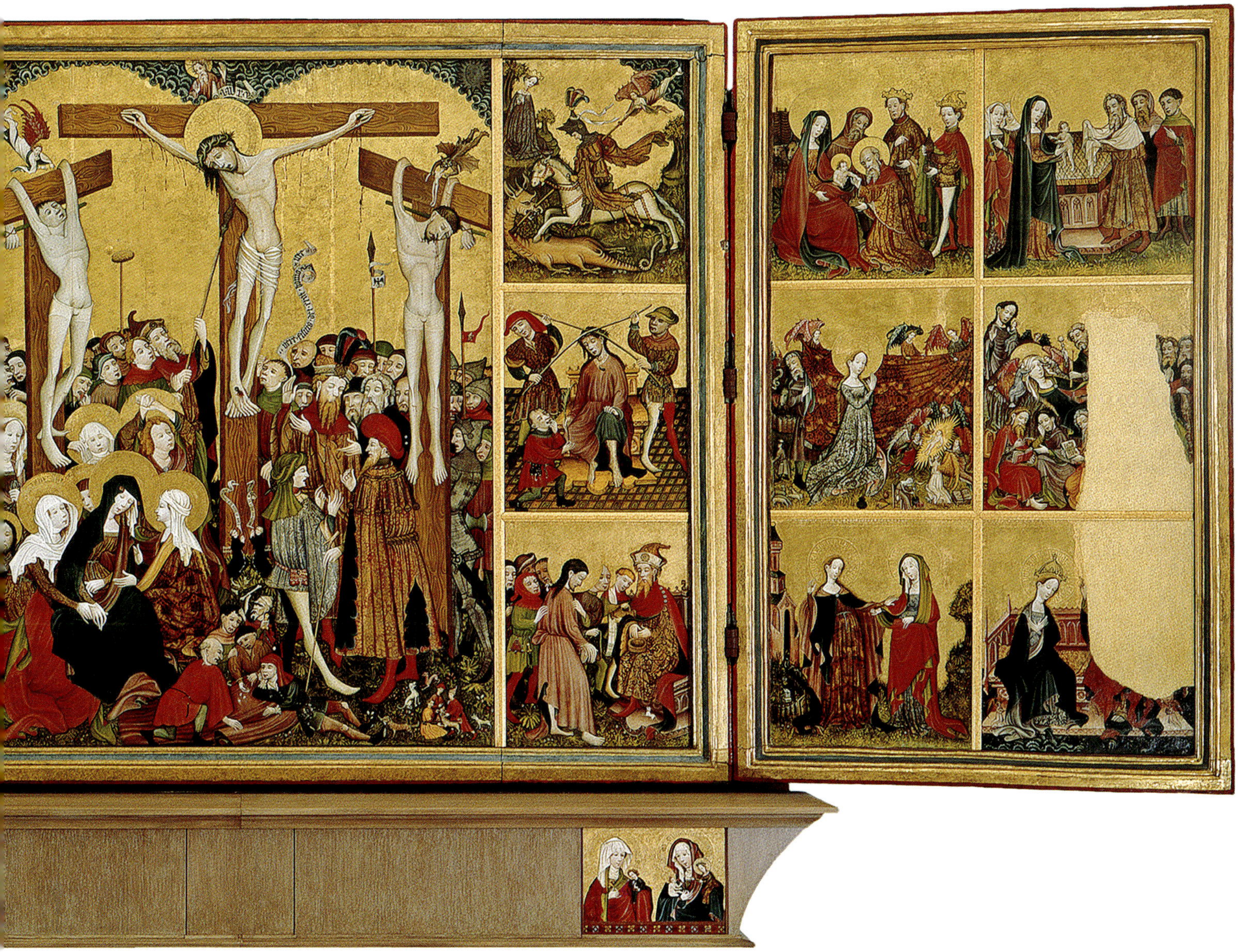

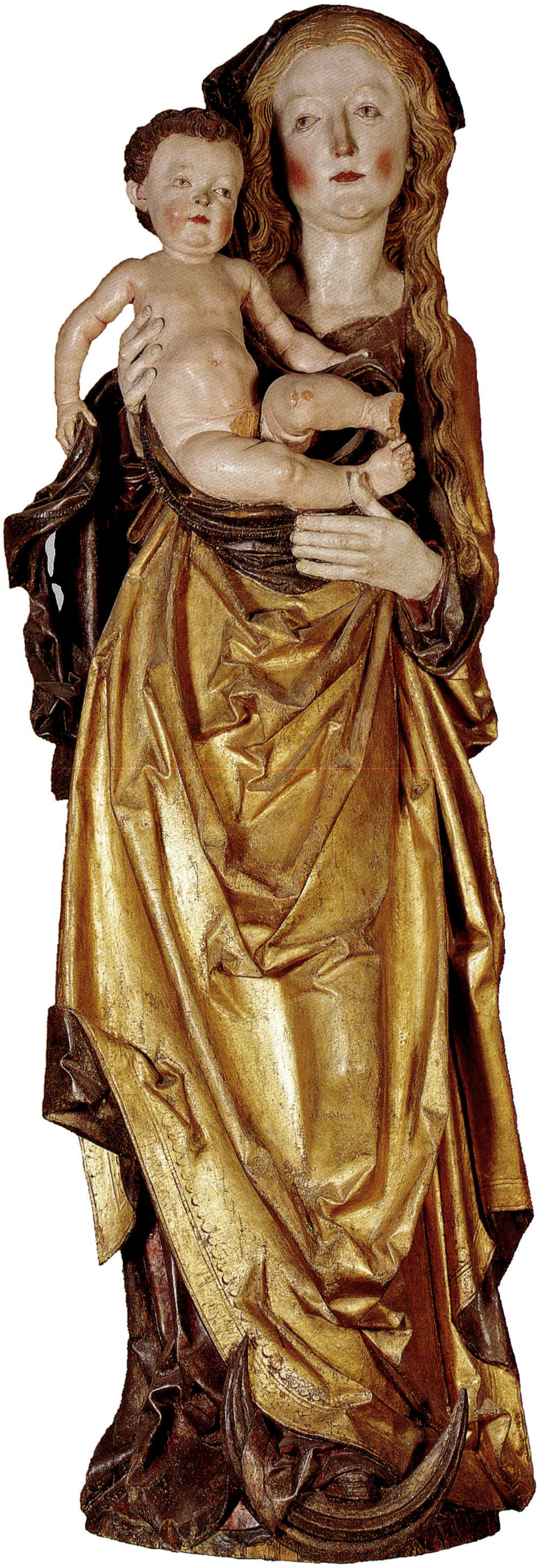

lassung des Reichskanzlers Otto von Bismarck. Am 10. April 1892 wurde ein „Gesetz betreffend die Aufhebung der durch die Verordnung vom 2. März 1867 verhängten Beschlagnahmung des Vermögens des König Georg“ erlassen. Das Gesetz beinhaltete auch die Freigabe der Sammlungen Georgs. Es wurde damals geregelt, dass die nach der Wegführung des Welfenschatzes und des Münzkabinetts und anderer Sammlungsteile noch vorhandenen Restbestände des Welfenmuseums in Hannover verbleiben sollten.
Ein Jahr später, 1893, fand man für diese Sammlungen einen neuen Standort. Durch mehrere Vertragsabschlüsse zwischen der Provinz, der königlich preußischen Staatsregierung und dem Herzog von Cumberland legte man fest, dass sowohl die Bestände des Welfenmuseums als auch jene, die sich bereits in der Cumberland-Galerie befanden und nicht dem Welfenmuseum angehörten, in dem 1869 gegründeten Provinzialmuseum an der Sophienstraße vereint werden sollten. Da sich die Räumlichkeiten als unzulänglich erwiesen, stellte am 12. Februar 1895 der Provinzialausschuss den Antrag, der Landtag möge den „Neubau eines den Sammlungen des Provinzialmuseums, der Fideikommiss-Galerie des Gesammthauses Braunschweig-Lüneburg und dem Welfenmuseum dienenden Museumsgebäude […] genehmigen.“[9] Im Jahre 1895 wurde dem Provinzialverband der dreieckige Platz in der Gartenmasch für einen Neubau ausreichender Größe zur Verfügung gestellt. Im Sommer 1901 wurden die Sammlungen von der Sophienstraße in den Neubau an der Rudolf-von-Bennigsen-Straße überführt. Zu den Beständen des Welfenmuseums und der Cumberland-Galerie kamen noch weitere kleinere Sammlungen, die zum Fideikommiss (fidei-commissum = zu treuen Händen anvertraut, unveräußerliches und unteilbares Vermögen der ehemaligen königlichen Familie) des Gesamthauses Braunschweig-Lüneburg gehörten. 1903 wurden als Bestandteil der Fideikommiss-Galerie Fahnen und Feldzeichen der ehemaligen hannoverschen Armee und der Deutschen Legion in die Sammlung des Welfenmuseums überführt.
Als 1924 Ernst August, Herzog von Braunschweig, die bisherigen Verträge aufkündigte, drohte ein Verkauf aller Sammlungsbestände der Fideikomiss-Galerie ins Ausland. Da sich der Provinziallandtag 1925 zum Ankauf von 178 Gemälden entschloss, wurde ein Totalausverkauf weitgehend verhindert. Allerdings veräußerte man Holbeins Gemälde *Edward VI. als Kind* an den Schwiegersohn des englischen Königs, Lord Lascelles, für 1,25 Millionen Reichsmark.[10] Zu den Verhandlungsergebnissen gehörte auch die Regelung, die Sammlung mittelalterlicher Kunst des Welfenmuseums für 30 Jahre unangetastet im Museum zu belassen.

Abb. 2: Tilmann Riemenschneider, Gnadenaltar, Maria mit dem Kind, deutsch, um 1500/1510, Niedersächsisches Landesmuseum Hannover, Landesgalerie

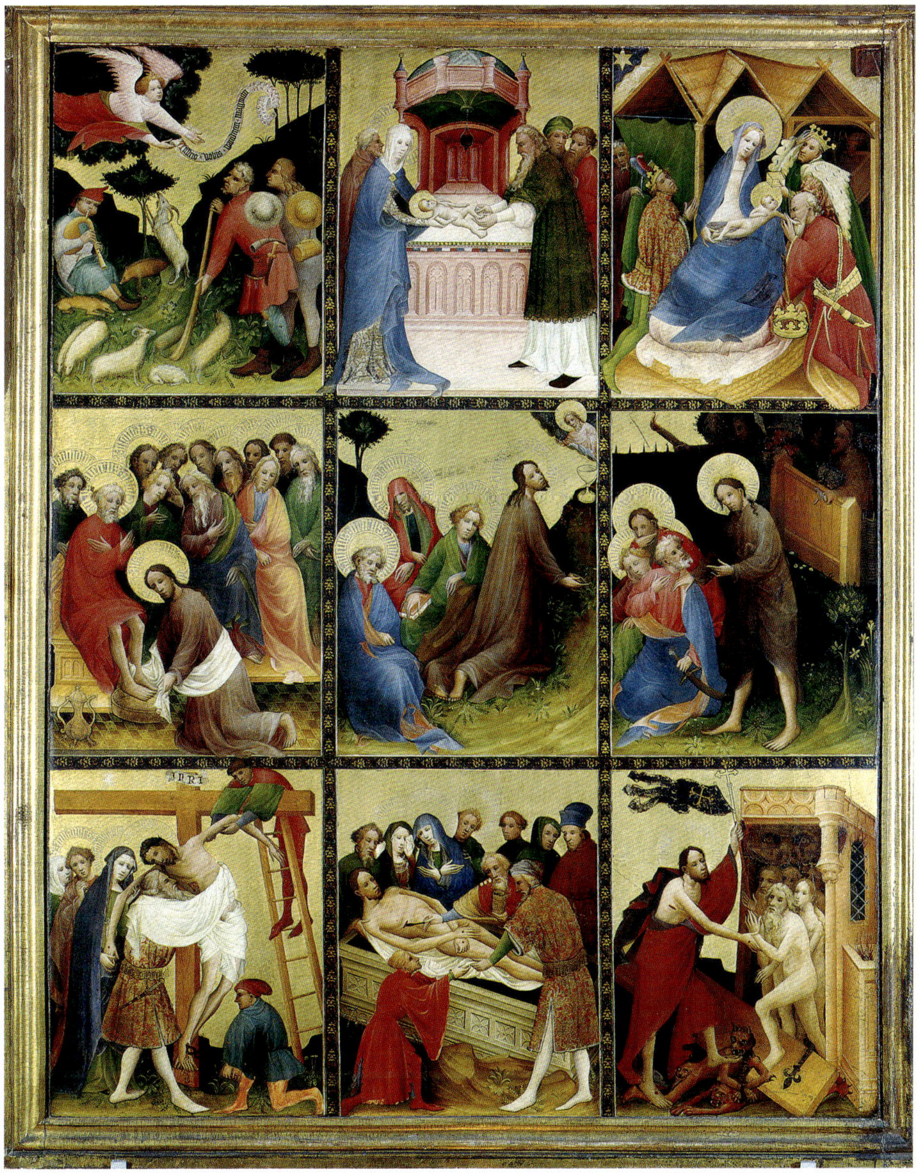

Abb. 3: Sog. Goldene Tafel, um 1418/1420, Mischtechnik auf Eichenholz, Wandelaltar mit zwei Flügelpaaren, Außenseite, linker Innenflügel, Niedersächsisches Landesmuseum Hannover, Landesgalerie

Als der 1925 getroffene Leihvertrag auslief, und eine Auflösung der Sammlungen erneut drohte, entschloss sich das Land Niedersachen 1955 zu einem kompletten Ankauf der verbliebenen Bestände zum Preis von 3 Millionen DM.[11] Damit war eine der wohl größten musealen Erwerbungen im Nachkriegsdeutschland glücklich abgeschlossen worden. Die Werke des Welfenmuseums bilden den Nucleus der Mittelaltersammlung in der Landesgalerie des Landesmuseums Hannover (vgl. Abb. 1). Hierzu gehören Gemälde, Plastik, Textilien, Silber, Glas, Schmuck, Bücher, Manuskripte, Autographen, Wappen, Petschafte, Siegelabdrücke, Münzstempel und Münzen; von besonderer Bedeutung sind die sog. *Goldene Tafel* und die Skulpturen Tilman Riemenschneiders (vgl. Abb. 2, 3). Sie zeugen noch heute von der Sammelleidenschaft des ehemaligen Regenten Georgs V. und der großen Bereitschaft der niedersächsischen kirchlichen Gemeinden, Behörden und anderen Institutionen, den Bestand des Welfenmuseums durch Schenkungen zu erweitern.

Literatur. Müller 1864, von der Osten 1954, von der Osten 1956, Ausst.-Kat. Hannover 1957, S. 18; Rudolf Jüdes, 100 Jahre Welfenmuseum, in: Hannoversche Rundschau, 4./5.3.1961; Katenhusen 2002, S. 18–94

1 Jaitner 1986, S. 395.
2 Zur Geschichte des Welfenmuseums s. von der Osten 1954, S. 17f., ders. 1956 b; Jaitner 1986; Katenhusen 2002.
3 Müller 1864.
4 Vgl. von der Osten 1954, S. 18 und ders. 1956 b, S. 68.
5 Zit. nach Jürgens 1910, S. 214.
6 Die Sammlungsbestände wuchsen sowohl durch Ankäufe aus der königlichen Schatulle als auch durch zahlreiche Schenkungen von privater, kirchlicher und behördlicher Seite; vgl. von der Osten 1954, S. 18.
7 Zit. nach Jaitner 1986, S. 398.
8 Vgl. Röhrbein 1978, S. 5ff.
9 Niedersächsisches Hauptstaatsarchiv Hann. Des. 150, 239; zit. nach Katenhusen 2002, S. 24.
10 Heute in der National Gallery in Washington. Zur Geschichte des Verkaufs vgl. Trudzinski 2000, S. 62–67.
11 Der Kauf schloss die Bestände der vormals Königlichen Bibliothek ein.

14

JOHANNESKOPF

Westfälisch (?), Mitte 15. Jahrhundert
Alabaster, H 22 cm
Hinten abgeflacht und mit einer rechteckigen Höhlung versehen, die mit dem geöffneten Mund in Verbindung steht.
Größere Stücke des Haares über dem linken Ohr und Teile der Bartenden abgebrochen. Nase und Augenbrauen bestoßen
Hannover, Niedersächsisches Landesmuseum Hannover, Landesgalerie,
Inv. Nr. WM XXVI, 10
Provenienz: 1863 Geschenk des Uslarer Kirchenvorstandes an das Welfenmuseum; 1955 mit den Beständen des Welfenmuseums erworben

Lit.: Swarzenski 1921, S. 170; von der Osten 1956a, S. 92, Nr. 83; Hildburgh 1937; Müller 1959, S. 25, Nr. 12; Balogh 1963, Nr. 22; Kroos 1968; Kroos / Arndt 1969; Williamson 1988, S. 192–195, Nr. 55; Arens 1997, S. 112–114

Das breite Oval des knochigen harten Gesichts mit der glatten Stirn wird von symmetrisch angeordneten und sorgfältig ondulierten Haar- und Bartsträhnen harmonisch gerahmt. Die tief liegenden Augenhöhlen mit den gebrochenen Augen sind stark verschattet. Die gerade, fein geschnittene Nase wird von markant hervor tretenden Wangenknochen flankiert. Der schmallippige Mund ist leicht geöffnet und lässt eine Reihe ebenmäßiger Zähne sichtbar werden. Der überlange Schnurrbart, dessen Haare aus den Nasenlöchern zu wachsen scheinen, ist nach unten geführt, so dass er Kinn- und Backenbart trennt. Wirkungsvoll kontrastieren die feinen Gesichtszüge mit den schön ondulierten Haaren und der knochigen Struktur des Schädels.
Johannes der Täufer wurde nach der biblischen Erzählung (Mt 14, 1–2, Mk 6, 14–29) auf Betreiben der Herodias, die ihre Tochter Salome vor Herodes tanzen ließ, geköpft. In der bildlichen Überlieferung wird das Haupt des Heiligen auf einer Schale der Festgesellschaft präsentiert.
Die gesonderte Darstellung von Kopf und Schale, die so genannte Johannesschüssel, ist seit dem 13. Jahrhundert nachweisbar. Die 1204 von Byzanz nach Amiens gebrachte Kopfreliquie des Heiligen gab sicher Anregung hierfür. Die Johannesschüsseln waren besonders in Deutschland vom 13. bis 16. Jahrhundert verbreitet. Sie fanden Verwendung in geistlichen Schauspielen, hatten eine wichtige Rolle im Grabkult der Johannes- und anderer Bruderschaften, wurden an Feiertagen (so am Tag der Enthauptung, dem 29. August) auf die Altäre gestellt und man schrieb ihnen Heilwirkung bei Kopf- und Halskrankheiten zu.
Das Stück gehört einem vermutlich in Westfalen ausgebildeten Typus an, dessen in Brüssel (Musée d'art et d'histoire), Mainz (Landesmuseum), München (Bayerisches Nationalmuseum) und Innsbruck vorhandene Exemplare Georg Swarzenski zusammenstellte.[1] W. L. Hildburgh schrieb die Köpfe in Hannover und Brüssel sowie einen weiteren, den er 1950 dem Victoria and Albert Museum in London schenkte, demselben Künstler zu.[2]
Wozu die Höhlung an der Rückseite des Kopfes diente, ist nicht geklärt. Hildburgh äußerte mehrere Vermutungen: 1. Der Johanneskopf könne als Reliquiar genutzt worden sein; 2. er sei möglicherweise bei Prozessionen mitgeführt worden, wobei die Höhlung zur Reduzierung des Gewichtes beigetragen haben könnte; 3. vielleicht habe man eine Kerze in die Höhlung gestellt, wodurch die Öffnung des Johannesmundes von hinten erhellt worden sei. Diese letzte Vermutung konnte anhand von Wachs- und Rußresten für den Kopf im Victoria and Albert Museum bestätigt werden, wobei allerdings unklar bleibt, ob es sich hierbei um eine sekundäre Nutzung handelt.[3]
Es ist nicht auszuschließen, dass der Kopf ursprünglich als Bauskulptur diente. Beachtenswert ist in diesem Zusammenhang, dass er aller Wahrscheinlichkeit nach aus St. Johannis in Uslar stammt. Die Kirche besitzt einen gotischen Chor, dessen Errichtung einer Bauinschrift zufolge im Jahre 1428 begonnen wurde[4] und somit in einem Zeitraum entstand, der mit der bisherigen Datierung des Kopfes in Einklang steht. 1845 wurde St. Johannis durch den Uslarer Architekten Georg Ludwig Friedrich Laves umgestaltet. Bei diesen nicht vollständig abgeschlossenen Umbaumaßnahmen könnte der Johanneskopf aus seinem ursprünglichen Zusammenhang als Bauskulptur entfernt worden sein. Die Vermutung wird zusätzlich gestützt durch die Beobachtung Hildburghs, der zufolge sich an dem eng verwandten Londoner Kopf deutliche Spuren von Mörtel befinden, was auf einen Einbau „into a structure of some kind" hinzuweisen scheint.[5] Vergleichbare steinerne Johannesschüsseln, deren Köpfe zunächst als Bauskulptur dienten, sind bezeugt.[6]

GB

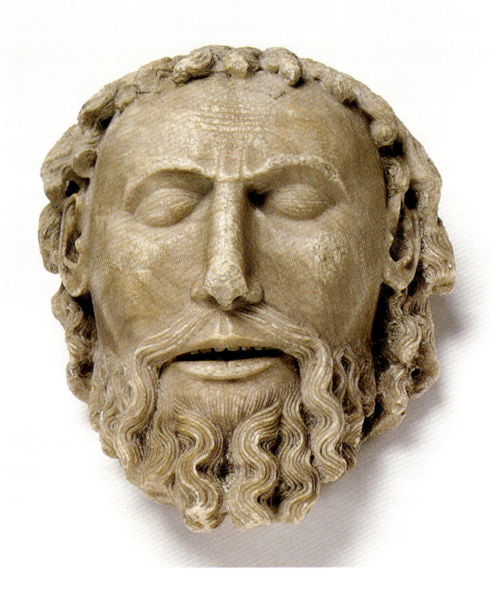

Abb. 1: Johanneskopf, niederländisch oder deutsch, 1430–1450, Alabaster, London, Victoria & Albert Museum

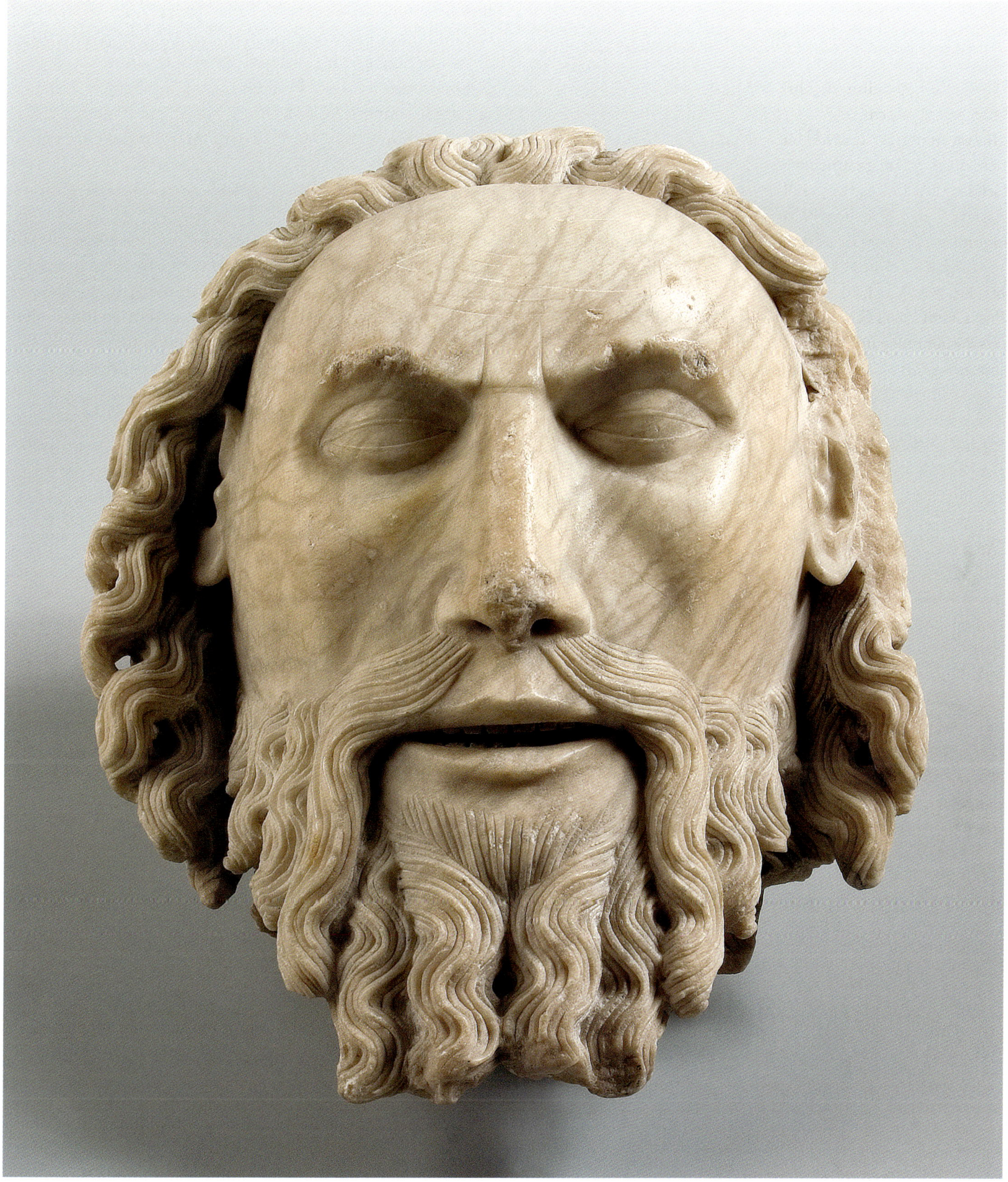

1 Swarzenski 1921, S. 170.
2 Hildburgh 1937.
3 Paul Williamson betont, dass die durch Kerzenlicht erfolgte Beleuchtung ein singuläres Phänomen des Kopfes im Victoria and Albert Museum sei, da bei den vergleichbaren Stücken keine Wachs- und Rußreste gefunden wurden; Williamson 1988, S. 195.
4 Mithoff 1873, S. 195.
5 Hildburgh 1937, S. 419. Williamson unterstützte jüngst brieflich die Bauskulptur-These mit dem Hinweis, dass sich bei dem Londoner Kopf auf der Rückseite neben der Höhlung drei Dübellöcher befinden, die vermutlich zur Montierung dienten (freundliche Mitteilung Williamsons an die Verf. vom 08.03.2007).
6 Kroos / Arndt 1969, S. 293f.

Gisela Bungarten

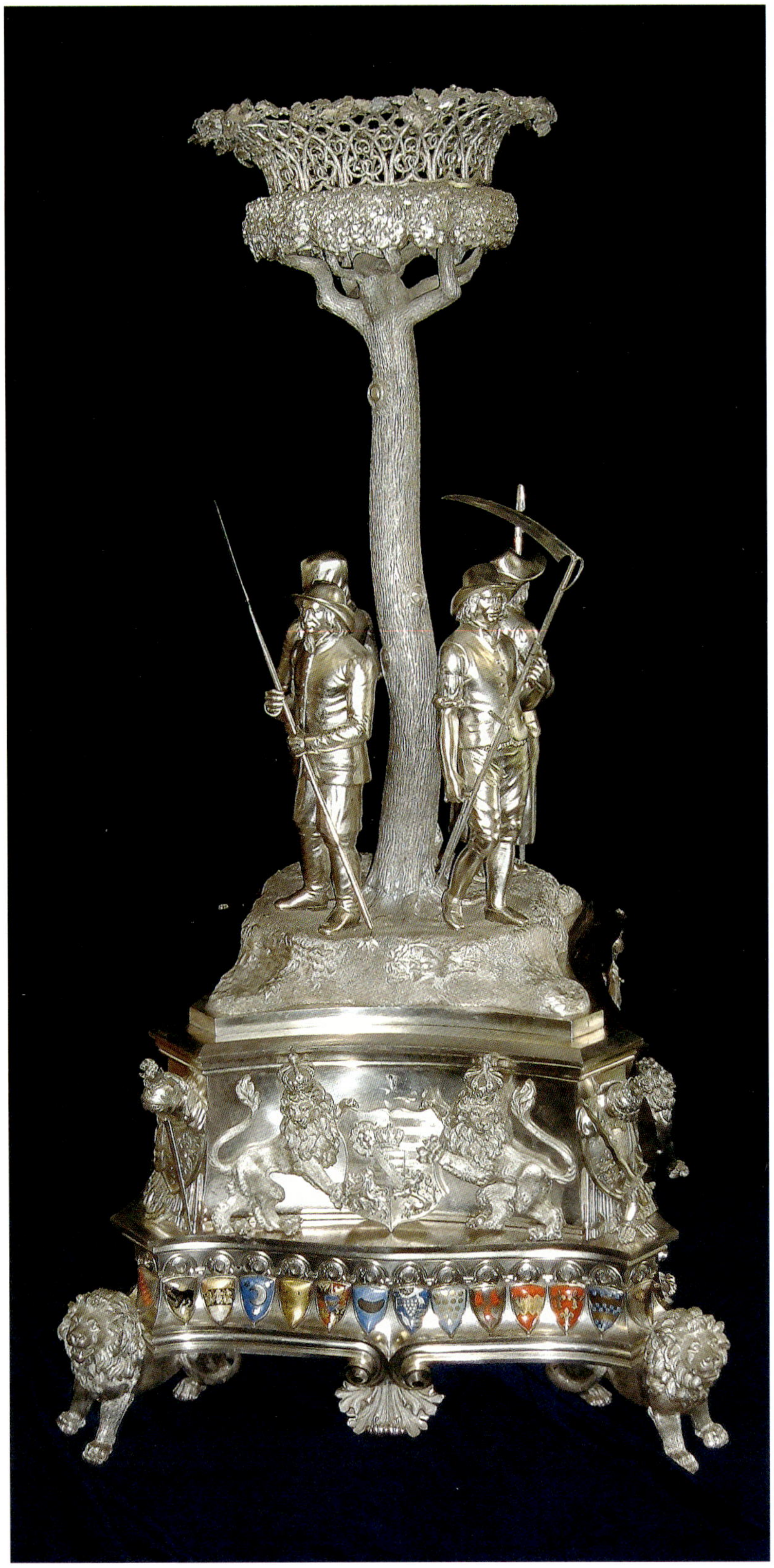

Der ausgestellte Tafelaufsatz von 1878/79 steht in der Tradition der kostbaren Tischdekorationen aus fürstlichen Silberschätzen, wie sie seit dem 15. Jahrhundert und insbesondere in der Zeit des Barock den festlichen Speisetisch schmückten und von Macht und Ansehen des Gastgebers kündeten. Im Spätmittelalter und verstärkt wieder im 19. Jahrhundert sorgten auch reich gewordene Städte für eine üppige Ausstattung mit Ratssilber.[1]
Auch die welfentreuen Hannoveraner verehrten der Welfenfamilie immer wieder silbernes Tischgerät, das gerne zu besonderen festlichen Anlässen bei den besten Gold- und Silberschmieden in Auftrag gegeben wurde. Der gezeigte Tafelaufsatz von 1878/79 gehört zu einer Reihe von silbernen Tischgeräten, die anlässlich einer anstehenden Hochzeit oder Silberhochzeit ausgeführt wurden. So entschied man sich sowohl 1843 bei der Hochzeit des Kronprinzen Georg (des nachmaligen Georg V.) mit Prinzessin Marie von Sachsen-Altenburg (1818–1907), als auch 1868 nach der preußischen Annexion im Jahre 1866 zur Silberhochzeit Georgs V. und auch zur Silberhochzeit seines Sohnes Ernst August 1903 für einen silbernen Tafelaufsatz.
Diese silbernen Tafelaufsätze waren seitens der Geschenkgeber zwar primär als Tischschmuck, aber durchaus auch als Demonstrationsobjekte gedacht. So erinnert ein weiteres Geschenk, das der Lüneburger Ritterschaft anlässlich der bevorstehenden Hochzeit des Kronprinzen Georg mit Prinzessin Marie im Jahre 1843, mit den vier Figuren unter einer Eiche an den spezifischen Reichtum des Lüneburger Landes durch Salzsiederei, Imkerei, Schafzucht und Fischerei (verkauft 1980, heute im Museum für das Fürstentum Lüneburg, vgl. Abb. 1).[2] 1868, als die Hannoveraner ein Geschenk für das nun im österreichischen Exil lebende Paar, Georg V. und seine Gemahlin Marie, zur Silberhochzeit suchten, entschieden sie sich für einen Entwurf des jungen Karl Lameyer (Verbleib unbekannt). Es war ein steigendes Sachsenross nach dem Vorbild des 1866 gegossenen Bronzedenkmals, das der Berliner Bildhauer Albert Wolff für das damals im Bau befindliche Königliche Schloss anfertigte, das aber erst nach dem Umbau zur Universität 1879 dort

Abb. 1: Tafelaufsatz, Hannover, 1843, Knauer & Lameyer, Silber, Lüneburg, Museum für das Fürstentum Lüneburg

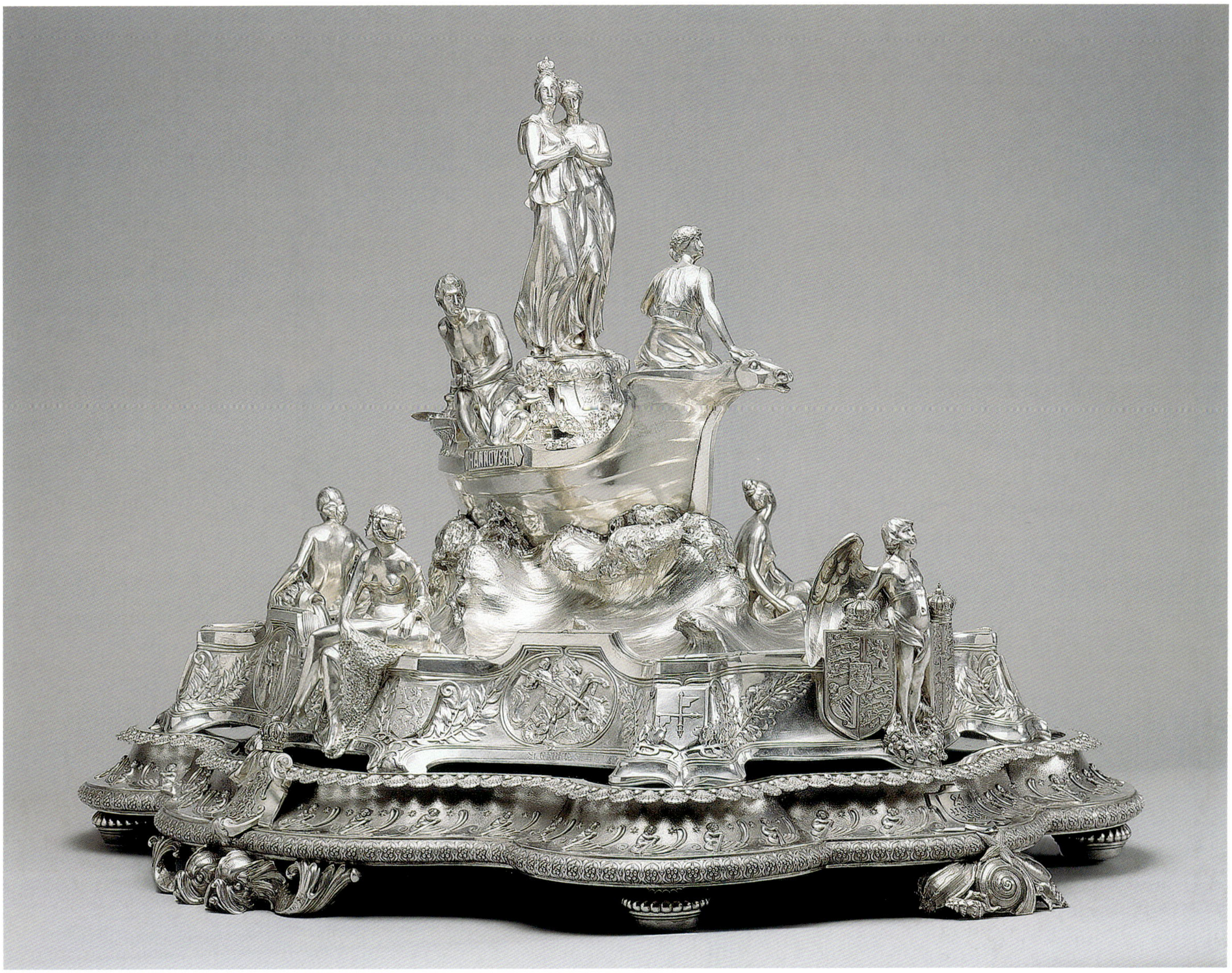

Abb. 2: Tafelaufsatz, sog. Glücksschiff, Hannover, 1903, Knauer & Lameyer, Silber, Hannover, Historisches Museum Hannover

aufgestellt wurde. Am hohen Sockel des Tischaufsatzes saßen als weibliche Figuren die vier Herrschertugenden und Allegorien der Wirtschaft und des Handels. Der Bildhauer Karl Rangenier schuf das Gussmodell und Wilhelm Lameyer führte die Silberarbeit aus.[3] Das höchst prachtvolle Geschenk zur Silberhochzeit von Ernst August und Thyra 1903 war von Karl Gundelach geschaffen worden und zeigt in einem aufwendigen allegorischen figürlichen Programm das „Lebens-" oder „Glücksschiff" des Herzogs Ernst August, der ein altertümlich, nordisch wirkendes Schiff mit Pferdekopf, dem alten Sachsenzeichen und hannoverschen Wappentier, als Gallionsfigur sicher durch sturmbewegte Wogen steuert (vgl. Abb. 2).[4]

Das ausgestellte „Landesgeschenk" entstand ebenfalls als Geschenk welfentreuer Hannoveraner anlässlich der Hochzeit von Ernst August Herzog von Cumberland[5] und Thyra Prinzessin von Dänemark (vgl. Kat. Nr. 15). Es fand seinen Platz in der Villa Thun, wo die herzogliche Familie nach dem Verlassen Hannovers Zuflucht gefunden hatte. Später gelangte es in das durch Ernst August neu erbaute Schloss Cumberland, das nördlich von Gmunden am Traunsee liegt und nach einer bergigen und seenreichen Grafschaft in England benannt ist. Diese ehemalige Exilresidenz der Welfen hat eine wechselvolle Geschichte aufzuweisen: Am 15. Juni 1882 begann man mit dem Bau des Anwesens im neugotischen Tudorstil, als Architekt wurde der Hannoveraner Ferdinand Schorbach beauftragt (vgl. Abb. 3). Von 1886 bis 1923 war das Schloss Sitz des exilierten Königs. Im Jahre 1930 erfolgte die Umwandlung in ein Welfisches Haus- und Fa-

milienmuseum. 1938 wurde das Schloss von den Nationalsozialisten in eine „Gauschulungsburg" umgewidmet, von 1940 bis 1945 diente es als Kriegslazarett. Nach dem 2. Weltkrieg ging es in den Besitz der einzigen Tochter des letzten Herzogspaares auf Schloss Cumberland, Herzog Ernst August und Herzogin Viktoria Luise, der Königin Friederike von Griechenland, über. Später übernahm die Republik Österreich das Schloss Cumberland. Heute ist dort ein Landespflege- und Betreuungszentrum eingerichtet.
Am 15. Dezember 1977 wurde der Tischaufsatz von 1878 als Losnummer 313 bei der Sotheby's Belgravia Auktion „Objects of vertu" in London aufgerufen. Er gelangte in den Besitz des Kunsthändlers Knut Günther in Frankfurt am Main und wurde am 5. Dezember 1979 durch das Historische Museum Hannover angekauft. Seit 1980 befindet er sich nun im Museum an der Pferdestraße 6, ebenso wie das 1903 geschaffene sog. „Glücksschiff".
Ein weiteres durch welfentreue Anhänger finanziertes Geschenk anlässlich der Hochzeit von Ernst August 1878 wurde 2005 auf der Marienburg versteigert.[6]

Literatur: Jaitner 1986; von Rohr 1988; von Rohr 1993

1 Bursche 1974.
2 Tafelaufsatz, 1843, Hannover, Knauer & Lameyer, Silber, H 110 cm; 1980 aus englischem Kunsthandel erworben, Lüneburg, Museum für das Fürstentum Lüneburg, Inv. Nr. F 35 1:1980.
3 Vgl. von Rohr 1988, S. 16. Sie weist auf zeitgenössische Photographien von J. Giere im Historischen Museum Hannover (VM 16169) und auf einen Bericht in der Deutschen Volkszeitung von 1868, Beilage zu Nr. 697 hin.
4 Tafelaufsatz, 1903, Hannover, Knauer & Lameyer, Silber, H 61 cm, Untersatz 11,5 cm; 1988 angekauft auf der 20. Kunst- und Antiquitätenmesse Hannover, die im Rahmen der Sonderausstellung „Höfische und bürgerliche Tischkultur" stattfand; Historisches Museum Hannover, Inv. Nr. VM 39239.
5 Ernst August Herzog zu Braunschweig und Lüneburg, führte seit 1878 den Titel Herzog von Cumberland. Zudem hatte er den Titel eines Königlichen Prinzen von Großbritannien und Irland inne.
6 Deckelpokal, 1878, Hannover, Knauer und Lameyer, Silber, teilvergoldet, Emaille, Höhe 56,5 cm; Sotheby's, Schloss Marienburg, 5.–15.10.2005, Lot Nr. 2655.

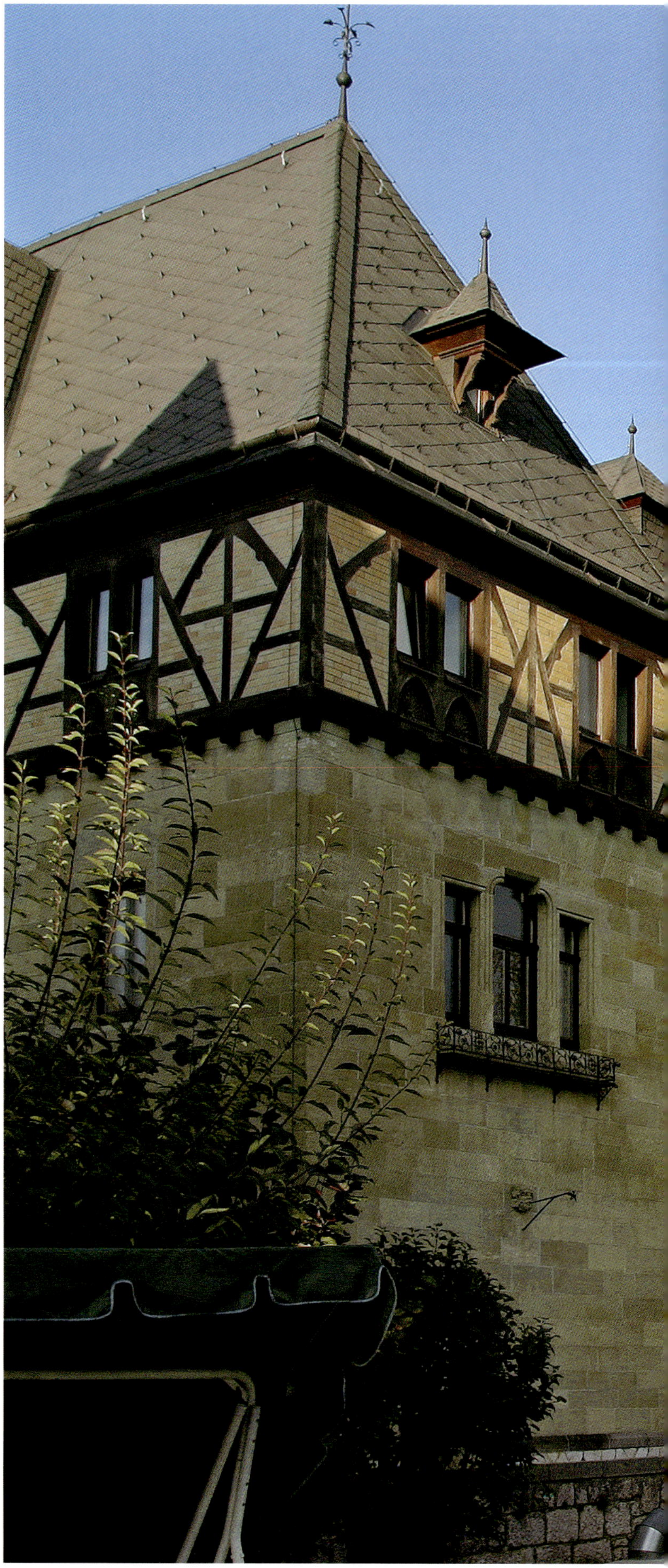

Abb. 3: Schloss Cumberland, 1882 bis 1886, Gmunden, Oberösterreich (heute Landespflege- und Betreuungszentrum)

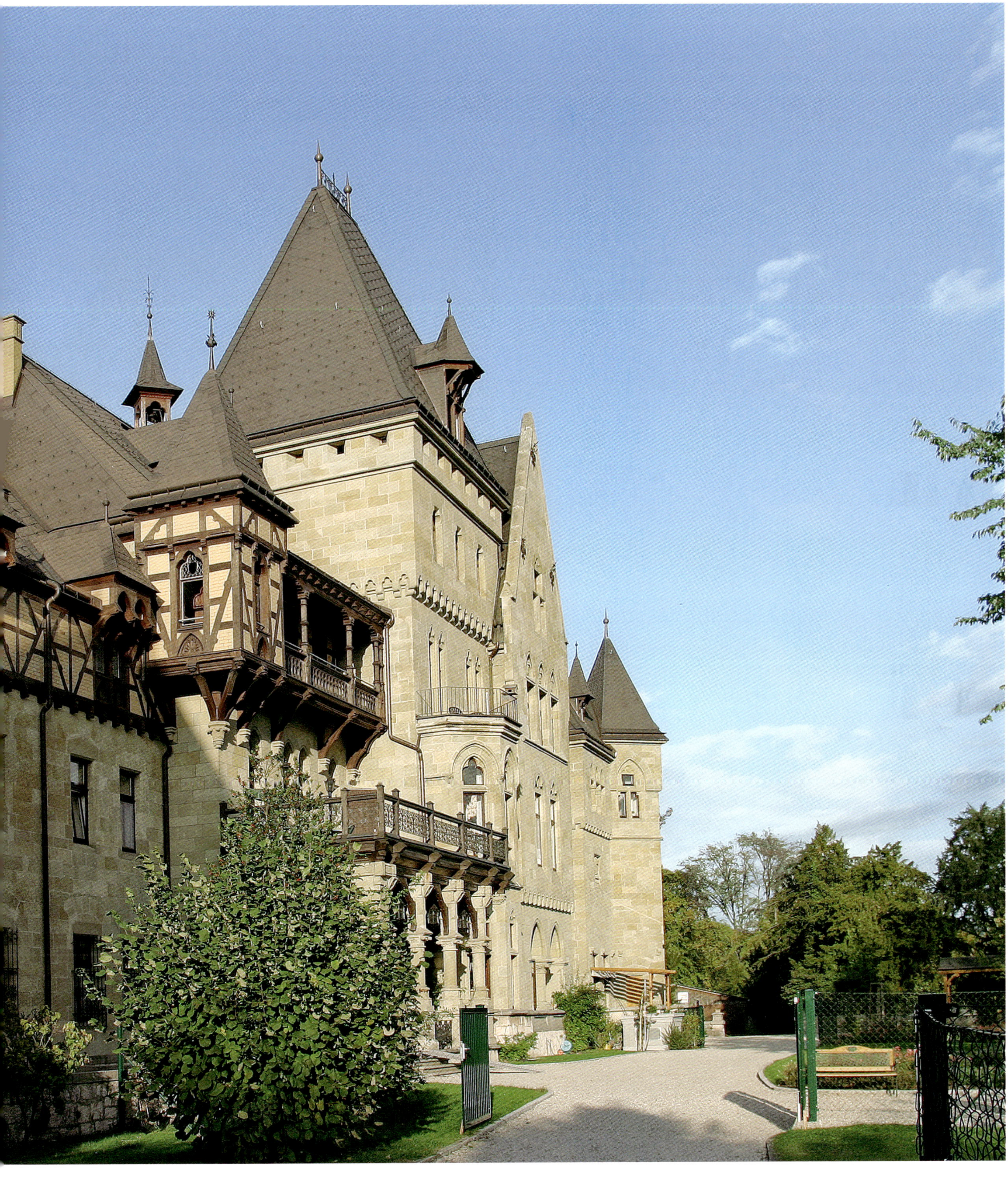

15 SILBERNER TAFELAUFSATZ

Hannover 1879
Silber, gestempelt „900" und „C. Lameyer", über eiserner Innenkonstruktion
H 110 cm, Durchmesser unten 35 cm, Gewicht 10,9 kg
Hannover, Historisches Museum Hannover, Inv. Nr. VM 34249
Provenienz: Gmunden; 1977 Sotheby's Belgravia; 1980 aus dem Kunsthandel erworben

Lit.: Niedersächsisches Hauptstaatsarchiv Hannover Dep.103 III 197, I.; Hannoverscher Courier 1.1.–22.1.1879; Neue Hannoversche Zeitung 10.1.1879; Deutsche Volkszeitung NHL 12.12.1878, 18.09 und 21.9.1879; Das Vaterland, Zeitung für die Österreichische Monarchie 14.9.1879 (Gmunden); von Rohr 1985, S. 255f., Kat. Nr. 10.1; von Rohr 1988, S. 16; von Rohr 1993, S. 55

Über einem Sockel erhebt sich eine obeliskartige Stütze. Sie wird von einer Vase und einem Genius gekrönt; es ist der Hochzeitsgott Hymen, dessen erhobene Fackel abgebrochen ist. Sein Schild mit Myrtenkranz trägt das Datum „21. December 1878". Die Devise auf der Vase lautet „Wahrheit, Recht, Freiheit, Treue". Um den Obelisk stehen als Vertreter der Stände ein Ritter, Kaufmann, Bauer und Handwerker und reichen sich die Hände. Am Sockel sind das hannoversch-dänische Doppelwappen angebracht und zwei Medaillons mit Widmungen „Zum hohen Tage der Vermählung am 21. Dec. 1878" und „Dem hohen Fürstenpaare, die treuen Hannoveraner". Dazwischen halten vier Kinder die acht Wappen der Provinziallandschaften des Königreichs Hannover. Am Fuß des Sockels findet sich neben lateinischen Wahlsprüchen der Welfen auch der des englischen königlichen Wappens „DIEU ET MON DROIT". Flache Reliefs mit den Rosen, Disteln und Kleeblättern Großbritanniens überziehen den Obelisk, zudem sind Medaillen eingelassen mit dem Sachsenross und den Bildnissen von König Ernst August von Hannover und seinem Sohn Georg V.

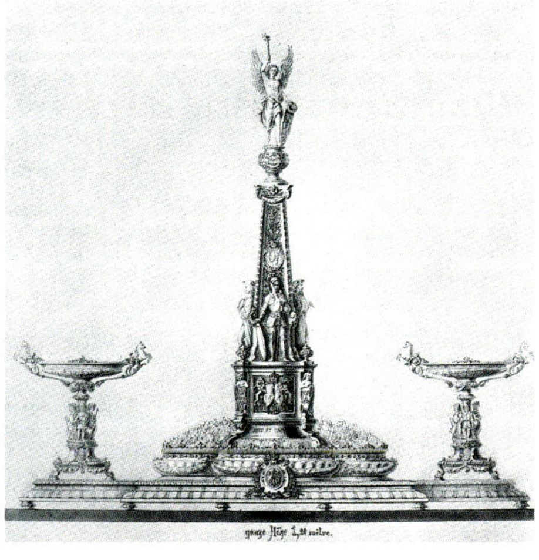

Abb. 1: Zeichnung des ursprünglichen Zustandes der silbernen Tafeldekoration von Carl Lameyer, zur Hochzeit von Ernst August Herzog von Cumberland und Thyra Prinzessin von Dänemark am 21. Dezember 1878

Der Tischaufsatz war das Mittelstück einer mehrteiligen Tafeldekoration (vgl. Abb. 1). Die Stütze erhob sich ursprünglich über einer flachen, ovalen Blumenschale auf einer langgestreckten Platte und wurde von je einer hohen Blumenschale flankiert. Um deren Fuß standen vier Kinder, die durch Kleidung und Attribute Zweige wirtschaftlichen Wohlergehens verkörperten. Die Griffe der Blumenschalen waren als springendes hannoversches Pferd ausgebildet.
Der Tafelaufsatz war das Geschenk welfentreuer Hannoveraner zur Hochzeit des Herzogs Ernst August von Cumberland (1845–1923), Sohn von Georg V., und der Prinzessin Thyra von Dänemark. Ernst August, von 1851 bis 1866 Kronprinz von Hannover, überraschte die Hannoveraner mit seiner Verlobung am 21. November 1878, so dass sie zur Hochzeit nur eine zehnköpfige Deputation nach Kopenhagen senden und für das geplante Geschenk eine Geldsammlung in Gang setzen konnten. Da öffentliche Sammlungen für diesen Zweck als gegen Preußen gerichtet galten und verboten waren, wurde das beschlagnahmte Geld durch die Preußen konfisziert und gerichtlich der Armenkasse zugesprochen.
Trotzdem konnte der Tafelaufsatz von dem hannoverschen Goldschmied Carl Lameyer (1847–1923) im Juli 1879 fertig gestellt werden. Das „Landesgeschenk" wurde am 10. September 1879 in Gmunden von „fünfzehn Hannoveranern aus allen Ständen" feierlich überreicht.
Fünfzehn Personen, die der Königsfamilie in das Exil gefolgt waren, beauftragten ebenfalls Lameyer für ihr Hochzeitsgeschenk. Es ist ein fast 60 cm hoher Deckelpokal, der 2005 auf der Marienburg von Sotheby's versteigert wurde.[1]
Inhaber der hannoverschen Firma „W. Lameyer & Sohn" war der Juwelier Karl Lameyer, der um 1872 als Teilhaber in die „Fabrik und Handlung von Juwelier-, Gold- und Silberwaren" seines Vaters, des Hofgoldschmiedes und Juweliers Wilhelm Lameyer eingetreten war und sie nach dessen Tod seit 1884 unter gleichem Firmennamen in der Georgstraße allein fortführte. Lameyer unterhielt im Vergleich zu seinen konkurrierenden Kollegen in Hannover – H. Böckeler, H. Bückmann, C. Büsch und C. Rusch – in Bezug auf Arbeitskräfte und Umsatz sicher den größten Betrieb. Vermutlich liegt hierin der Grund, dass er den Auftrag zur Ausführung dieser beiden Stücke und eines weiteren silbernen Tafelaufsatzes für die Welfen, des 1903 von Karl Gundelach entworfenen sog. „Glücksschiffes", erhielt.
Der Tafelaufsatz gehört in eine Reihe ähnlich demonstrativer Geschenke der Ergebenheit, zu denen sich welfentreue Hannoveraner zur Hochzeit des Kronprinzen Georg (V.) 1843, zu seiner Silberhochzeit 1868 im Exil und nochmals 1903 zur Silberhochzeit Ernst Augusts Herzog von Cumberland in Gmunden entschieden. Der Tafelaufsatz ist ein im historistischen Stil der Kaiserzeit gestaltetes Schaustück und Ausdruck der vergeblichen Hoffnung einer Gruppe von Hannoveranern, dass die im Exil lebende Familie einmal zurückkehre und die Regierung wieder übernehme.

AvR

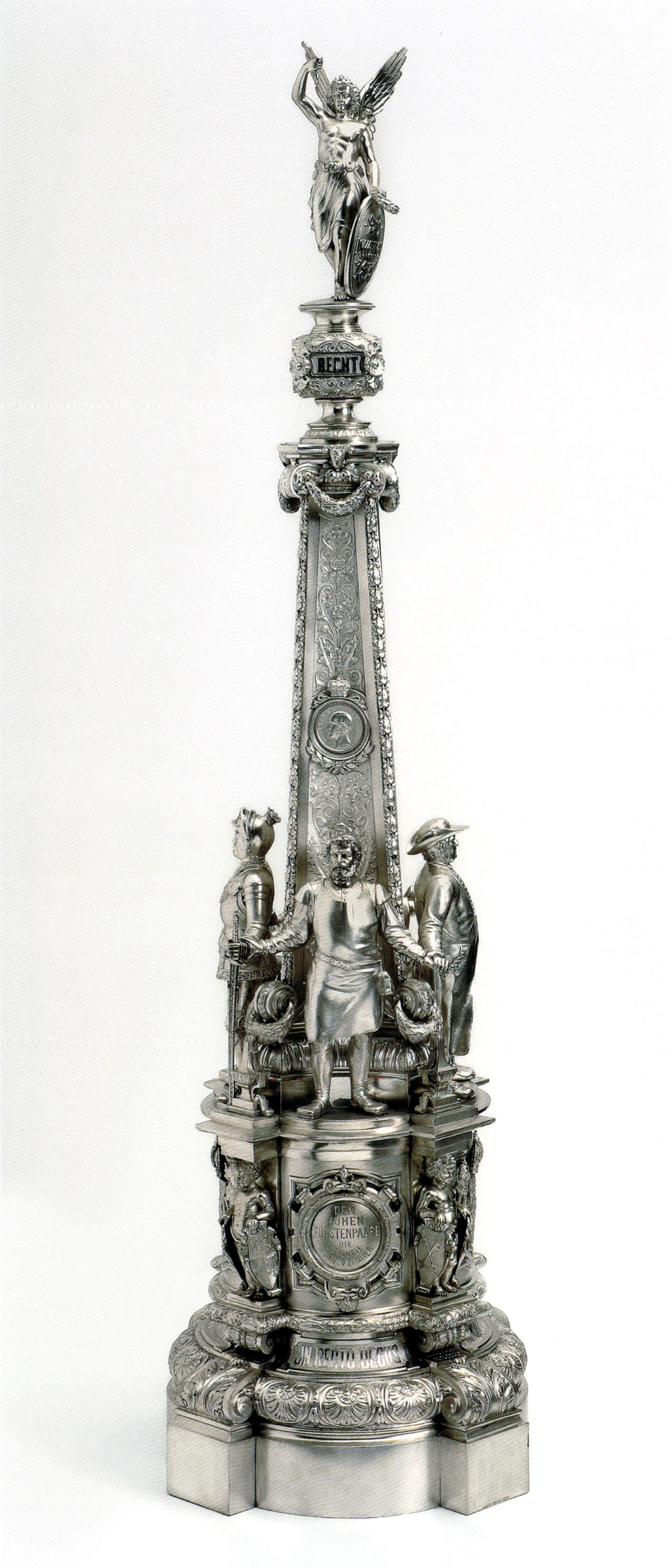

1 Lot Nr. 2655: Deckelpokal, Knauer und Lameyer, Hannover, 1878, Silber, teilvergoldet, und Emaille, H 56,5 cm, Gewicht 1,6 kg.

DAS HILDESHEIMER SILBERSERVICE

Alfred Walz

Im Jahre 1763 wurde Friedrich Wilhelm Freiherr von Westphalen (1727–1789) (vgl. Abb. 1) zum Fürstbischof von Hildesheim gewählt.[1] Seine beiden Vorgänger, die bayerischen Herzöge Joseph Clemens (Regierungszeit 1702–1723) und Clemens August (Regierungszeit 1724–1761), residierten als Erzbischöfe und Kurfürsten von Köln nicht in Hildesheim, sondern am Rhein. Somit sah sich Friedrich Wilhelm nach seiner Wahl zunächst vor die Aufgabe gestellt, vor Ort eine seinen Ansprüchen genügende Hofhaltung einzurichten. Dabei bemühte er sich auch um die Anschaffung eines so genannten *Inventarium perpetuum*, eines bleibenden, repräsentativen Inventars für die fürstbischöfliche Residenz. Aus der dafür aufgenommenen Anleihe von 50 000 Reichstalern bestritt die Hofkammer unter anderem den Ankauf eines silbernen Tafelservices, das größtenteils von den beiden Augsburger Handelshäusern Wilhelm Michael Rauner sowie Klaucke und Benz geliefert wurde. Der Anschaffungspreis betrug insgesamt rund 22 000 Reichstaler. Zum Kernbestand der Augsburger Lieferung gehörten 3 kunstvolle Tafelaufsätze, 8 Terrinen, 64 unterschiedlich geformte Platten und Schüsseln, 2 Kredenzplatten, 2 Rechauds, 120 Teller, 72 Essbestecke sowie 36 Dessertbestecke, 6 Saucieren und 4 Weinkühler. Die Grundausstattung wurde durch einige Teile aus dem Familienbesitz des Fürstbischofs ergänzt. Zu nennen sind 4 Tischleuchter, 2 Kredenzplatten, eine Lavabogarnitur[2] sowie eine Fontäne mit Becken (vgl. Kat. Nr. 16). Nicht sicher geklärt ist unter anderem die Herkunft von 8 mehrarmigen Leuchtern und 2 weiteren Terrinen. Vermutlich handelt es sich dabei teilweise auch um Geschenke. Im Gesamten umfasste das Service etwa 460 Stücke.[3] Bis auf einige wenige Ausnahmen wurde in die einzelnen Teile an prominenter Stelle das Wappen des Fürstbischofs von Westphalen eingraviert. Im Jahr der Anschaffung, 1763, wurde das Service nach Einzelstücken inventarisiert.[4]

Wie es die im Juni 1763 erfolgte Bestellung bei den beiden Augsburger Händlern nahe legt, handelt es sich bei dem Hildesheimer Tafelservice hauptsächlich um ein Erzeugnis des Augsburger Gold- und Silberschmiedehandwerks. Die einzelnen Stücke entstanden überwiegend in den Jahren zwischen 1749 und 1765, das meiste davon wiederum zwischen 1759 und 1763. Während eines der beiden Rechauds (vgl. Kat. Nr. 18) bereits um 1725–30 sowie eine Lavabogarnitur um 1743–45 angefertigt wurden, kamen nach der eigentlichen Anschaffungszeit noch einige Besteckteile hinzu, die um 1771–73 bzw. um 1787–89 zu datieren sind. Unter den im September 1763 gelieferten Stücken waren etliche zum Zeitpunkt der Bestellung bereits fertig ausgearbeitet. Das bedeutet aller Wahrscheinlichkeit nach, dass der Grundbestand des Services entweder aus Lagerbeständen oder aus einer stornierten Lieferung zusammengestellt wurde. Die restlichen Teile, etwa 300 Einzelstücke, darunter auch der aufwändige große Tafelaufsatz (vgl. Abb. 2), müssen aufgrund des im Zweijahresabstand wechselnden Beschauzeichens zwischen 1761 und September 1763 entstanden sein.[5] Zur Bewältigung dieser Aufgabe wurde der Auftrag unter dreizehn unterschiedlichen Augsburger Gold- und Silberschmiedemeistern aufgeteilt.

Betrachtet man das Hildesheimer Tafelservice als ein Gesamtkunstwerk, das es zweifellos nach der Intention seiner Besteller auch sein sollte, ist ein gewisser Mangel an Einheitlichkeit nicht zu verkennen. Er erklärt sich hauptsächlich aus der relativ kurzen Zeit, die für die Zusammen- bzw. Herstellung des Ensembles zur Verfügung stand. Da es zu Beginn der im Oktober 1763 stattfindenden Inthronisationsfeierlichkeiten fertiggestellt sein sollte, musste es innerhalb von vier Monaten quasi wie aus dem Nichts hervorgebracht werden. Auf Grund dieser Voraussetzung dürfte es für die Auftraggeber wohl keine Alternative zu einer Bestellung in Augsburg, dem damals nach wie vor führenden Gold- und Silberschmiedezentrum im deutschsprachigen Raum, gegeben haben. Wie bereits zu Zeiten des genialen Augsburger Kunstagenten Philipp Hainhofer (1578–1647) lag es auch in der Zeit des Rokoko weniger an der Kunstfertigkeit der Handwerksmeister als am Organisationsgeschick der beauftragten Händler, ein möglichst harmonisches Gesamtergebnis zustande zu bringen.[6] Tatsächlich aber bildet der von Rauner und Klaucke und Benz zu verantwortende Kernbestand des Services ein stimmiges Ensemble, das kaum erkennen lässt, dass an seinem Entstehen mehr als ein Dutzend unterschiedlicher Werkstätten beteiligt waren.

Zu seiner Zeit wurde das Hildesheimer Silberservice nicht als eine besondere, herausragende Augsburger Arbeit bewertet. Sie galt vielmehr als eine eher durchschnittliche, einem Duodezfürsten angemessene Anschaffung, die sich nicht mit den entsprechenden Ser-

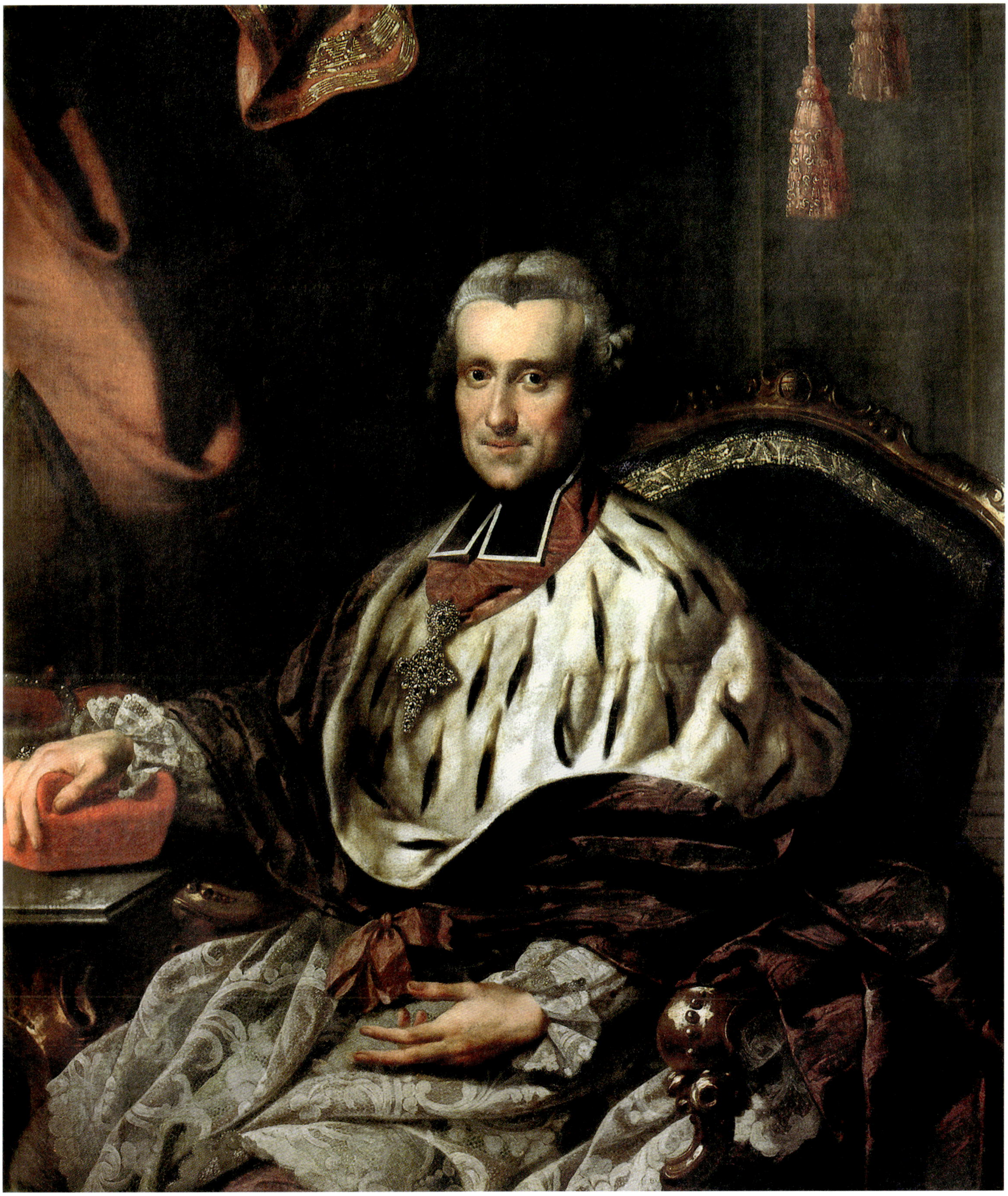

Abb. 1: Johann Georg Ziesenis, Fürstbischof Friedrich Wilhelm von Westphalen, um 1765, Hildesheim, Roemer- und Pelizaeus-Museum

vicen der Kurfürsten-, Königs- oder Kaiserhäuser messen lassen konnte und durfte. Diese waren häufig aus Gold hergestellt bzw. vergoldet, so dass bereits anhand des verwendeten Materials ein Rangunterschied erkennbar wird. Die heutige, überragende Bedeutung des Hildesheimer Tafelgeschirrs beruht einzig und allein darauf, dass es „das weitaus vollständigste unter den erhaltenen Augsburger Silberservicen des 18. Jahrhunderts“[7] darstellt. Da Silber- und Goldservice nicht nur als Geräte und Tafelzier, sondern zugleich auch als wertbeständige Edelmetallvorräte geschätzt wurden, waren sie grundsätzlich der Gefahr ausgesetzt, für einen neuen Verwendungszweck eingeschmolzen zu werden. Häufig führte auch der Wunsch, ein Geschirr nach der neuesten Mode anfertigen zu lassen, zum Einschmelzen des vorhandenen, aber nicht mehr als zeitgemäß empfundenen Silberservices.[8]

Als der Nachfolger Friedrich Wilhelms von Westphalen, Franz Egon von Fürstenberg (1737–1825), 1789 mit seinem Amtsantritt das Silberservice übernahm, waren bei der dabei fälligen Inventarisierung keine nennenswerten Verluste zu verzeichnen. Im Jahre 1802 fiel das Hochstift Hildesheim an Preußen, das als Ausgleich für seine linksrheinischen Verluste an Frankreich mit großen Teilen der nordwestdeutschen Fürstbistümer entschädigt worden war. Franz Egon verlor zwar die Herrschaft über das Fürstentum, jedoch nicht sein Bischofsamt. Neben einer angemessenen Pension wurde ihm vom preußischen Staat auch das Recht zugestanden, weiterhin das silberne Tafelgeschirr benutzen zu dürfen. Auch als 1815 kraft der Beschlüsse des Wiener Kongresses das Hochstift an das Königreich England fiel, blieb es bei den bisherigen Bestimmungen. Nach den Vereinbarungen des Reichsdeputationshauptschlusses von 1803 hatten aber die neuen Landesherren das Recht, über das Eigentum der geistlichen Stifte frei zu verfügen. Doch erst nach dem Tod des Bischofs Franz Egon von Fürstenberg im Jahre 1825 machte das hannoversche Königshaus davon Gebrauch und brachte das Silberservice in seinen Besitz. Die übrigen Gegenstände des *Inventarium perpetuum* dagegen wurden im darauffolgenden Jahr verkauft.[9]

Während der Zeit der bis 1837 bestehenden großbritannisch-hannoverschen Personalunion scheint das Hildesheimer Tafelservice beim Hofzeremoniell keine Rolle gespielt zu haben. Erst unter Ernst August, König von Hannover (1837–1851), kam es zu neuen Ehren. Sichtbares Zeichen für die wiedergewonnene Wertschätzung ist das Herrschermonogramm EAR (Ernestus Augustus Rex), das in zahlreiche Stücke eingraviert wurde (vgl. Kat. Nr. 18). Im Deutschen Krieg von 1866 annektierte Preußen das Königreich Hannover und beendete damit die Herrschaft dieser bedeutenden Linie des Welfenhauses. Der letzte Regent, Georg V., ging nach Österreich ins Exil. Dank des Verzichts der preußischen Regierung auf eine Beschlagnahmung der beweglichen Ausstattung der Schlösser ließ er 1867 unter anderem auch das Hildesheimer Tafelservice nach Wien exportieren. Einige wenige Teile davon wurden 1868 und 1889 aus unterschiedlichen Anlässen öffentlich ausgestellt. Laut einer 1980 vom Welfenhaus abgegebenen Erklärung veräußerte Herzog Ernst August in den 1920er Jahren das Service in Gmunden, seinem österreichischen Exil.[10]

Im November 1980 wurden in Genf vom Londoner Auktionshaus Sotheby's rund 600 Stücke aus dem Hildesheimer Tafelservice versteigert.[11] Der oder die Einlieferer blieben ungenannt. Ein Vergleich des bei der Auktion versammelten Bestands mit den im Inventar von 1763 aufgeführten Stücken zeigt, dass das von Friedrich Wilhelm von Westphalen angeschaffte Service über einen Zeitraum von 200 Jahren als Einheit und ohne nennenswerte Verluste bewahrt werden konnte. Im Auktionskatalog fehlen nur solche Gegenstände, die aufgrund ihrer verhältnismäßig geringen Anzahl nicht besonders ins Gewicht fallen oder nicht zu den wesentlichen Bestandteilen eines barocken Tafelgeschirrs zählen. Zu erwähnen sind beispielsweise die Einträge „Zwei Lavoirs, Zwölf Paar Tafelleuchter, Ein Dutzend dreiteiliger Bestecke, Ein Feuerbecken.“[12] Die Auktion erzielte für das gesamte Service den Verkaufspreis von rund 5 Millionen Schweizer Franken. Den Kernbestand sicherten sich die Kunsthändler Helmut Seling, München, sowie Albrecht Neuhaus, Würzburg. Ein Jahr nach der Auktion gelang es dem Bayerischen Nationalmuseum in München, das von Seling ersteigerte Geschirr, für das 6,5 Millionen DM verlangt wurden, zu erwerben. Parallel dazu gelang es dem Roemer-Museum in Hildesheim, das von Neuhaus zum Preis von 1,7 Millionen DM angebotene Silber anzukaufen. Zudem erhielt das niedersächsische Museum sechs von der Stiftung F. Weinheim erworbene Gegenstände als Geschenk. Heute befinden sich rund 120 Stücke aus dem Bestand der Genfer Auktion im Bayerischen Nationalmuseum und etwa die gleiche Anzahl im Roemer- und Pelizaeus-Museum. 370 Stücke, darunter nicht weniger als 336 Messer, Gabeln und Löffel, gelangten in Privatbesitz.[13]

AW

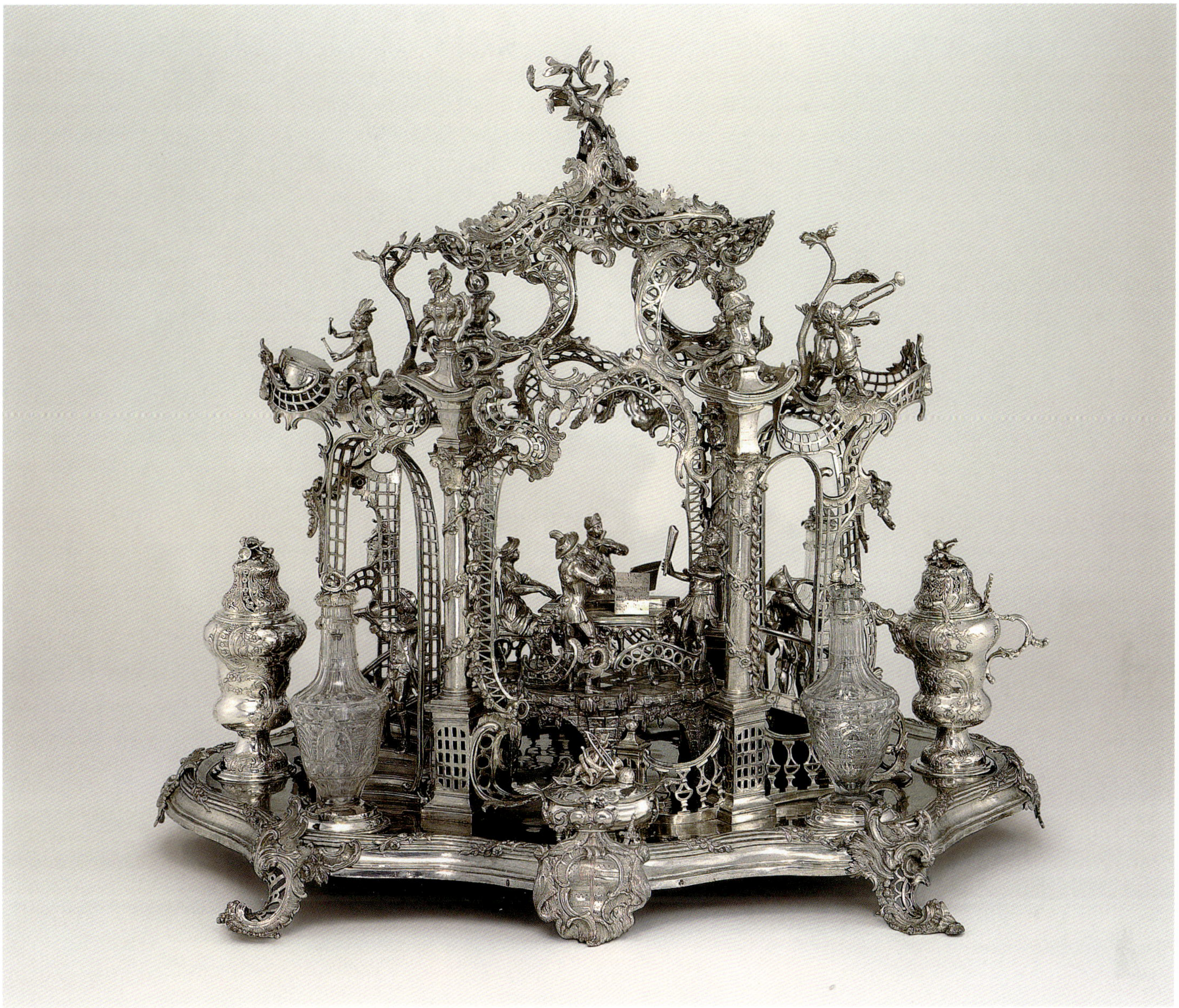

Abb. 2: Bernhard Heinrich Weyhe, Tafelaufsatz, Augsburg, um 1761–1763, Silber, München, Bayerisches Nationalmuseum

1 Zur Regentschaft Friedrich Wilhelms von Westphalen: Ausst.-Kat. Hildesheim 1995.

2 Ausst.-Kat. Hildesheim 1995, S. 178f., Nr. 25.

3 Die Anzahl ist errechnet nach den Angaben im „Inventarium perpetuum" von 1763, wiedergegeben in: Ausst.-Kat. Augsburg 1985, S. 107f. Die Tafelaufsätze oder die Lavabos sind dort als eine Einheit aufgeführt. Zählt man alle Einzelteile des Services, erhält man eine weit größere Anzahl als 460.

4 Zur Geschichte des Services: Lorenz Seelig, in: Ausst.-Kat. München 1994, Bd. 2, S. 532–536, Bestellung, Lieferung und erste Verwendung des Services, S. 536–538, Die spätere Geschichte des Services bzw. Ausst.-Kat. Hildesheim 1995, S. 95–100 (leicht veränderte Fassung).

5 Vgl. Lorenz Seelig, Ausst.-Kat. München 1994, Bd. 2, S. 538, Zur Zusammensetzung des Services bzw. Ausst.-Kat. Hildesheim 1995, S. 101.

6 Vgl. zur Rolle der Silberhändler: Ralf Schürer, „ein erbar handwerckh von goldschmiden", in: Ausst.-Kat. München 1994, Bd. 1, S. 57–65, hier S. 61.

7 Lorenz Seelig, Ausst.-Kat. Hildesheim 1995, S. 95. Vgl. auch Ausst.-Kat. München 1994, Bd. 2, S. 532.

8 Lorenz Seelig, Ausst.-Kat. München 1994, Bd. 2, S. 494.

9 Kratz 1883, S. 307.

10 Adamski 1981, S. 65.

11 Sotheby Parke Bernet, Wednesday, 12th November 1980, Important European Silver, Hotel des Bergues Geneva, S. 80–119.

12 Ausst.-Kat. Augsburg 1985, S. 107f. Eine Gegenüberstellung der von Sotheby's angebotenen Stücke mit den entsprechenden im Inventar von 1763 verzeichneten Stücken bei Adamski 1981, S. 83. Demnach ergibt sich ein Fehlbestand von lediglich 62 Stücken.

13 Vgl. Auflistung bei Adamski 1981, S. 80–82.

16 FONTÄNE UND BECKEN

Johann Jakob II Bruglocher, Augsburg, um 1751/52
Silber, getrieben, gegossen, ziseliert, graviert
Fontäne: H 51,5 cm, B 36,5 cm, Dm Fuß 15,6 cm
Becken: H 19,8 cm, B 62,0 cm, T 36,5 cm
Beschauzeichen: Pyr mit K für Augsburg, 1751–1753
Meisterzeichen: IIB im abgerundeten Querrechteck für Johann Jakob II Bruglocher
Gravierte Servicenummer: 32
Hildesheim, Roemer- und Pelizaeus-Museum, Inv. Nr. H. 3187.1.1–3, H. 3187.2
Provenienz: erworben 1980 auf der Sotheby's-Auktion Genf[1] durch den Kunsthändler Albrecht Neuhaus, Würzburg; 1981 angekauft durch das Roemer-Museum, Hildesheim

Lit: Ausst.-Kat. München 1994, Bd. 2, S. 591–593, Nr. 175 bzw. Ausst.-Kat. Hildesheim 1995, S. 183–189, Nr. 28 (L. Seelig)

Die Grundgestalt der Fontäne nimmt die auf antike Vorbilder zurückgehende balusterähnliche Vasenform auf. Sie unterscheidet sich von einer Vase lediglich durch den an der Vorderseite angebrachten Hahn. Als tektonische Formabschnitte sind zu unterscheiden: der im Grundriss leicht geschwungene Fuß, der eingezogene, durch ein umlaufendes Profil gegliederte untere Teil des Korpus, sein tambourartiger oberer Teil sowie der die Grundform des Fußes wiederholende Deckel. Die Strenge der horizontalen Gliederungselemente ist aufgebrochen durch das im Gegensatz dazu eher die Vertikale betonende, am Korpus teilweise die Profilbänder überspielende Rokokoornament, das wie ein Flechtgewächs die glatten Flächen des Gefäßmantels zu überwuchern scheint. Zugleich markieren am Korpus die Zentren des Rocaillengefüges die vier Achsen des querovalen Gefäßes. Wie Auswüchse der Ornamenthaut lösen sich Hahn, Henkel und Deckelbekrönung aus der Fläche, um sich als freiplastische Formgebilde zu verselbständigen.
Im Unterschied zur Fontäne wurde bei der Formgebung des Beckens auf tektonische horizontale Gliederungselemente verzichtet. Seine Gestalt erinnert – hauptsächlich hervorgerufen durch die spiralig nach oben geführten Rippen und die den Gefäßrand bildenden umgeschlagenen Akanthusblätter – an pflanzliche Formen wie zum Beispiel den Kelch einer Blüte. Auch hier markieren vier voll entwickelte muschelartige Rocaillen die Hauptachsen des ebenfalls querovalen Beckens. Dazwischen sind reduzierte Rocaillen eingefügt, die mit den auf den Diagonalach sen angeordneten, blattartigen Füßen korrespondieren. Die ähnlich wie bei der Fontäne strukturierten Ornamentformen sorgen für eine einheitliche Erscheinung der beiden Gefäße. Da sie jedoch nicht uniform sind, bleiben gewisse Zweifel an der ursprünglichen Zusammengehörigkeit der beiden Stücke.
Aufgrund der Marke IIB sind die beiden Gefäße dem Augsburger Silberschmied Johann Jakob II Bruglocher (1678–1752)[2] zuzuschreiben. Bruglocher arbeitete für eine anspruchsvolle Kundschaft. Zu seinen Auftraggebern gehörten u. a. König Friedrich Wilhelm I. von Preußen sowie die bayerischen Kurfürsten Karl Albrecht und Maximilian III. Die Fontäne und das Becken verließen die Werkstatt des Meisters in seinem vorletzten bzw. letzten Lebensjahr. Sie scheinen zu belegen, dass er noch im hohen Alter den Übergang von den kraftvollen, etwas behäbigen Formen des Spätbarock zum leichten, graziösen Stil des Rokoko gefunden hatte. Allerdings sollte man dabei berücksichtigen, dass der Familienverband sowie das in Augsburg besonders ausgeprägte kollektive Produktionssystem die künstlerische Sprache der einzelnen Werkstätten stark beeinflussten.
Der Verwendungszweck einer Fontäne mit Becken ist in der Forschung nicht eindeutig bestimmt. L. Seelig ist der Auffassung, dass die Fontänen „wohl zumeist Wasser aufnahmen, worauf das Fehlen einer Innenvergoldung schließen lässt, sie konnten gewiss auch mit Wein gefüllt werden. Die Becken waren zum Kühlen der – in Flaschen gefüllten – Getränke, eventuell auch zum Kühlen wie zum Spülen der Gläser bestimmt."[3] Drei in der Mitte des 17. und am Beginn des 18. Jahrhunderts entstandene Stiche stellen die Fontäne als Brunnen dar, aus dessen Hahn Wasser in das zugehörige Becken fließt.[4] Auf einem der Stiche ist eine Frau zu sehen, die eine Platte über dem Becken hält. Im Inventar von 1763 wird das Hildesheimer Becken als „Schwenck Kessel" bezeichnet.[5] Laut dem Zedler-Lexikon versteht man im 18. Jahrhundert unter diesem Begriff ein „Gefäße, welches mit reinem Wasser angefüllet wird, die Wein- und Biergläser darinnen zu schwencken und auszuspülen."[6] Laut dem Inventar von 1763 war in die Fontäne und in das Becken ursprünglich das Allianzwappen der Familien von Westphalen und von der Asseburg eingraviert. Reste davon sind neben und unter dem Wappen des Fürstbischofs Friedrich Wilhelm zu erkennen. Demnach stammen die beiden Stücke aus dem Besitz seiner Eltern.[7]

AW

1 Sotheby Parke Bernet, Wednesday, 12th November 1980, Important European Silver, Hotel des Bergues Geneva, Lot Nr. 242.
2 AKL Bd. 14, 1996, S. 507f.; Ausst.-Kat. München 1994, Bd. 1, S. XII bzw. Ausst.-Kat. Hildesheim 1995, S. 202; Seling 1980, Bd. 3, S. 312f., Nr. 2027.
3 Ausst.-Kat. München 1994, Bd. 2, S. 592 bzw. Ausst.-Kat. Hildesheim 1995, S. 184.
4 Bursche 1974, Abb. 198, Seling 1980, Bd. 1, Abb. S. 173, Keisch 1997, S. 77, Abb. 44.
5 Ausst.-Kat. Augsburg 1985, S. 106.
6 Zedler Bd. 36, 1743, Sp. 391f., s.v. „Schwenckkessel".
7 Vgl. Ausst.-Kat. München 1994, Bd. 2, S. 592 bzw. Ausst.-Kat. Hildesheim 1995, S. 184.

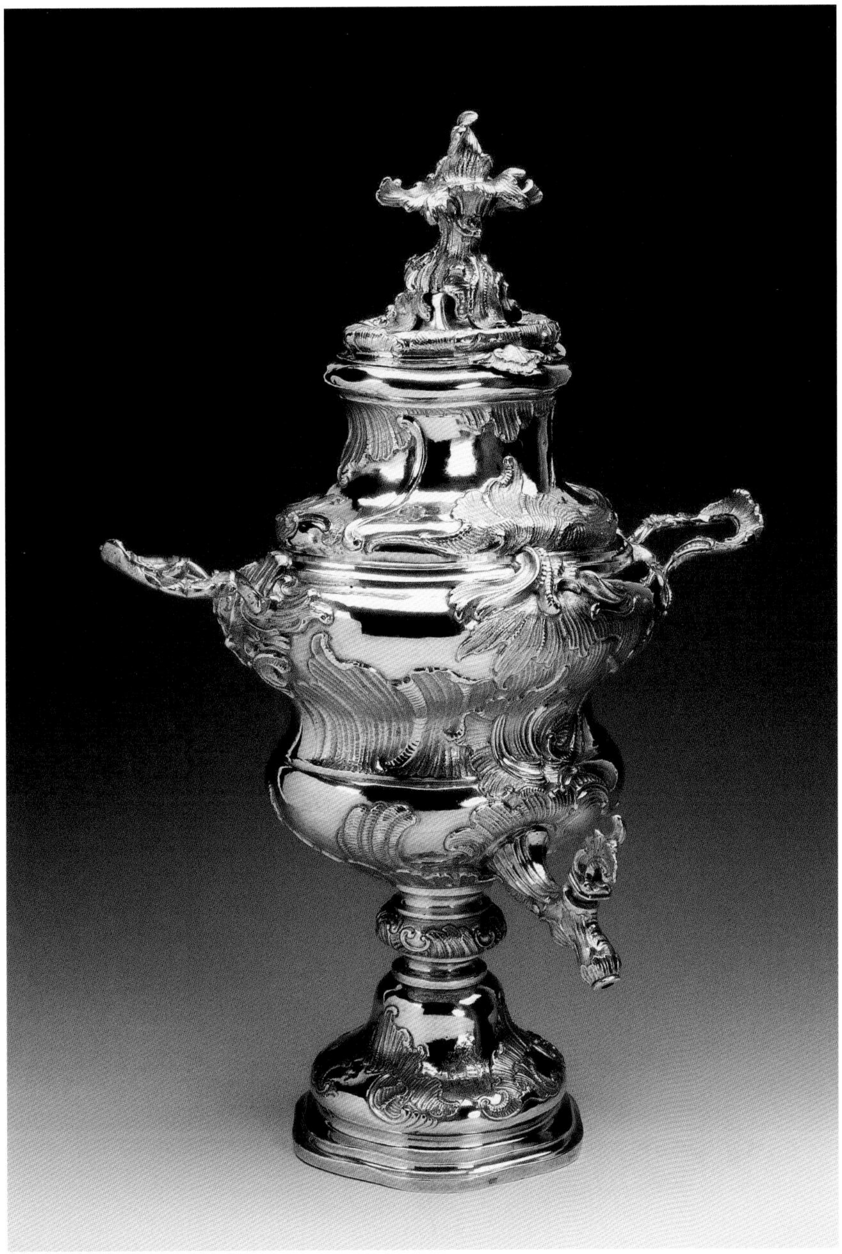

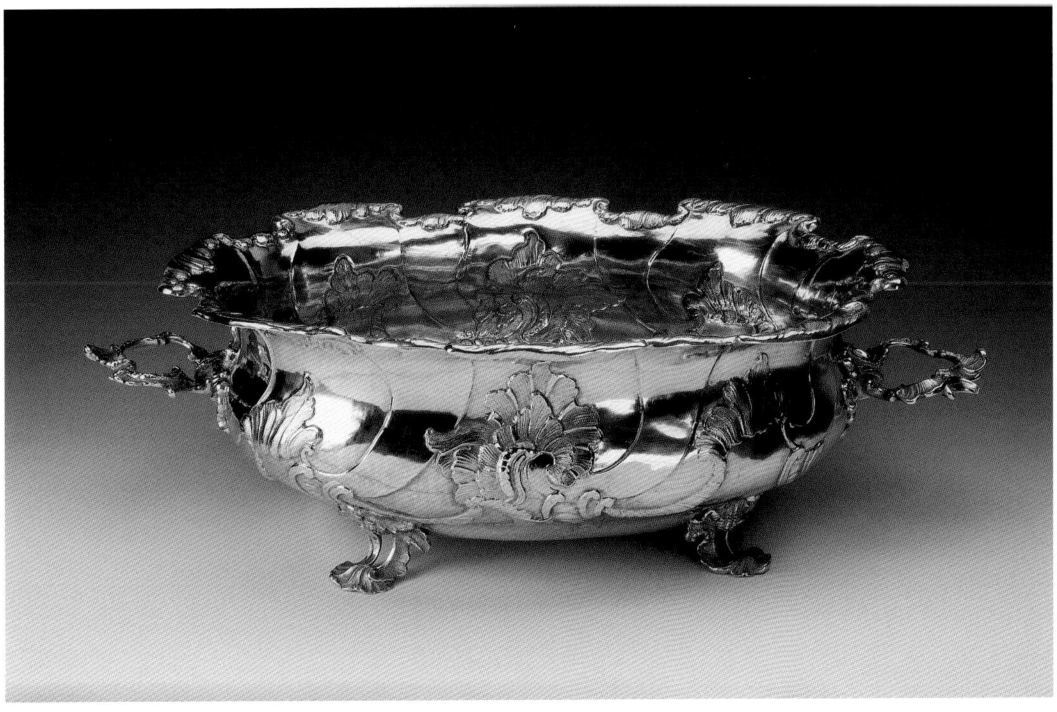

17

LAVABOGARNITUR

Johann Nikolaus Spickermann, Augsburg, um 1743–1745
Silber, getrieben, gegossen, ziseliert, graviert
Kanne: H 27,3 cm, B 23,0 cm, Dm Fuß 11,2 cm
Becken: H 5,2 cm, Dm 48,9 cm
Beschauzeichen: Pyr mit F für Augsburg, 1743–1745
Meisterzeichen: INS im Zweipass für Johann Nikolaus Spickermann
Gravierte Servicenummer: 19
Hildesheim, Roemer- und Pelizaeus-Museum, Inv. Nr. H. 3189.1–2
Provenienz: erworben 1980 auf der Sotheby's-Auktion Genf[1] durch den Kunsthändler Albrecht Neuhaus, Würzburg; angekauft 1981 durch das Roemer-Museum, Hildesheim.

Lit: Ausst-Kat. München 1994, Bd. 2, S. 588–590, Nr. 174.1 (L. Seelig) bzw. Ausst.-Kat. Hildesheim 1995, S. 174–176, Nr. 24.1 (L. Seelig)

Drei konzentrisch angelegte Zierelemente bilden auf der Schauseite des rundförmigen Gießbeckens ein radiales Bezugssystem: der profilierte, rocaillenbesetzte Rahmen, das gerippte Steigbord und der ebenfalls profilierte Stellring im Spiegel. Die Grundform des Beckens ist in sechs gleiche Segmente gegliedert. Ein Segment wiederum setzt sich aus einer dynamisch verlaufenden Abfolge von geschwungenen und geknickten Abschnitten zusammen. Wesentlich für die Gesamtwirkung ist der Kontrast zwischen den beiden profilierten, plastisch gebildeten Elementen einerseits und dem von diesen gerahmten, tektonisch gestalteten Steigbord andererseits.
Die Kanne antwortet auf das dreiachsige Gliederungssystem des Beckens mit einer dazu divergierenden zweiachsigen Anlage. Während die vertikal ausgerichteten Ausbuchtungen des Gefäßkörpers die Gestaltung des Steigbords aufnehmen, erinnern die horizontal angelegten Formeinheiten Fußrand, Nodus, Einschnürung des Kelchs sowie unterbrochenes Wellenband an die Struktur der beiden profilierten Ziereinheiten. Die architektonisch gedachte Formgebung des Fußes, der mit dem Stellring in eins gesehen werden darf, betont durch das Aufeinanderschichten der Formteile und die starke Verbreiterung nach unten hin dessen tragende Funktion. Im Unterschied dazu dominieren beim Gefäßkörper die vertikalen Linien. Seine Gestaltung gemahnt an das Aussehen des Kelchs und Blattgehäuses einer trichterförmigen Blüte. In spiegelsymmetrischer Entsprechung zum steil nach oben und weit nach außen gezogenen Ausguss setzt sich der scharfkantig profilierte Griff mit seinen schwungvollen C- und J-Schwüngen von der Gefäßkontur ab. Sparsames, am Kannenrand erscheinendes Blattornament akzentuiert den betont skulpturalen Charakter der Lavabogarnitur.
Johann Nikolaus Spickermann (um 1700–1747)[2] arbeitete in der Werkstatt des Augsburger Silberschmieds Johann Warnberger. 1742 heiratete er dessen Tochter. 1741/42 hatte er das Meisterrecht erlangt. Die Hildesheimer Lavabogarnitur gilt als eines seiner bedeutendsten Werke. Als Vorbild diente eine 1740 datierte, aus der Werkstatt des Johann Jakob II Bruglochers stammende Garnitur.[3] Eine weitere, 1745–1747 entstandene Lavabogarnitur Spickermanns ist hinsichtlich der Form des Kannenhelms als Weiterentwicklung der älteren Arbeit zu betrachten. Das direkt über dem Schaft sitzende Muschelornament tritt nicht so sehr als eine auf die Gefäßwand aufgelegte Schicht, sondern vielmehr als plastisch ausgebildeter, unterer Teil des Gefäßkörpers in Erscheinung. Der obere Teil wächst organisch daraus hervor. 1761/63 fertigte Christian II Drentwett (1729–1801) eine Kopie der Spickermannschen Garnitur an. Sie ist Teil des Hildesheimer Tafelservices und ebenfalls im Besitz des Roemer-Museums.[4]
In Entsprechung zu seinem lateinischen Namen war das Lavabo zum – teils auch rituellen bzw. zeremoniellen – Waschen der Hände bestimmt. In dieser Funktion hat es eine lange, nicht zuletzt im religiösen Bereich stark verbreitete Tradition. Die Form des Lavabos war jedoch auch mit der des Taufgeschirrs identisch. Vor diesem Hintergrund wird verständlich, dass es zu allen Zeiten zu außergewöhnlich kunstvollen Anfertigungen von Lavabos kam. Spätestens mit dem Beginn des 17. Jahrhunderts hatte sich auf diesem Gebiet das Augsburger Gold- und Silberschmiedehandwerk zu einer tonangebenden Produktionsstätte entwickelt.[5] Ohne Zweifel stellt die Gestaltung eines Lavabos ganz besondere Anforderungen an das künstlerische Vermögen seines Entwerfers. Es gilt dabei hauptsächlich, die flächig auszubreitende Form des Beckens mit der rundansichtig nach oben zu entwickelnden Gestalt der Kanne in Einklang zu bringen.
Im Rahmen des traditionellen höfischen Tafelzeremoniells hatte das Lavabo seinen Platz auf der Kredenz, dem Schaubüffet. Es gehört somit nicht zum Kernbestand eines Tafelgeschirrs. Im Inventar von 1763 sind sechs Lavabos verzeichnet, von denen sich vier erhalten haben.[6] Sie wurden nach drei deutlich voneinander abweichenden Entwürfen gearbeitet. Es ist deshalb wahrscheinlich, dass sie für unterschiedliche Verwendungszwecke bestimmt waren.

AW

1 Sotheby Parke Bernet, Wednesday, 12th November 1980, Important European Silver, Hotel des Bergues Geneva, Lot Nr. 254.
2 Ausst.-Kat. München 1994, Bd. 1, S. XXVf. bzw. Ausst.-Kat. Hildesheim 1995, S. 206; Seling 1980, Bd. 3, S. 377f., Nr. 2337.
3 Seling 1980, Bd. 2, Abb. 857; Frankenburger 1923, Abb. 65.
4 Sotheby Parke Bernet, Wednesday, 12th November 1980, Important European Silver, Hotel des Bergues Geneva, Lot Nr. 233; Ausst.-Kat. München 1994, Bd. 2, S. 588–590, Nr. 174.2 , Abb. S. 590 bzw. Ausst.-Kat. Hildesheim 1995, S. 174–176, Nr. 24.2, Abb. S. 177.
5 Vgl. Ausst.-Kat. Munchen 1994, Bd. 1, S. 29f. Kanne und Becken (Helmut Seling, Einleitung, S. 17–31).
6 Inventar von 1763: Ausst.-Kat. Augsburg 1985, S. 107f. bzw. Ausst.-Kat. Hildesheim 1995, S. 196f. Zu den beiden anderen Lavabos: Sotheby Parke Bernet, Wednesday, 12th November 1980, Important European Silver, Hotel des Bergues Geneva, Lot Nr. 242 und Lot Nr. 198; Ausst.-Kat. Hildesheim 1995, S. 178f., Nr. 25, S. 179–181, Nr. 26.

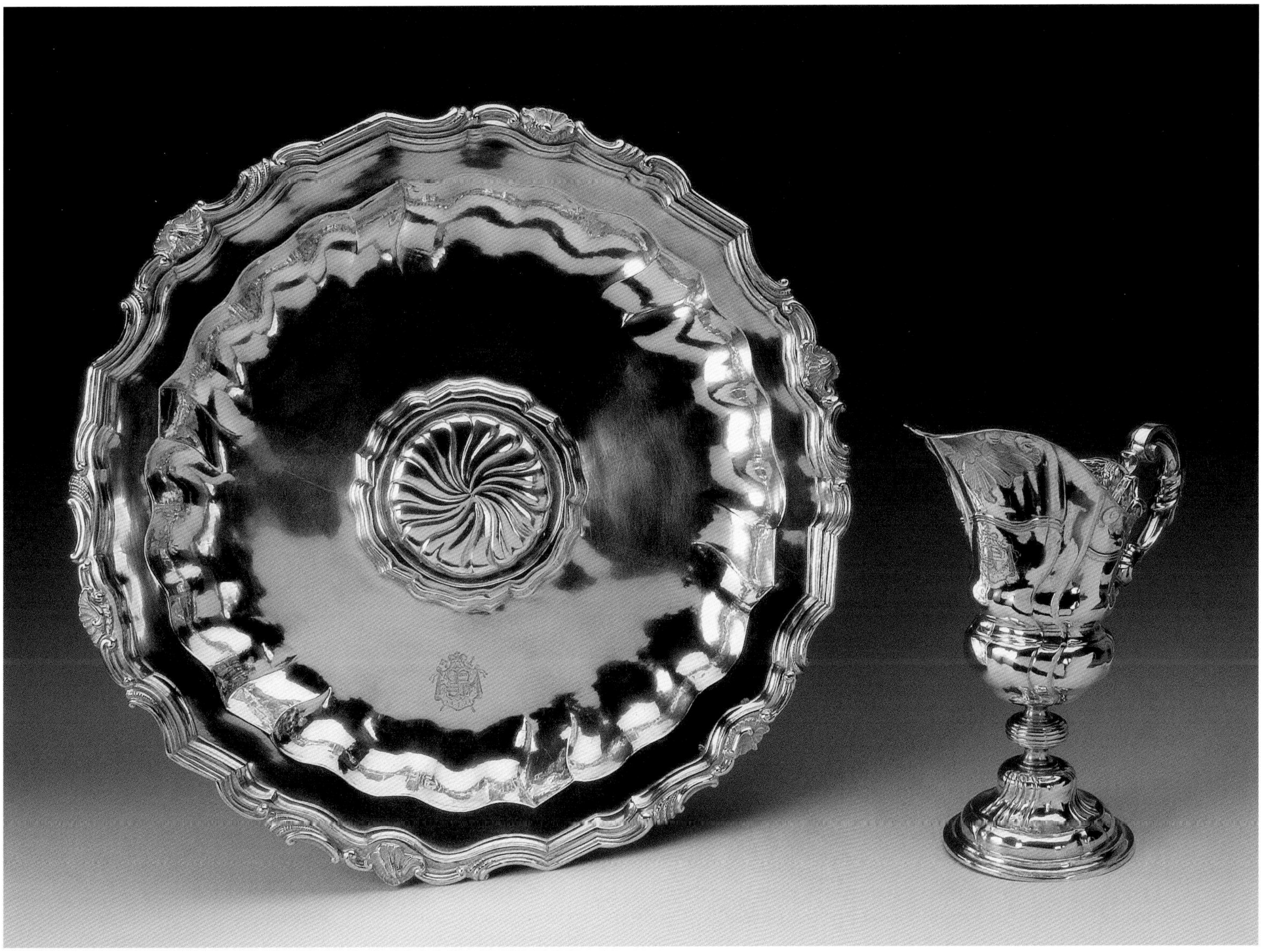

18 ZWEI RECHAUDS

Emanuel Drentwett, Augsburg, um 1725–1730
Gottlieb Satzger, Augsburg, um 1761–1763
Silber, getrieben, gegossen, graviert, Durchbrucharbeit; Lindenholz, schwarz gebeizt, poliert
Rechaud 1: H 17,3 cm, L 41,0 cm, Dm Becken 19,8 cm
Rechaud 2: H 17,3 cm, L 40,0 cm, Dm Becken 19,8 cm
Beschauzeichen (1): Pyr für Augsburg, um 1725–1730
Beschauzeichen (2): Pyr mit P für Augsburg, 1761–1763
Meisterzeichen (1): ED im Queroval für Emanuel Drentwett
Meisterzeichen (2): GS im Queroval für Gottlieb Satzger
Gravierte Servicenummer: 17
Hildesheim, Roemer- und Pelizaeus-Museum,
Inv. Nr. H. 3193.1–5 und H. 3194.1–5
Provenienz: erworben 1980 von Sotheby's Genf[1] durch den Kunsthändler Albrecht Neuhaus, Würzburg; angekauft 1981 vom Roemer-Museum, Hildesheim

Lit: Kat. München 1994, Bd. 2, S. 591–593, Nr. 175 (L. Seelig) bzw. Kat. Hildesheim 1995, S. 183–189, Nr. 28 (L. Seelig)

Die beiden Rechauds zeigen eine identische Formgebung, d. h. das jüngere, von Gottlieb Satzger gearbeitete, ist eine getreue Kopie des von Emanuel Drentwett gestalteten älteren Geräts. Der Korpus gliedert sich in den Standring, der der Form nach an eine Hohlkehle erinnert, und in die deutlich davon unterschiedene Schale. Deren Wandung setzt sich in alternierender Anordnung aus sechs nach außen gewölbten Doppelrippen und sechs abgeflachten Einzelrippen zusammen. Vor jeder zweiten Einzelrippe ist jeweils eines der drei vertikalen Bänder montiert, deren unteres Ende als Fuß ausgebildet ist, während das obere, V-förmige Ende als Auflager bzw. seitliches Widerlager für die warm zu haltenden Gefäße dient. Der Korpus ruht auf einem tellerartigen Untersatz, der auf drei von den Bändern hervorspringenden Nasen aufzuliegen scheint. In den Fußring des Korpus ist das Spiritusgefäß eingepasst, in dessen Deckel vier Dochtröhrchen eingearbeitet sind. Der ornamental durchbrochene, kranzförmig angelegte Einsatz mit seinen drei radial angeordneten Halterungen hat die Aufgabe, die vom Feuer erzeugte Hitze zu speichern, um sie nach und nach an das zu wärmende Gefäß abzugeben. Zugleich hat er die Funktion einer weiteren Abstellvorrichtung. Die Tülle der Handhabe durchstößt scheinbar eines der drei Vertikalbänder, um mit der Außenwand der Schale eine feste Verbindung zu bilden. In die Rippen der Schale sind in Durchbrucharbeit zierliche Blatt- und Rautenornamente eingeschnitten.
Emanuel Drentwett (1681–1753)[2], der Gestalter des älteren der beiden Rechauds, war ein Spross des vielleicht bedeutendsten und an Mitgliedern zahlreichsten Augsburger Goldschmiedegeschlechts. Er fertigte u. a. auch Arbeiten für den Hof des preußischen Königs Friedrich Wilhelms I. an. Unter den Stücken, die Fürstbischof Friedrich Wilhelm aus dem Besitz seiner Familie mit nach Hildesheim brachte, befand sich auch eine Lavabogarnitur, die um 1749/51 in der Werkstatt des Emanuel Drentwett entstanden war.[3] Sie zeigt ein kraftvolles, in den Formen des Spätbarocks verhaftetes Rocaillenornament. Die Garnitur konnte bei der Genfer Versteigerung von 1980 nicht von den Kunsthändlern Seling und Neuhaus erworben werden. Sie befindet sich heute in Belgischem Privatbesitz. Gottlieb Satzger (um 1709–1783)[4] zählt zu den begabtesten Augsburger Silberschmieden der Rokokozeit. Er hatte sich auf die Herstellung von Toilette- und Zuckerdosen spezialisiert.
Der Begriff Rechaud wurde im deutschen Sprachraum noch während des 18. Jahrhunderts synonym für die sogenannte Feuerpfanne verwendet.[5] Dabei handelte es sich um Harz- oder Pechpfannen, die im Freien für Beleuchtung sorgten. Die zum Aufwärmen der Speisen benutzten Geräte nannte man nach dem dafür verwendeten Brennmaterial Kohle Kohlpfannen.[6] Sie wurden seit dem 17. Jahrhundert auch in Silber hergestellt. Mit Beginn des 18. Jahrhunderts ersetzte man – zumindest in betuchten Haushalten – allmählich die Kohlpfanne durch das im Vergleich dazu bequemere Rechaud mit Spiritusbrenner. In der Regel war es aus versilbertem Messing gearbeitet.[7]
Offensichtlich sah das Handelshaus Rauner, welches 1763 die beiden Rechauds an den Hildesheimer Fürstbischof lieferte, kein Problem darin, dem weitgehend nach dem aktuellen Stil gearbeiteten Service zwei Rechauds hinzuzufügen, deren Formgebung und Ornamente als überholt gelten mussten. Tatsächlich harmonieren sie gut mit den für sie als aufgesetzte Teile bestimmten Gefäßen, den lediglich mit einem profilierten Rand verzierten Schüsseln und Platten. Deren Gestaltung hält sich stark an traditionelle, bereits in der Entstehungszeit des älteren Rechauds oder kurz danach nachweisbare Formen.[8]
In das von Emanuel Drentwett gearbeitete Rechaud (H.3193.1–5) ist das Monogramm des Königs Ernst August von Hannover EAR eingraviert.[9]

AW

1 Sotheby Parke Bernet, Wednesday, 12th November 1980, Important European Silver, Hotel des Bergues Geneva, Lot Nr. 231, 232.
2 AKL, Bd. 29, 2001; Ausst.-Kat. München 1994, Bd. 1, S. XIV bzw. Ausst.-Kat. Hildesheim 1995, S. 203f.; Seling 1980, Bd. 3, S. 318, Nr. 2056.
3 Ausst.-Kat. Hildesheim 1995, S.178f., Nr. 25; Sotheby Parke Bernet, Wednesday, 12th November 1980, Important European Silver, Hotel des Bergues Geneva, Lot Nr. 229.
4 Ausst.-Kat. München 1994, Bd. 1, S. XXIV bzw. Ausst.-Kat. Hildesheim 1995, S. 206; Seling 1980, Bd. 3, S. 384–386, Nr. 2373.
5 Zedler, Bd. 9, 1735, Sp. 762, s.v. „Feuer-Pfannen".
6 Zedler, Bd. 15, 1737, Sp. 1426f., s.v. „Kohl-Pfanne".
7 Gruber 1982, S. 229–233.
8 Vgl. Seling 1980, Bd. 2, Abb. 749 (um 1735/36), 750 (1739/41), 755 (um 1740).
9 Vgl. S. 72.

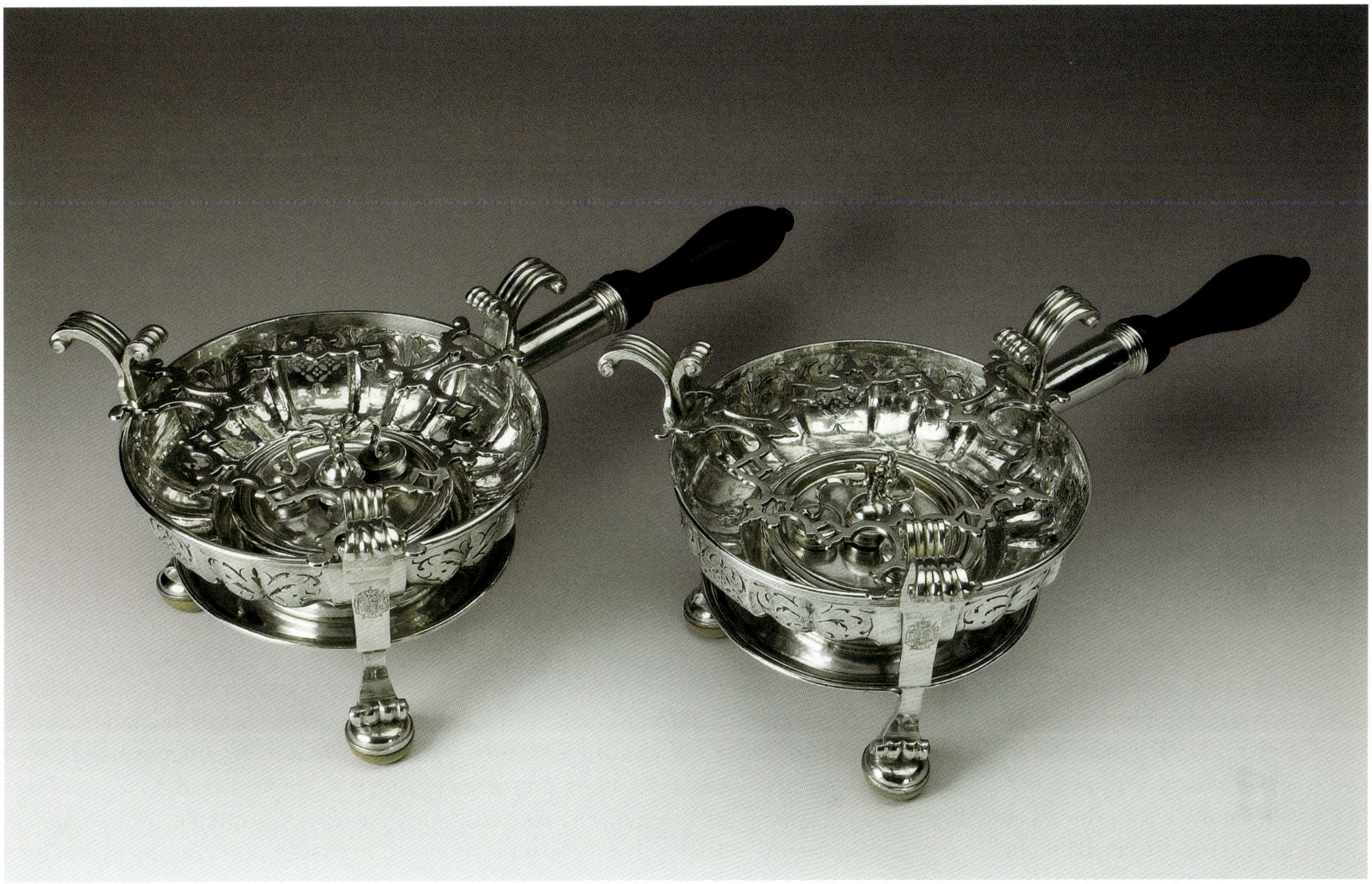

ZUR GESCHICHTE DER EHEMALS KÖNIGLICHEN MÜNZSAMMLUNG ZU HANNOVER

Wolfgang Leschhorn

1745 erwarb das Hannoveraner Welfenhaus einen Teil der privaten Münzsammlung des Abtes von Loccum, Gerhard Wolter Molanus (1633–1722), und legte damit den Grundstock für eine eigene fürstliche Sammlung von Münzen und Medaillen. Molanus hatte sich außer einer großen Privatbibliothek eine wertvolle Münzsammlung aufgebaut, wie es damals in gebildeten und gelehrten Kreisen, aber auch in den Fürstenhäusern üblich war. Einer der Erben des Abtes Molanus war der Helmstedter Theologieprofessor Justus Christoph Böhmer (1670–1732), der eine eigene Münzsammlung besaß, die in der Folgezeit mit der Sammlung Molanus verschmelzen sollte.
Die Bibliothek Molanus war schon 1728/29 von König Georg II. (1727–1760) den Erben für 7000 Taler abgekauft worden. Das Angebot, die Münzsammlung für 40000 Taler zu erwerben, wurde damals abgelehnt. Erst als 1745 die Sammlung Molanus / Böhmer zur Versteigerung anstand, entschied König Georg II., die braunschweig-lüneburgischen Sammlungsteile und die mittelalterlichen Brakteaten einschließlich der zugehörigen Schränke für 5700 Taler zu erwerben. Insgesamt etwa 2960 Münzen und Medaillen gelangten so 1745 nach Hannover. Büchersammlung und Münzsammlung gehörten nach damaligen Vorstellungen zusammen. So wurden die Münzen als Sondersammlung an die Hofbibliothek angeschlossen. Ein eigenes Museum, das sie hätte aufnehmen können, entstand im Unterschied zu Braunschweig nicht.
Der Sammlungsschwerpunkt war schon seit 1745 vorgegeben. Es sollte eine ‚vaterländische' Sammlung zur Erforschung der welfischen Geschichte sein und Prägungen des Hauses Braunschweig-Lüneburg sowie der geistlichen und weltlichen Fürsten und der Städte aus dem Bereich der welfischen Herrschaft umfassen.
König Georg II. ließ in der Folgezeit nur in eingeschränktem Maße Ankäufe zu, beschränkt auf Münzen und Medaillen der welfischen Landesherren. Nach König Georg II., der 1748 sein Münzkabinett besuchte, interessierten sich die regierenden Könige kaum noch für ihr Münzkabinett in Hannover. In England dagegen wurden eigene königliche Münzsammlungen eingerichtet.
Zugänge für das Münzkabinett erfolgten in der zweiten Hälfte des 18. Jahrhunderts meist nur durch Schatzfunde, unter anderem durch zwölf Münzen des Brakteatenfundes, der 1756 beim Ägidienkloster in Braunschweig ans Tageslicht gekommen war (s. Kat. Nr. 19). Erlasse regelten die Einlieferung aller Münzfunde aus dem Staatsgebiet, damit das Münzkabinett entsprechende Stücke auswählen und ankaufen konnte. Seit Ende des 18. Jahrhunderts wurde die Münzsammlung durch Münzen und Medaillen des in England regierenden Welfenhauses vergrößert.
In seiner Geschichte wurde das Münzkabinett mehrfach verlagert. Denn als leicht zu transportierende Gegenstände von hohem Wert gehörten Münzen zu den Kunstobjekten, die man in Kriegszeiten als erste in Sicherheit zu bringen suchte. Während des Siebenjährigen Krieges (1756–1763), als französische Truppen Hannover besetzten, wurde die Münzsammlung in Kisten verpackt und bis zum Ende des Krieges nach Stade ausgelagert. 1803 besetzten erneut französische Truppen Hannover. Das Münzkabinett hatte man nach London in Sicherheit gebracht. Es lagerte dort in den Tresoren der Bank of England, von wo die Münzen erst 1816 nach Hannover zurückkehrten.
Im Laufe des 19. Jahrhunderts wurde das Münzkabinett durch den Ankauf von Sammlungen beträchtlich vergrößert. Ernst August (1837–1851) war nach langer Zeit wieder der erste König, der sich als Förderer erwies. 1839 verfügte das Finanzministerium das Belegexemplarrecht des Münzkabinetts. Gepräge aus der Produktion der beiden Münzstätten Hannover und Clausthal sowie aus dem Herzogtum Braunschweig wurden in stempelfrischer Qualität übergeben.
Gegen Mitte des 19. Jahrhunderts, als es in Hannover zu Auseinandersetzungen um die Verfassung kam, wurden auch die Eigentums- und Nutzungsrechte der Königlichen Bibliothek und damit der Münzsammlung diskutiert. 1837 wurde die Bibliothek dem Ministerium für geistliche und Unterrichtsangelegenheiten unterstellt, 1842 auch das inzwischen von der Bibliothek abgetrennte Münzkabinett. Unter der Leitung Hermann Grotes verdreifachte sich zwischen 1842 und 1851 die Anzahl der Münzen auf mehr als 12000 vor allem durch den Ankauf frühmittelalterlicher Denare, hochmittelalterlicher Brakteaten und englischer Münzen.
König Georg V. gründete 1861 das so genannte Welfenmuseum in Hannover. 1862 zogen das Familienmuseum der Welfen, das Welfenmuseum, der Reliquienschatz, zwei Gemäldesammlungen und das Münzkabinett unter ein Dach. Das Münzkabinett behielt aber seine Eigenständigkeit.
Nach der Absetzung König Georgs V. und der preußischen Machtübernahme in Hannover 1866 diskutierte man die

Vermögensverhältnisse des Königshauses. Georg V., der in Österreich Zuflucht gefunden hatte, ließ am letzten Tag des Jahres 1867 die 10 Münzschränke des Münzkabinetts, in Kisten verpackt, mit der Bahn nach Wien bringen, um vor der Klärung der juristischen Fragen vollendete Tatsachen zu schaffen. Das Münzkabinett galt in der Folgezeit als Fideikommiss des Welfenhauses.

In Wien wurde das Münzkabinett zunächst im Burgkeller, dann im Stadtteil Hietzing untergebracht. Durch die Beschlagnahmung des Vermögens Georgs V. am 2. März 1868 und die Zwangsverwaltung des Welfenvermögens bis 1892 wurde die Sammlung praktisch unzugänglich. Pläne Georgs, die Sammlung nach London zu bringen, scheiterten.

Ernst August Herzog von Cumberland (1845–1923), der einzige Sohn König Georgs V., beauftragte 1898 den Numismatiker Eduard Fiala mit der Betreuung der Sammlung. 1907 wurde ein Münzkabinett in einem neu erworbenen Haus des Herzogs von Cumberland im Wiener Stadtteil Penzing eingerichtet. Zahlenmäßig wurde in der Ära Fiala die ‚Münzen- und Medaillensammlung des Herzogs v. Cumberland, Herzogs zu Braunschweig und Lüneburg', wie damals der offizielle Name lautete, um etwa 13 000 Nummern vergrößert. Neue Sammelgebiete waren die vorwelfischen Herrscher in Niedersachsen, die welfischen Zweige in Bayern, Burgund und Italien sowie die englischen Kolonialmünzen. Auch die Sammlung Förster mit ca. 11 400 Kupfermünzen, die zuvor Arthur Löbbeck in Braunschweig gehört hatte, wurde erworben. Sogar wikingerzeitliche Fundmünzen aus dem Ostseeraum kamen in das Münzkabinett.

1920 musste der Herzog von Cumberland seine Villa in Penzing verkaufen. Das Münzkabinett zog um nach Gmunden am Traunsee. Kaufgesuche, die 1921 für den Welfenschatz und das Münzkabinett eingingen, lehnte der Herzog trotz großer finanzieller Probleme ab. Für die Arbeit am Münzkabinett wurden aber keine Mittel mehr zur Verfügung gestellt.

Unter Prinz Ernst August senior (1887–1953) wurden im Jahre 1926 die Dubletten der Münzsammlung verkauft, ebenso Teile der Sammlung Förster, die nicht in das Sammlungskonzept passten, und die meisten skandinavischen, österreichischen, preußischen und spanischen Stücke. 1934 zog das Münzkabinett mit der herzoglichen Familie nach Blankenburg um. Als 1945 die Familie von Blankenburg auf die Marienburg bei Nordstemmen umsiedelte, nahm man auch das Münzkabinett mit, das bis 1983 auf der Marienburg blieb und kaum jemandem zugänglich war.

1983 wurde die Sammlung von etwa 41 500 Münzen und Medaillen durch die Deutsche Bank erworben, nachdem zuvor Verkaufsverhandlungen mit einem Konsortium unter Führung der Preussag AG und der NORD/LB sowie einiger Museen aus Niedersachsen gescheitert und Pläne einer Versteigerung durch Sotheby's aufgegeben worden waren. Seit Juni 1984 ist das ehemalige Königliche Münzkabinett zu Hannover als Niedersächsisches Münzkabinett der Deutschen Bank in Hannover wieder zugänglich. Seine Einstufung als national wertvolles Kulturgut verhindert seine Zerschlagung und seine Veräußerung außerhalb des Landes.

Literatur: Cunz 1996

19 BRAKTEAT. HERZOG HEINRICH DER LÖWE (1142–1180)

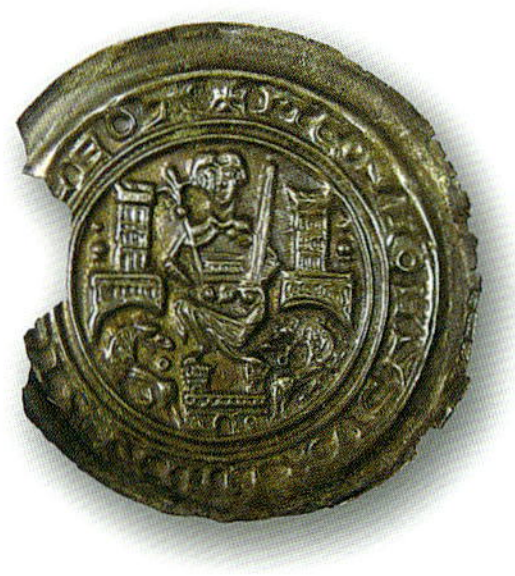

Münzstätte Braunschweig
Silber, 0,69 g, 29,5–33 mm
Vorderseite: MC ∑ LEOELCVR (spiegelverkehrt) HEINRI C SOLEO („Ich bin Heinrich der Löwe"); Herzog Heinrich der Löwe zwischen zwei zinnenbewehrten Türmen und zwei kleineren Kuppeltürmen thronend hält Lilienzepter und Schwert über den Schultern und setzt die Füße auf die Türme einer Toranlage. Unten rechts und links je ein Löwe
Rückseite: ungeprägt
Hannover, Niedersächsisches Münzkabinett der Deutschen Bank Hannover, Inv. Nr. 01.024.004

Lit.: Fiala 1910, Bd. 2, Nr. 2; Denicke 1983, Bd. 1, Nr. 1 b

Als Brakteaten bezeichnet man die mittelalterlichen Pfennige, die aus feinem, dünnem Silberblech (lat. bractea) mit nur einem Stempel und nur auf einer Seite geprägt wurden. Die Brakteaten Heinrichs des Löwen gehören zu den künstlerisch und historisch wertvollsten Münzen des Hochmittelalters. Der ausgestellte Brakteat, der häufig als ‚Thronpfennig' bezeichnet wird, zeigt Herzog Heinrich den Löwen thronend vor den Mauern seiner Stadt Braunschweig. Die Türme und Mauern, die hier dargestellt sind, werden gelegentlich auch als Burg Dankwarderode interpretiert. Als Zeichen seiner Herrschaft hält der Herzog mit der Rechten über der Schulter ein Zepter, dessen Spitze in der Form einer Lilie gestaltet ist. Mit der Linken legt er ein Schwert über die Schulter. Das Schwert symbolisiert seine militärische Macht und Stärke, mit der er seine vielfältigen Ansprüche über Sachsen und Bayern hinaus gegenüber den deutschen Fürsten kundtat. Die Löwen zu seinen Füßen rühmen seinen herzoglichen Namen. Die teilweise verwilderte Aufschrift weist auf Namen und Titel Heinrichs des Löwen.
Die Münze stammt aus einem Schatzfund, der 1756 bei Ausschachtungsarbeiten zum Bau eines Provianthauses beim Ägidienkloster in Braunschweig ans Tageslicht kam. Von den 212 Brakteaten Heinrichs des Löwen erwarb das Königliche Münzkabinett in Hannover zwölf Exemplare. Ein größerer Teil des Schatzfundes befindet sich heute in der Münzsammlung des Herzog Anton Ulrich-Museums.

WL

20 BRAKTEAT. HERZOG HEINRICH DER LÖWE (1142–1180) ODER HEINRICH DER LANGE (1195–1227) UND OTTO IV. (1195–1218)

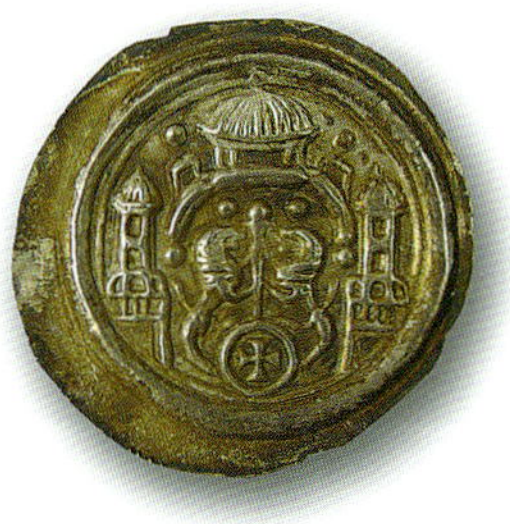

Münzstätte Braunschweig
Silber, 0,81 g, 29–30 mm
Vorderseite: zwei aufgerichtete Löwen stehen sich unter einem Bogen mit breitem Turm gegenüber und halten einen Stab, der auf einem Ring mit Kreuz steht. Außen zwei Seitentürme
Rückseite: ungeprägt
Hannover, Niedersächsisches Münzkabinett der Deutschen Bank Hannover, Inv. Nr. 01.025.002

Lit.: Fiala 1910, Bd. 2, Nr. 55, Taf. II 6; Berger 1993, Nr. 643; Ausst. Kat. Braunschweig 1995, Bd. I , S. 81, Nr. B 9 II r

Datierung und Zuweisung der Münze sind umstritten. Exemplare dieses Typs fanden sich in zwei Schatzfunden aus Mödesse, die um 1185 bzw. 1198 unter die Erde gekommen sein sollen. Doch sind die genauen Daten nicht gesichert. Die Münze wurde entweder in der Zeit Heinrichs des Löwen oder in der Periode der gemeinsamen Herrschaft seiner Söhne Heinrich, Otto und Wilhelm in Braunschweig geprägt.
Heinrich der Lange, ältester Sohn Heinrichs des Löwen und seiner Gemahlin Mathilde von England, regierte nach dem Tod seines Vaters 1195 die welfischen Lande zunächst allein, dann zusammen mit seinem jüngsten Bruder Wilhelm. Sein Bruder Otto IV. wurde 1198 Gegenkönig zu Philipp von Schwaben. Wohl seit 1199 herrschte Otto in Braunschweig. Doch hatte Heinrich offenbar noch Besitzrechte. 1202 wurde das väterliche Erbe unter den Brüdern geteilt. Heinrich der Lange erhielt den westlichen Teil, Otto IV. den Braunschweiger und Wilhelm den Lüneburger Teil.
Der Doppellöwe wird je nach Zuweisung der Münze unterschiedlich interpretiert. Die beiden Löwen könnten den Anspruch Heinrichs des Löwen auf die beiden Herzogtümer Bayern und Sachsen symbolisieren. Das gemeinsame Zepter könnte auf die Herrschaft von zweien der Söhne Heinrichs hinweisen, am ehesten auf Heinrich den Langen und Otto IV.

WL

21 BARRENGELD 14. JAHRHUNDERT. STADT HANNOVER

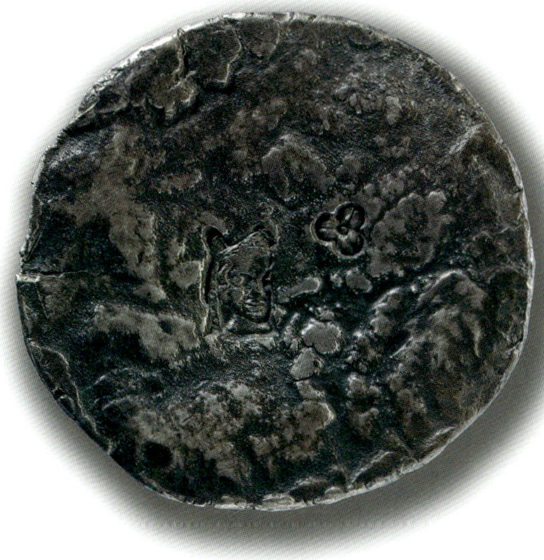

Silber, 197,20 g, 65 mm
Vorderseite: zwei eingeschlagene Marken mit Mädchenkopf nach rechts und Blüte
Rückseite: ohne Marke
Hannover, Niedersächsisches Münzkabinett der Deutschen Bank Hannover, Inv. Nr. 06.000.003

Lit.: August von Loehr, Probleme von Silberbarren, Numismatische Zeitschrift N. F. 24, 1931, S. 106–109

Silberbarren dienten im 13. und 14. Jahrhundert als Zahlungsmittel im auswärtigen Geldverkehr. In niedersächsischen Städten wurden die Silberbarren mit Stempeln versehen. Einige der eingeschlagenen Punzen weisen auf die ausgebenden Städte hin. Für andere der eingeschlagenen Marken wurde die These aufgestellt, dass sie Produktionsstätte oder Feingehalt angeben oder dass es sich um den amtlichen Stempel des städtischen Silberbrenners handelt. Die auf diesem Barren angebrachten Marken werden der Stadt Hannover zugeschrieben.
Das ausgestellte Stück gehört zu insgesamt zwanzig spätmittelalterlichen Silberbarren, die im Sommer 2005 während der Vorbereitungen der Auktion des Hauses Hannover in einer verschlossenen Eisenkiste auf Schloss Marienburg entdeckt wurden. Es waren die seit dem Ende des Zweiten Weltkriegs vermissten Stücke der alten Hannoveraner Münzsammlung. Um die Geschlossenheit der historischen Sammlung zu bewahren, erklärte sich das Welfenhaus bereit, die Silberbarren dem Niedersächsischen Münzkabinett der Deutschen Bank zu übergeben.

WL

22 TALER DES JAHRES 1547. HERZOG HEINRICH DER JÜNGERE VON BRAUNSCHWEIG-WOLFENBÜTTEL (1514–1568)

Münzstätte Kloster Riechenberg
Silber, 28,54 g, 40 mm
Vorderseite: HENRICVS D GRA BRVNS ET LVNEB DV (= Heinrich von Gottes Gnaden Herzog von Braunschweig und Lüneburg); Brustbild des Herzogs nach links. Rückseite: IN GOTS GEWA HA I M S GSTALT (= in Gotts Gewalt hab ich mein Sach gestalt), im inneren Kreis DER HATS GEFV DAS MIR GEN (= der hat's gefügt, dass mir's genügt); Wilder Mann mit Baumstamm; Jahreszahl 1547. Umschrift unterbrochen durch die Schilde von Lüneburg, Homburg, Eberstein und Braunschweig
Hannover, Niedersächsisches Münzkabinett der Deutschen Bank Hannover, Inv. Nr. 01.098.011

Lit.: Fiala 1906, Bd. 4, Nr. 50; Welter 1971, Bd. 1, Nr. 387

Heinrich der Jüngere (1514–1568) war im Zeitalter der Glaubenskriege ein strenger Verfechter des Katholizismus und kämpfte blutige Fehden mit Städten und Fürsten. Unter ihm begann im Herzogtum Braunschweig-Wolfenbüttel die Prägung des Talers, der seit dem 16. Jahrhundert wichtigsten Großsilbermünze in Deutschland. Die ersten entstanden 1531 in Riechenberg bei Goslar. Der Wilde Mann auf der Rückseite war das Symbol des Harzes.

WL

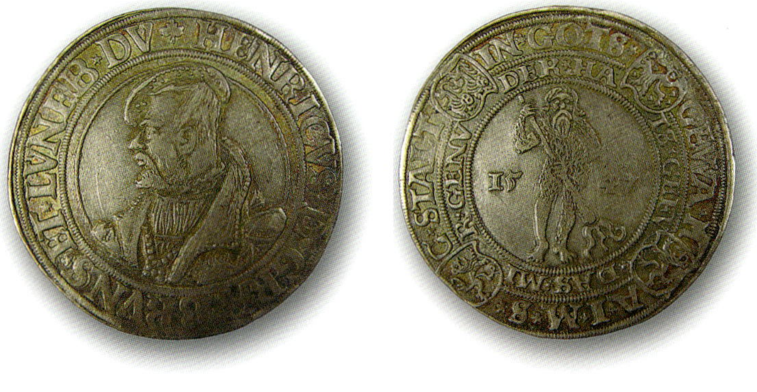

23 LÖSER ZU 4 1/2 TALERN VON 1574. HERZOG JULIUS VON BRAUNSCHWEIG-WOLFENBÜTTEL (1568–1589)

Münzstätte Goslar
Silber, 130,01 g, 74 mm
Vorderseite: VON G G IVLIVS HERTZ Z BRRVNSWIC V LVNEBVRG GOTTES VERSEHEN MUS GESCHEHEN, im inneren Kreis O HER BEHVT MIR NICHT MER DAN SEEL LEIB VNDT EHR; im dritten Kreis die 12 Tierkreiszeichen, im vierten Kreis die sieben personifizierten Planeten, im inneren Feld Büste des Herzogs mit Streitaxt und Jahreszahl 1574
Rückseite: NEWE MVNTZ GEPREGE ZV HEINRICHSTADT NACH DES REICHS SCHROT UND KORN GENANDT, im inneren Kreis BRVNSWIGS IVLIVS LOSER AM WERT X TALER ALIIS INSERVIENDO CONSVMOR (= im Dienste für andere verzehre ich mich); im dritten Kreis die 12 Tierkreiszeichen, im vierten Kreis die sieben personifizierten Planeten, im inneren Feld Wappenschild von Braunschweig, Lüneburg, Everstein und Homburg, gehalten von zwei wilden Männern, von denen der eine einen Reichsapfel mit der Wertzahl X (= 10) trägt, der andere ein brennendes Licht
Hannover, Niedersächsisches Münzkabinett der Deutschen Bank Hannover, Inv. Nr. 01.102.003

Lit.: Welter 1971, Bd. 1, Nr. 551; Cunz 1996 a, Abb. S. 10

Herzog Julius (1568–1589), der die Reformation im Herzogtum Braunschweig einführte, brachte dem Land durch die Erschließung der Bodenschätze im Harz und den Aufbau der ersten Fabriken eine wirtschaftliche Blüte. Herzog Julius erfand den Löser, einen großen Mehrfachtaler in Silber, der möglicherweise zur Abschöpfung der Kaufkraft, aber sicher auch dem Repräsentationsbedürfnis des Fürsten dienen sollte. Die Löser werden teilweise als finanzwirtschaftliche Maßnahme interpretiert, um die Inflation im Land zu bekämpfen, als aus dem Ausland verstärkt Edelmetall ins Land floss. Nach der währungstheoretischen Erklärung durch Wilhelm Ernst Tentzel von 1692 mussten die vermögenden Bewohner des Landes solche Stücke, die es im Wert von 2 bis 16 Taler gab, als Zwangsanleihe erwerben. Nur wenn man in Not geraten war, durften sie wieder eingelöst werden. Eine zweite Interpretation erklärt den Namen ‚Löser' mit dem Hamburger Portugalöser (Portugaleser), der seit 1560 als Nachbildung portugiesischer Goldmünzen geprägt wurde und Herzog Julius als Vorbild gedient haben könnte. Spätere Welfenfürsten ließen Löser vor allem als Repräsentationsstücke (Schautaler) und nicht mehr aus wirtschaftlichen Gründen herstellen. Ihrer besonderen künstlerischen Gestaltung und ihrer Seltenheit wegen gelten die Löser als einzigartig und als wertvollste Stücke einer Münzsammlung.
Der ausgestellte Löser trägt sowohl eine falsche Münzstättenangabe mit Heinrichstadt (Wolfenbüttel) als auch die falsche Wertangabe 10. Vom Gewicht her entspricht der Löser aber 4 1⁄2 Talern.

WL

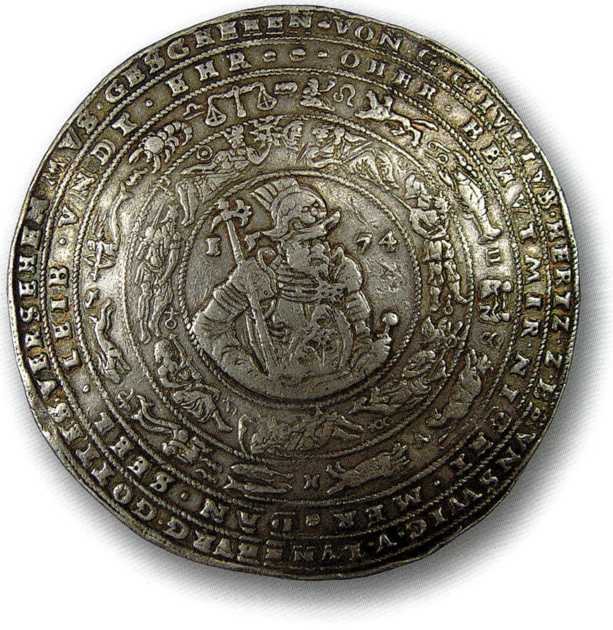

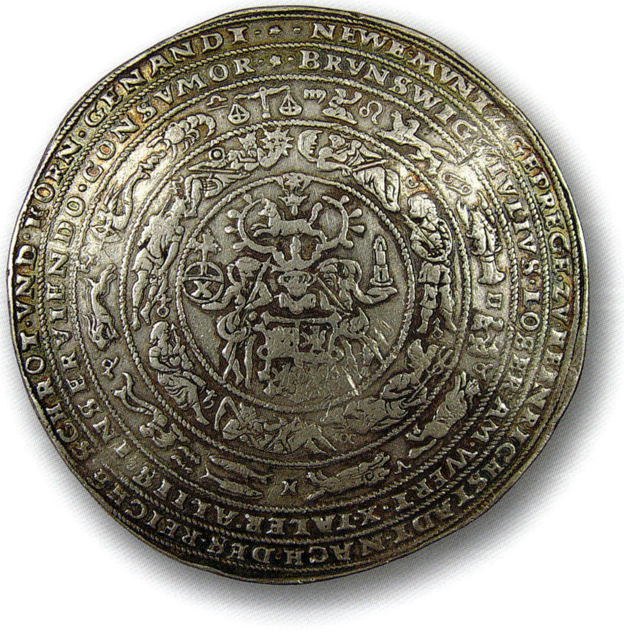

24 BRILLENTALER VON 1586. HERZOG JULIUS VON BRAUNSCHWEIG-WOLFENBÜTTEL (1568–1589)

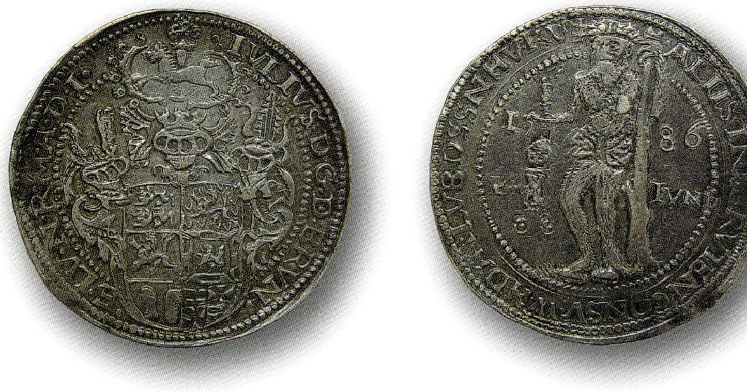

Münzstätte Goslar
Silber, 29,04 g, 43 mm
Vorderseite: IVLIVS D G D BRVN ET LV (= Julius von Gottes Gnaden Herzog von Braunschweig und Lüneburg) N R M A D I (Non Recedet Malum A Domo Ingrati = nicht weichen wird das Leid vom Haus des Undankbaren); dreifach behelmter sechsfeldiger Wappenschild
Rückseite: ALIIS INSERVIENDO CONSVMOR (= im Dienst für andere verzehre ich mich) W H D A L V B D S S N H V K W (= Was Hilft Dem Auge Licht Und Brill, Der Sich Selbst Nicht Helfen Und Kennen Will), im Feld das Datum 1586 / 14 IVNI; Wilder Mann mit Baumstamm hält in der Linken ein brennendes Licht nebst Totenkopf, Stundenglas und Brille
Hannover, Niedersächsisches Münzkabinett der Deutschen Bank Hannover, Inv. Nr. 01.106.046

Lit.: Welter 1971, Bd. 1, Nr. 579

Herzog Julius verstärkte die Münzprägung in seinem Herrschaftsbereich mit Hilfe des im Harz gewonnenen Silbers. Die Münze trägt auf der Rückseite den Wahlspruch des Herzogs „Im Dienste für andere verzehre ich mich". Das Hauptmotiv auf den meisten Münzen war der Wilde Mann als Symbol des Harzes, der ein Licht trägt. Von daher nennt man sie häufig auch ‚Lichttaler'. Auf einer Gruppe dieser Taler, der sogenannten Brillentaler, hält der Wilde Mann neben dem üblichen Baumstamm und dem brennenden Licht ein Stundenglas, einen Totenschädel und eine Brille. Stimmt die Auflösung der Einzelbuchstaben auf der Rückseite mit „Was hilft dem Auge Licht und Brill, der sich selbst nicht helfen und kennen will", so möchte der Herzog damit zur Erkenntnis des richtigen Glaubens mahnen. Totenkopf und Stundenglas weisen auf die Vergänglichkeit alles Irdischen. Der Spruch auf der Vorderseite „nicht weichen wird das Leid vom Haus des Undankbaren" wird als Warnung an Rebellen gewertet.
Der Taler ist genau auf den 14. Juni 1586 datiert.

WL

25 TALER VON 1595. HERZOG PHILIPP II. VON GRUBENHAGEN (1595–1596)

Münzstätte Andreasberg
Silber, 29,09 g, 41 mm
Vorderseite: V G G PHILIP HERTZOG ZV BRAVN V LVNEBV; Brustbild des Herzogs mit Helm nach rechts
Rückseite: GOT NIMBT GOT GIBT; der Heilige Andreas nach vorn stehend hält vor sich das Andreaskreuz und den fünffeldigen Wappenschild Braunschweig, Lüneburg, Eberstein, Homburg, Lohra – Lutherberg. Über dem Wappenschild Reichsapfel mit der Wertzahl 24, rechts und links die verkürzte Jahreszahl (15)95
Hannover, Niedersächsisches Münzkabinett der Deutschen Bank Hannover, Inv. Nr. 01.054.026

Lit.: Welter 1971, Bd. 1, Nr. 687

Die Herzöge der Linie Braunschweig-Grubenhagen ließen verhältnismäßig wenig Münzen prägen. Nach dem Tode Herzog Philipps I. im Jahre 1551 regierten seine Söhne Ernst V., Johann, Wolfgang und Philipp II. zeitweise gemeinsam. Diese Münze gehört aber in die Zeit der Alleinherrschaft Philipps II., die vom 15. März 1595, als der letzte noch lebende Bruder Wolfgang starb, bis zu seinem eigenen Tod am 4. April 1596 währte. Die Rückseitendarstellung mit dem Heiligen Andreas weist auf die Münzstätte Andreasberg. Das Wertzeichen 24 auf dem Reichsapfel bedeutet 24 Gutegroschen, die einem Taler entsprachen.

WL

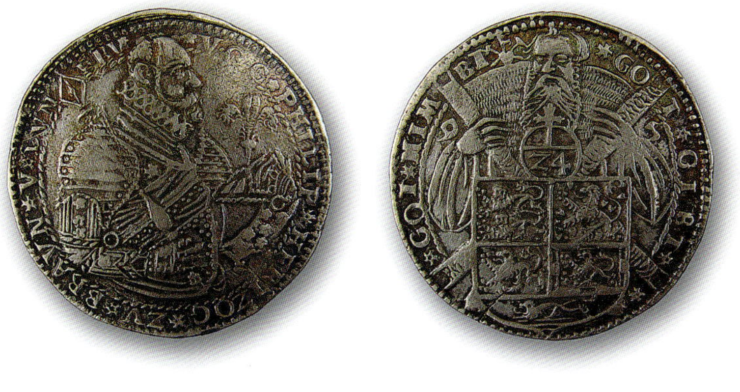

26 LÖSER-SCHAUTALER ZU DREI TALERN AUS DEM JAHRE 1617. HERZOG FRIEDRICH ULRICH VON BRAUNSCHWEIG-WOLFENBÜTTEL (1613–1634)

Münzstätte Goslar oder Zellerfeld
Silber, 87,7 g, 71 mm
Vorderseite: FRIDERICUS ULRICUS D G DUX BRUNSVICENSIS ET LUNEBURG; Herzog mit Kommandostab in der Hand nach rechts reitend
Rückseite: DEO ET PATRIAE ANNO DOMINI 1617 (= für Gott und Vaterland im Jahre des Herrn 1617); elffeldiger und fünffach behelmter Wappenschild, flankiert von zwei Wilden Männern mit Baumstämmen; unten Wertzahl 3 als Punze

Hannover, Niedersächsisches Münzkabinett der Deutschen Bank Hannover, Inv. Nr. 01.123.003

Lit.: Fiala 1906, Bd. 4, Nr. 831; Welter 1971, Bd. 1, Nr. 1012

Das Silberstück entspricht vom Wert und Gewicht her drei Talern. Es wurde aber nicht als Münze für den Umlauf geprägt, sondern als Schaumünze zur Repräsentation des Fürsten. Umstritten ist, ob man für dieses Stück, das am Vorabend des Dreißigjährigen Krieges entstand, noch den Begriff ‚Löser' verwenden sollte, den Herzog Julius eingeführt hatte (s. Kat. Nr. 23).

WL

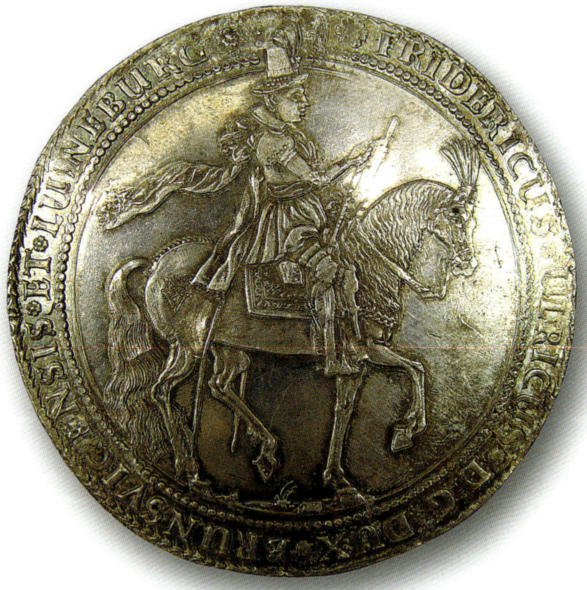

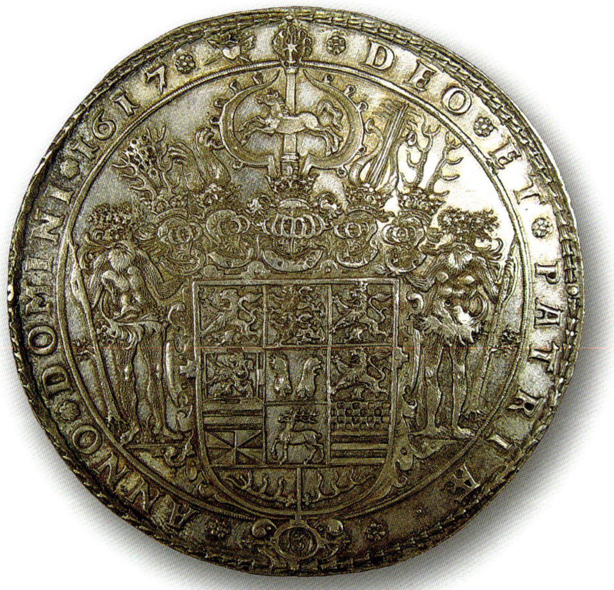

27 GNADENPFENNIG VON 1620 IN BAROCKEM RAHMEN. HERZOG FRIEDRICH ULRICH VON BRAUNSCHWEIG-WOLFENBÜTTEL (1613–1634)

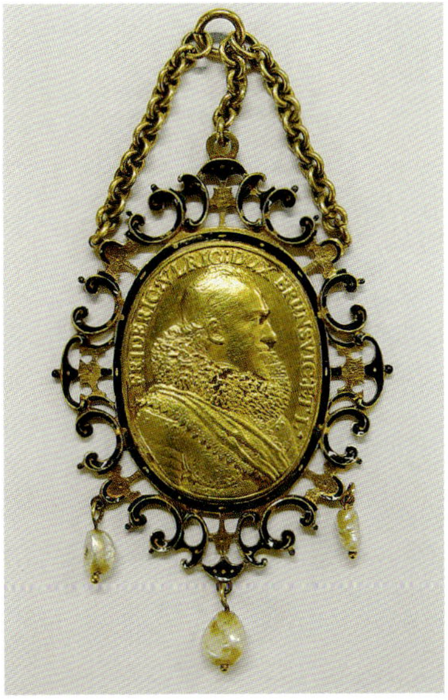

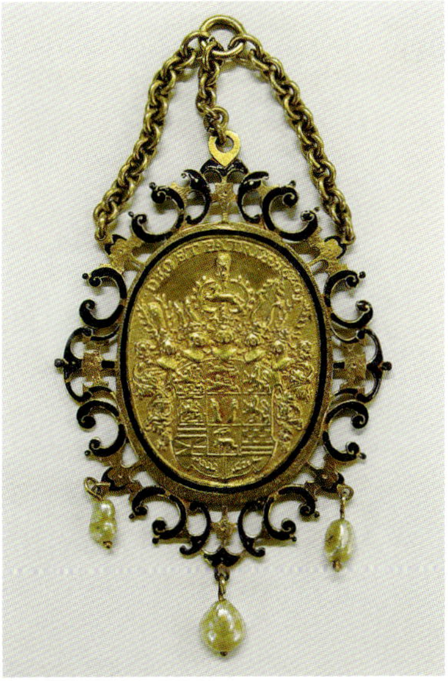

Gold, 41,62 g, 55,5 x 70 mm
Vorderseite: FRIDERIC: VLRIC: DVX BRVNSVIC: ET L; Brustbild des Herzogs mit Halskrause und Feldbinde nach rechts
Rückseite: DEO ET PATRIAE (= für Gott und Vaterland) 1620; elffeldiger und fünffach behelmter Wappenschild
Hannover, Niedersächsisches Münzkabinett der Deutschen Bank Hannover, Inv. Nr. 01.127.094

Lit.: Fiala 1906, Bd. 4, Nr. 780; Brockmann 1985, Bd. 1, Nr. 129

Der ovale Gnadenpfennig Herzog Friedrich Ulrichs, der während des Dreißigjährigen Krieges verliehen wurde, ist in einen reich verzierten goldenen, dunkelblau emaillierten Rahmen eingefasst und hängt an einer dreifachen Kette. Er ist am unteren Rand mit drei Perlen geschmückt. Gnadenpfennige wurden im 16. und 17. Jahrhundert von den Fürsten an verdiente hohe Beamte oder Heerführer verliehen. Sie sind somit Vorläufer der Orden. Man trug sie, wie aus diesem Stück deutlich wird, an Ketten.

WL

28 PFAFFENFEINDTALER 1622. HERZOG CHRISTIAN VON HALBERSTADT (1599–1626)

Münzstätte Lippstadt (?)
Silber, 27,14 g, 44 mm
Vorderseite: CHRISTIAN HERTZ ZV BRAVNSCHW V LVNENB; in vier Zeilen GOTTES / FREVNDT / DER PFAFFEN / FEINDT
Rückseite: TOVT AVEC DIEV (= alles mit Gott); geharnischter Arm mit Schwert ragt aus einer Wolke hervor
Hannover, Niedersächsisches Münzkabinett der Deutschen Bank Hannover, Inv. Nr. 02.022.019

Lit.: Fiala 1906, Bd. 4, Nr. 1820; Welter 1971, Bd. 1, Nr. 1383; Duve 1974, S. 54ff.; Cunz 1998; Dethlefs 2000

Auf die Ereignisse des Dreißigjährigen Krieges weisen die so genannten Pfaffenfeindtaler des protestantischen Heerführers Christian von Halberstadt hin, der als ‚toller Christian' bekannt wurde. Christian war der Bruder des Braunschweiger Herzogs Friedrich Ulrich und verwaltete 1616 bis 1623 als lutherischer Administrator das Hochstift Halberstadt. 1622 beherrschte er mit seinen Truppen fast ganz Westfalen, wo er zahlreiche Städte plünderte. Die so genannten Pfaffenfeindtaler (nach der Aufschrift auf der Vorderseite benannt) sollen aus dem erbeuteten Domschatz von Paderborn geprägt worden sein. Die Schwerthand auf der Rückseite mit dem aufgespießten ‚Pfaffenhut' weist auf Christians Kampf gegen die katholische Kirche.

WL

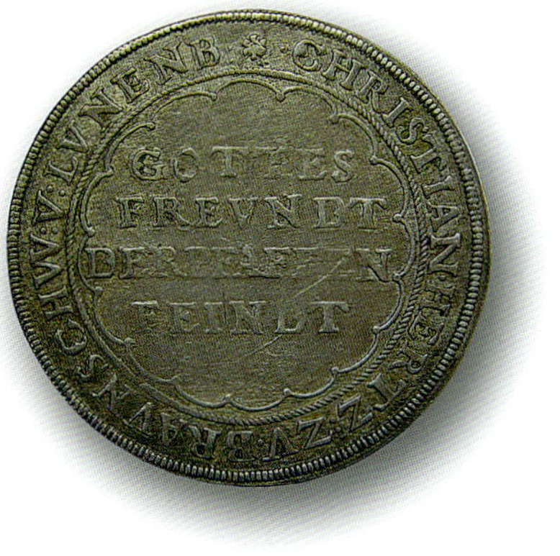

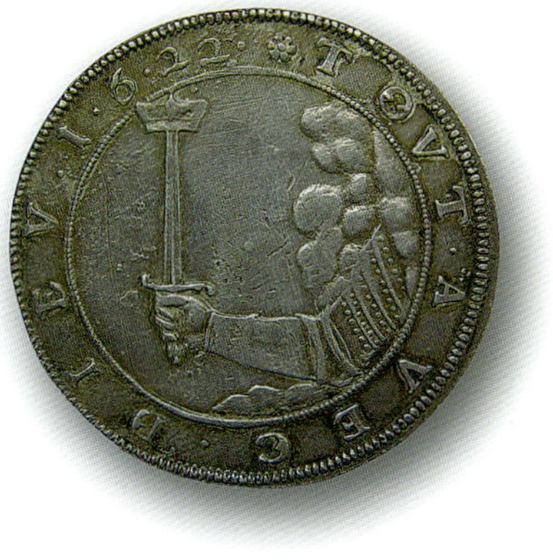

29

TALER VON 1637. HERZOG GEORG VON CALENBERG (1636–1641)

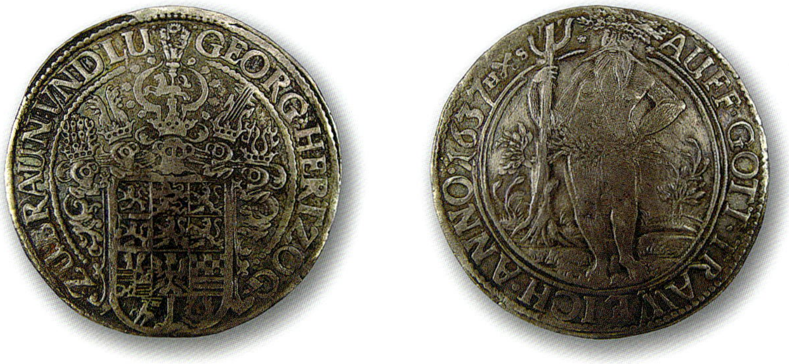

Münzstätte Zellerfeld
Silber, 28,47 g, 41 mm
Vorderseite: GEORG HERTZOG ZU BRAUN VND LU; fünffach behelmter Wappenschild mit 11 Feldern
Rückseite: AVFF GOTT TRAWE ICH ANNO 1637; Wilder Mann mit Baumstamm
Hannover, Niedersächsisches Münzkabinett der Deutschen Bank Hannover, Inv. Nr. 03.003.021

Lit.: Welter 1971, Bd. 1, Nr. 1454

Herzog Georg hatte sich im Dreißigjährigen Krieg in der Funktion eines Feldhauptmanns des Niedersächsischen Kreises als kühner siegreicher Kämpfer erwiesen. 1635 fielen Göttingen und Calenberg der Linie Lüneburg zu. Georg erhielt das Land Calenberg. Der Taler wurde von dem bekannten Münzmeister Henning Schlüter geprägt, der seine Initialen auf der Rückseite der Münze am Ende der äußeren Umschrift hinterlassen hat.

WL

30

GLOCKENTALER VON 1643. HERZOG AUGUST DER JÜNGERE VON BRAUNSCHWEIG-WOLFENBÜTTEL (1635–1666)

Münzstätte Zellerfeld (?)
Silber, 28,90 g, 42 mm
Vorderseite: AUGUSTUS HERTZOG ZU BRAUNS UND LU; Büste des Herzogs mit Helm, Kommandostab und Schwert nach links
Rückseite: ALLES MIT BEDACHT 1643, im inneren Kreis SIC NISI (= so oder gar nicht); Glocke mit Schnur. Auf der Glocke die Buchstaben T S G E B (Tractatus Salderenses Goslarienses Et Brunsvicenses? = Verhandlungen von Salder, Goslar und Braunschweig)
Hannover, Niedersächsisches Münzkabinett der Deutschen Bank Hannover, Inv. Nr. 02.032.029

Lit.: Fiala 1907–1908, Bd. 6,1, S. 97ff.; Welter 1971, Bd. 1, Nr. 806

Während des Dreißigjährigen Krieges war die Residenzstadt Wolfenbüttel zwischen 1627 und 1643 von kaiserlichen Truppen besetzt. Herzog August der Jüngere, der das Herzogtum aus den Wirren des Dreißigjährigen Krieges führte, ließ im Jahre 1643 aus Anlass der Wiedergewinnung seiner Festung und Residenz Wolfenbüttel die berühmten ‚Glockentaler' herstellen, die in sieben Prägungen eine Glocke oder einen Klöppel in verschiedenen Stadien und Stellungen zeigen, begleitet von komplexen allegorischen Aufschriften. Die Rückgabe Wolfenbüttels erfolgte nach langen Verhandlungen, entsprechend des Wahlspruchs Augusts des Jüngeren ‚Alles mit Bedacht', der auf der Rückseite der Münze zu lesen ist. Die variierenden, meist abgekürzten Beischriften auf den Glockentalern führten zu verschiedenen Deutungen.

WL

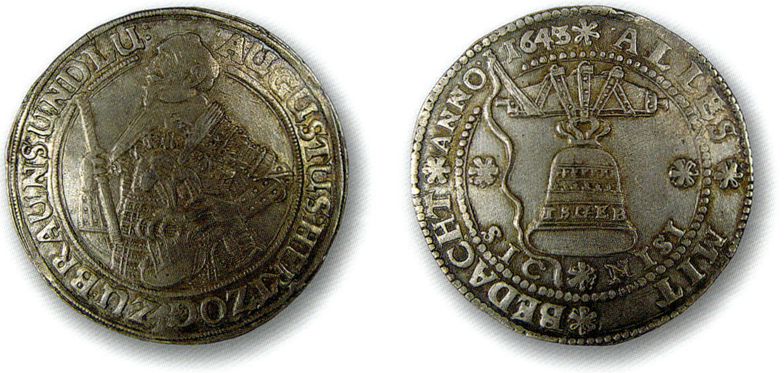

31 MEDAILLE VON MICHAEL MÖLLER AUS DEM JAHRE 1666. HERZOG AUGUST DER JÜNGERE VON BRAUNSCHWEIG-WOLFENBÜTTEL (1635–1666)

Silber, 83,99 g, 63 mm
Vorderseite: AUGUSTUS D G BRUNSU ET LUNEB AETAT 88 (= im Alter von 88 Jahren); Brustbild des Herzogs mit Käppchen, Harnisch und Brustbinde, unten Signatur MM (= Michael Möller)
Rückseite: PRVDENTER ET VIGILANTER (= klug und wachsam); Kranich mit erhobenem Bein vor der Stadtsilhouette von Wolfenbüttel
Hannover, Niedersächsisches Münzkabinett der Deutschen Bank Hannover, Inv. Nr. 02.025.001

Lit.: Fiala 1907–1908, Bd. 6,1, Nr. 7; Brockmann 1985, Bd. 1, Nr. 177

Medaillen waren im Unterschied zu Münzen nicht zum Umlauf bestimmt, sondern wurden zu besonderen Anlässen als Geschenke an verdienstvolle Persönlichkeiten oder als Repräsentationsstücke an Staatsgäste verteilt. Die gezeigte Medaille wurde wohl zum Tode Herzog Augusts des Jüngeren am 17. September 1666 geprägt. Der Kranich auf der Rückseite drückt die Standhaftigkeit aus. Das Bild symbolisiert den auf der Rückseite zu lesenden Wahlspruch Herzog Augusts *prudenter et vigilanter* (= klug und wachsam). Der Medailleur Michael Möller arbeitete als Münzmeister in Gottorp, Schleswig und Stade.

WL

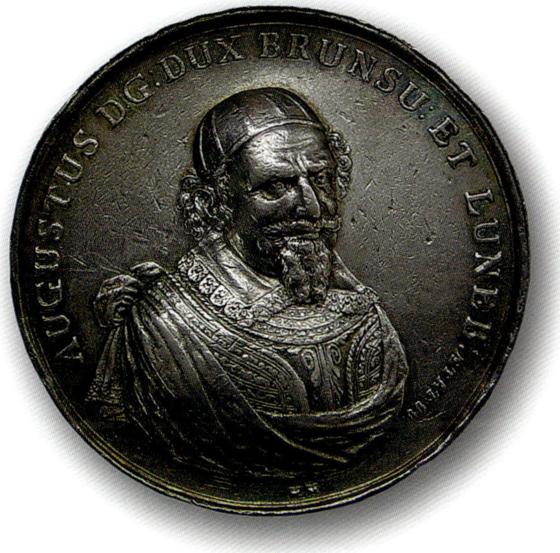

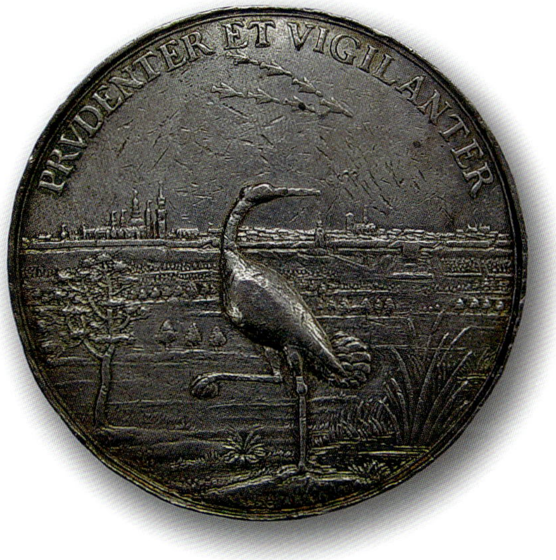

32

STERBETALER 1676. HERZOGIN SOPHIE ELISABETH VON BRAUNSCHWEIG-WOLFENBÜTTEL (1635–1676)

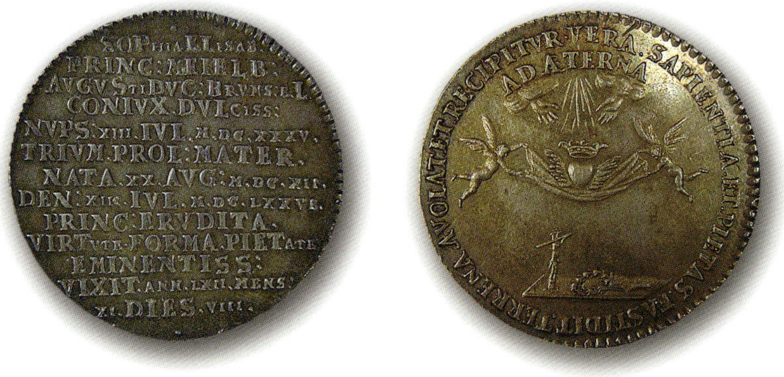

Münzstätte Zellerfeld (?)
Silber, 28,24 g, 42 mm
Vorderseite: SOPHIA ELISABET / PRINC: MEKELB: / AVGVSTI DVC: BRVNS: E: L / CONIVX DVLCISS: / NVPS: XIII IVL MDCXXXV / TRIVM PROL: MATER / NATA XX AVG: MDCXII / DEN: XII / IVL MDCLXXVI / PRINC: ERVDITA / VIRTVTE FORMA PIETATE / EMINENTISS: / VIXIT ANN LXII MENS: / XI DIES VIII (= Sophia Elisabeth, Herzogin zu Mecklenburg, zur sehr liebenswerten Gemahlin des Herzogs August von Braunschweig erwählt, verheiratet am 13. Juli 1635, Mutter dreier Kinder, geboren am 20. August 1612, verstorben am 13. Juli 1676, eine gebildete Fürstin, an Tugend, Schönheit und Frömmigkeit weit herausragend, lebte sie 62 Jahre, 11 Monate und 8 Tage)
Rückseite: VERA SAPIENTIA ET PIETAS FASTIDIT TERRENA AVOLAT ET RECIPITVR, im inneren Kreis AD AETERNA (= wahre Weisheit und Gottesfurcht verachtet das Irdische, sie eilt davon und wird in die Ewigkeit aufgenommen); zwei schwebende Engel tragen in einem Tuch ein bekröntes Herz in den Himmel, aus dem sich zwei Hände entgegenstrecken. Unten auf einer Tafel ein Kruzifix, ein Kranz und ein aufgeschlagenes Buch
Hannover, Niedersächsisches Münzkabinett der Deutschen Bank Hannover, Inv. Nr. 02.036.003

Lit.: Fiala 1907–1908, Bd. 6,1, Nr. 368; Welter 1971, Bd. 1, Nr. 859

Sophie Elisabeth war die dritte Gemahlin Herzog Augusts des Jüngeren von Braunschweig-Wolfenbüttel, eine Tochter Herzog Johann Albrechts von Mecklenburg-Güstrow. Die Vorderseite des Sterbetalers teilt die wichtigsten Daten ihres Lebens mit. Sophie Elisabeth, deren literarisches und musikalisches Talent berühmt war, wirkte auch als Schriftstellerin und Komponistin. Sie war maßgeblich beteiligt an der Entwicklung der Hofkultur in Braunschweig und Wolfenbüttel, indem sie Theater- und Musikaufführungen organisierte. Nach dem Tod ihres Gemahls zog sie sich auf ihren Witwensitz Lüchow zurück, wo sie Sozialfürsorge für Arme und Kranke betrieb. Aus Anlass ihres Todes 1676 wurde der Taler geprägt. Die Rückseite zeigt das Herz der Herzogin, das von Engeln in den Himmel getragen wird.

WL

33

LÖSER-SCHAUSTÜCK ZU 4 TALERN VON 1679. HERZOG RUDOLPH AUGUST VON BRAUNSCHWEIG-WOLFENBÜTTEL (1666–1704)

Münzstätte Zellerfeld
Silber, 115,23 g, 79 mm
Vorderseite: D G RUDOLPH AUGUSTUS DUX BRUNS ET LU; Büste des Herzogs mit Allongeperücke, Harnisch und Mantel nach rechts
Rückseite: REMIGIO ALTISSIMI (= unter dem Steuer des Allerhöchsten); bestrahlt vom hebräisch geschriebenen Namen Jehova ein Schiff auf den Wellen, darunter Ansichten der Städte Braunschweig und Wolfenbüttel, im Abschnitt Jahreszahl 1679 und Wertzahl 4
Hannover, Niedersächsisches Münzkabinett der Deutschen Bank Hannover, Inv. Nr. 02.037.013

Lit.: Fiala 1907–1908, Bd. 6,1, Nr. 466; Welter 1971, Bd. 1, Nr. 1831

Herzog Rudolph August regierte ab 1666 zunächst allein, ab 1685 gemeinsam mit seinem Bruder Anton Ulrich. Es gelang ihm 1671, die Stadt Braunschweig zu unterwerfen. Die Rückseite zeigt ein das Herzogtum darstellendes Schiff, das unter Gottes Schutz („unter dem Steuer des Allerhöchsten“) sicher das Meer überquert. Darunter werden die beiden wichtigsten Städte des Herzogtums dargestellt, die gerade neu gewonnene Stadt Braunschweig und die Residenzstadt Wolfenbüttel.
Mit Herzog Rudolph August ging die Prägung von Lösern zu Ende. Medaillen traten ihre Nachfolge als Schaustück an, die ohne Hinweis auf ihr Talergewicht zur Repräsentation und als Geschenke dienten, aber auch die herzoglichen Leistungen und Ideen verbreiten sollten. Eine neue Zeit mit anderen ästhetischen Vorstellungen deutet sich an: Der Bart der Herzöge ist verschwunden und die Perücke wird ihre Zierde. Für diese Prägung verantwortlich war der Münzmeister Rudolf Bornemann, wie aus einem Stempelinventar der Zellerfelder Münzstätte hervorgeht.
WL

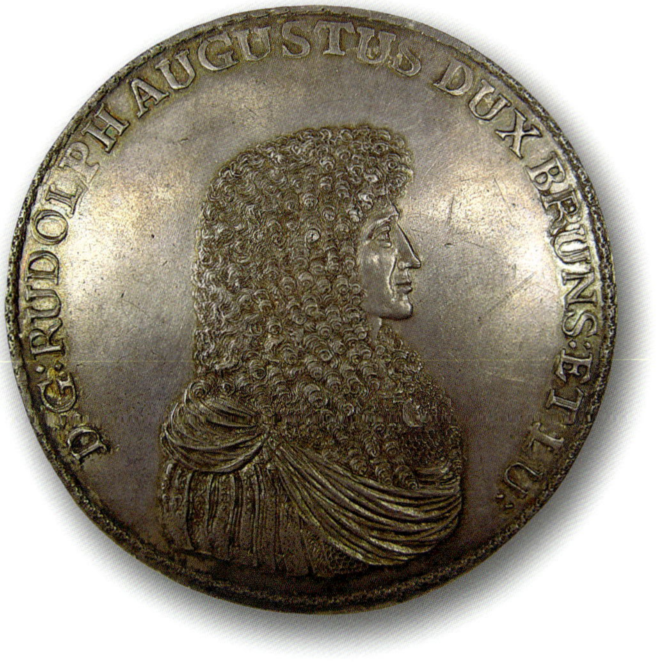

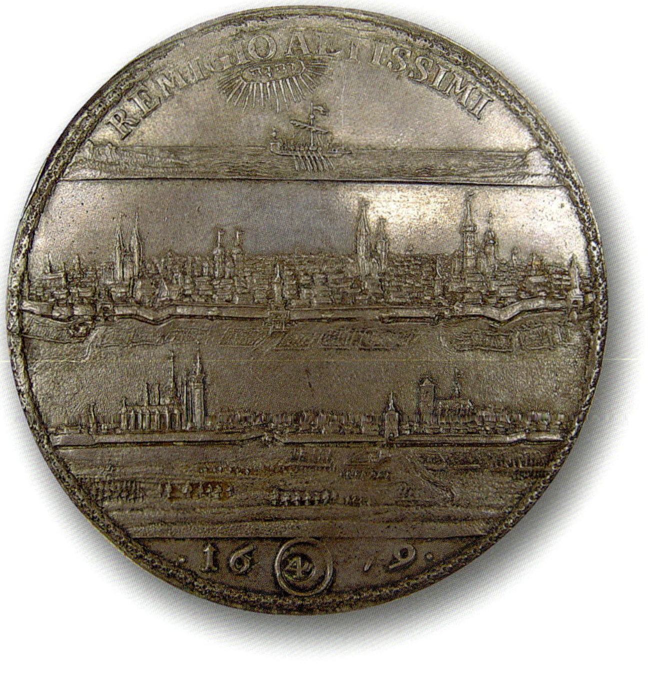

34 ELFENBEINPLAKETTE VON 1689. HERZOG RUDOLPH AUGUST VON BRAUNSCHWEIG-WOLFENBÜTTEL (1666–1704)

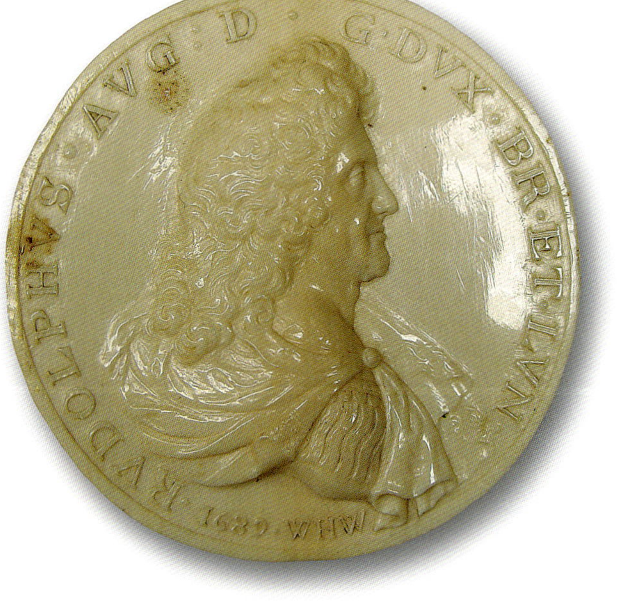

Elfenbein, 35,17 g, 80 mm
Vorderseite: RVDOLPHVS AVG D G DVX BR ET LVN; Büste des Herzogs mit Harnisch, Mantel und Perücke nach rechts. Unten Jahreszahl 1689 und Signatur WHW
Rückseite: ungeschnitten
Hannover, Niedersächsisches Münzkabinett der Deutschen Bank Hannover, Inv. Nr. 02.037.008

Lit.: Fiala 1907–1908, Bd. 6,1, Nr. 379; Brockmann 1985, Bd.1, Nr. 193; Theuerkauff 1986, S. 231

Die Plakette mit dem Porträt Rudolph Augusts, das in Elfenbein geschnitten ist, könnte möglicherweise als Modell für eine Medaille hergestellt worden sein. Eine entsprechende Medaille ist aber bisher nicht nachzuweisen. Schon Rehtmeier hatte in seinen braunschweig-lüneburgischen Chronica von 1722 das Stück abgebildet. Als Vorlage für seine Abbildungen diente Rehtmeier vor allem die Sammlung Molanus / Böhmer. So ist davon auszugehen, dass die Plakette aus dieser alten Sammlung stammt, die einst den Grundstock des Königlichen Münzkabinetts in Hannover bildete. Die Signatur WHW im Abschnitt der Plakette ist vielleicht in Wilhelm Heinrich Wessel auszulösen.

WL

35 TALER VON 1691. HERZOG GEORG WILHELM VON LÜNEBURG-CELLE (1648–1705)

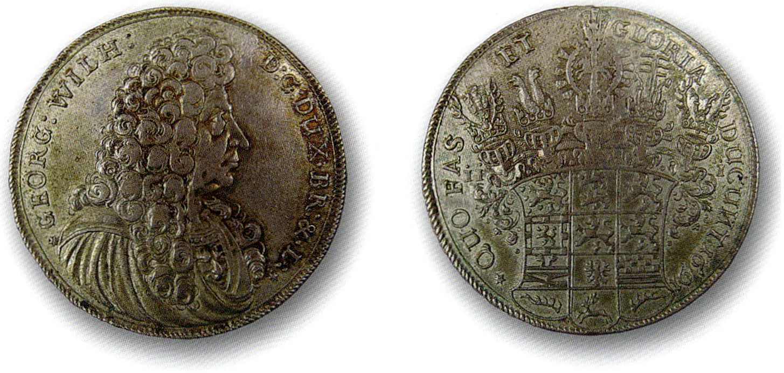

Münzstätte Celle
Silber, 29,33 g, 40 mm
Vorderseite: GEORG: WILH: D: G: DUX BR & L; Brustbild des Herzogs mit Harnisch und Mantel nach rechts
Rückseite: QUO FAS ET GLORIA DUCUNT (= wohin mich Recht und Ruhm führen) 1691; fünffach behelmter zwölffeldiger Wappenschild
Hannover, Niedersächsisches Münzkabinett der Deutschen Bank Hannover, Inv. Nr. 03.018.036

Lit.: Fiala 1912, Bd. 7,1, Nr. 1463f.; Welter 1971, Bd. 1, Nr. 1576

Georg Wilhelm, zweiter Sohn Herzog Georgs von Calenberg, trat 1648 die Regierung in Calenberg und Göttingen an. 1665 übernahm er nach dem Tod seines älteren Bruders Christian Ludwig auch die Herrschaft über Celle, Hoya und Diepholz. Der Taler wurde in der Münzstätte Celle unter dem Münzmeister Jobst Jakob Dänisch geprägt und verkündet auf der Rückseite den Wahlspruch des Herzogs: „Wohin Recht und Ruhm mich führen werden", zu ergänzen ist: „werde ich gehen".

WL

36 ANDREASTALER VON 1731. KÖNIG GEORG II. (AUGUST) (1727–1760)

Münzstätte Clausthal
Silber, 28,88 g, 41 mm
Vorderseite: GEORG II D G M BRIT FR ET HIB REX F D (= Georg II. von Gottes Gnaden König von Großbritannien, Frankreich und Irland, Verteidiger des Glaubens); bekröntes vierfeldiges Wappen, darüber Jahreszahl 1730
Rückseite: BRVNS ET LVN DVX S R I A THES ET EL (= Herzog von Braunschweig und Lüneburg, des Heiligen Römischen Reiches Erzschatzmeister und Kurfürst); der Heilige Andreas vor seinem Kreuz. Im Abschnitt Signatur C P S (= Christian Philipp Spangenberg)
Hannover, Niedersächsisches Münzkabinett der Deutschen Bank Hannover, Inv. Nr. 03.079.020

Lit.: Welter 1971, Bd. 1, Nr. 2558

Georg August war der einzige Sohn König Georgs I. Als sein Vater 1714 englischer König wurde, überwarf er sich mit ihm und lebte in Hannover. 1727 erbte er die britische Krone. Die Herrschertitulatur, die sich über beide Münzseiten erstreckt, nennt auf der Vorderseite seine englische Königswürde, auf der Rückseite den herzoglichen Geburtsrang, das Erzamt eines Schatzmeisters im Alten Reich und die Kurwürde.

WL

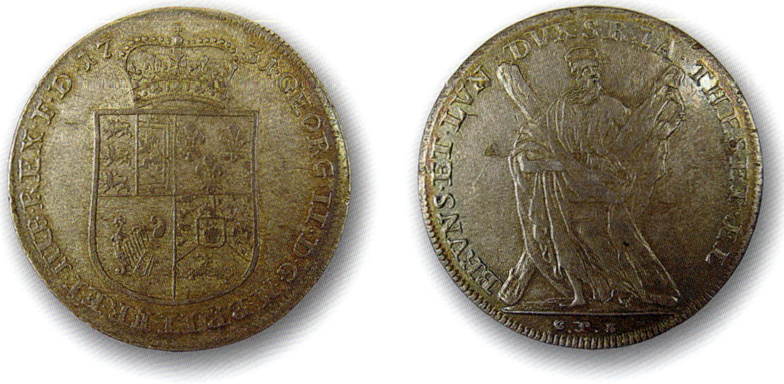

37 HARZGOLDDUKAT VON 1736. HERZOG CARL I. VON BRAUNSCHWEIG-WOLFENBÜTTEL (1735–1780)

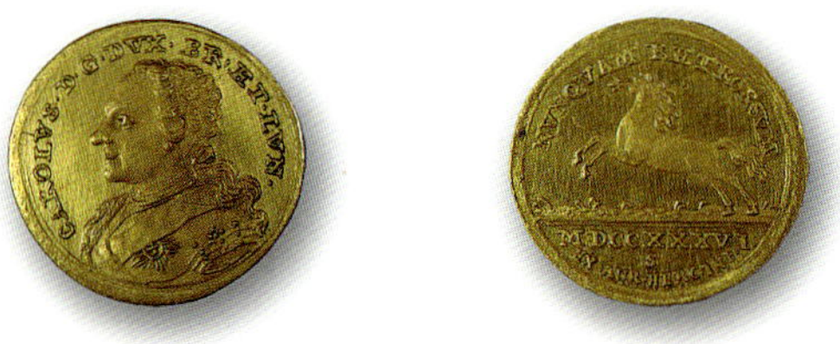

Münzstätte Clausthal
Gold, 3,44 g, 22 mm
Vorderseite: CAROLVS D G DVX BR ET LVN; Brustbild des Herzogs mit Hermelinmantel, Ordensband und Ordensstern nach links
Rückseite: NVNQVAM RETRORSVM (= niemals zurück), im Abschnitt Jahreszahl MDCCXXXVI (= 1736), darunter Signatur S (für den Münzmeister Christian Philipp Spangenberg) und EX AVR HERC INF (= aus dem Gold des Unterharzes); Ross nach links springend
Hannover, Niedersächsisches Münzkabinett der Deutschen Bank Hannover, Inv. Nr. 02.091.026

Lit.: Fiala 1909, Bd. 6,2, Nr. 2592; Welter 1971, Bd. 1, Nr. 2706

Kein Braunschweiger Herzog – mit Ausnahme Friedrich Ulrichs im Dreißigjährigen Krieg – hat so viele verschiedene Münzen prägen lassen wie Carl I., der aber auch hohe Ausgaben für Hofhaltung, Theater, Oper, Kunst und Wissenschaft hatte. Dies führte zur Zerrüttung der Staatsfinanzen und zur Prägung schlechter Silbermünzen. Der vorliegende Dukat besteht aber aus fast reinem Gold aus dem Unterharz und dokumentiert den Anteil des Herzogs an den Harzbergwerken. Der Oberharz gehörte der Lüneburger Linie, der Unterharz wurde gemeinsam ausgebeutet.

WL

38 MEDAILLE VON RUDOLPH PHILIPP WAHL AUF DEN BESUCH DER HARZBERGWERKE IM JAHRE 1747. HERZOG CARL I. VON BRAUNSCHWEIG-WOLFENBÜTTEL (1735–1780) UND HERZOGIN PHILIPPINE CHARLOTTE

Silber, 26,04 g, 45 mm
Vorderseite: CAROLVS & PHILIPP CHARLOTT D G DVX & DUC BR & L; Büsten Herzog Carls und der Herzogin Philippine Charlotte nebeneinander nach rechts
Rückseite: REGNA SVBTERRANEA SIDERIBVS ILLVSTRATA (= das unterirdische Reich wurde von Sternen erleuchtet), im inneren Kreis NVNQVAM RETRORSVM (= niemals zurück), im Abschnitt DESCENDIT CAROLVS, LVSTRASTVR / LVCE FODINA, ECCE: DVO / SOLES, NAMQVE DVCISSA / VENIT (= Carl steigt hinab, die Grube wird von seinem Licht erhellt, sieh an, es sind sogar zwei Sonnen, denn auch die Herzogin kommt); das Herzogspaar steht in einer Schachtanlage unter zwei Sternen. Zwei Bergleute leuchten mit Grubenlampen, ein dritter arbeitet, rechts und links Schachtgebäude, über dem Bergwerk springendes Welfenross. Unten im Abschnitt Jahreszahl 1747 und die Signatur R. P. WAHL
Hannover, Niedersächsisches Münzkabinett der Deutschen Bank Hannover, Inv. Nr. 02.091.029

Lit.: Fiala 1909, Bd. 6,2, Nr. 2594; Brockmann 1985, Bd. 1, Nr. 499

Die Medaille wurde aus Anlass eines Besuches des Herzogpaares in einem der Harzbergwerke geprägt. Die Erzgewinnung im Harz war für das Herzogtum von großer wirtschaftlicher Bedeutung. Philippine Charlotte, seit 1733 die Gemahlin Herzog Carls I., war eine Schwester Friedrichs des Großen. Der die Medaille signierende Medailleur Rudolph Philipp Wahl war als Stempelschneider in Zellerfeld tätig, arbeitete aber auch für die Häuser Sachsen-Eisenach und Oranien.

WL

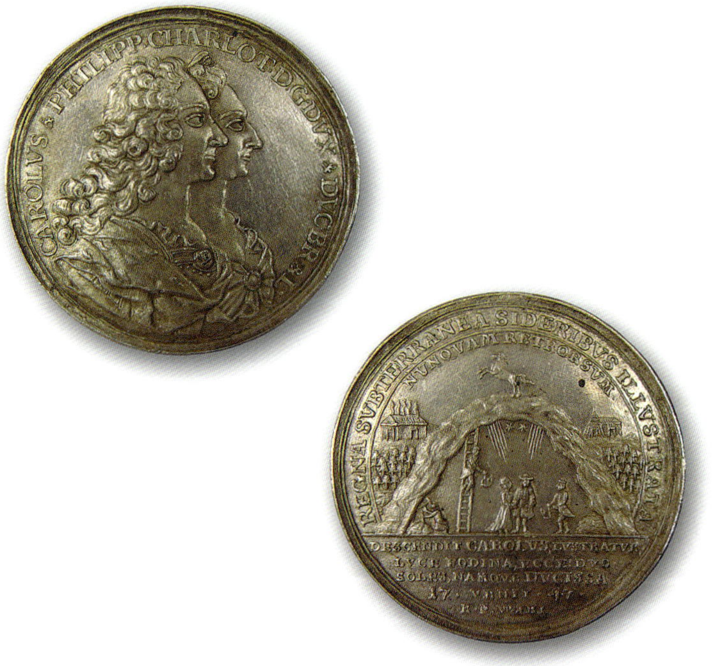

39 MEDAILLE VON DANIEL JENSEN ADZER AUF DIE GEBURT DES ERBPRINZEN FRIEDRICH 1768. KÖNIG CHRISTIAN VII. VON DÄNEMARK (1766–1808) UND KÖNIGIN CAROLINE MATHILDE

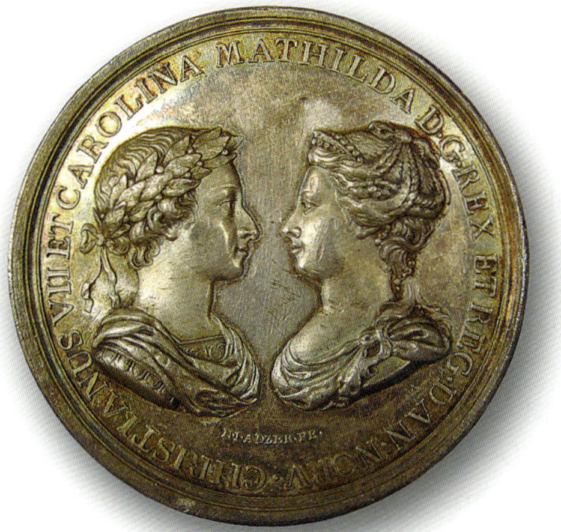

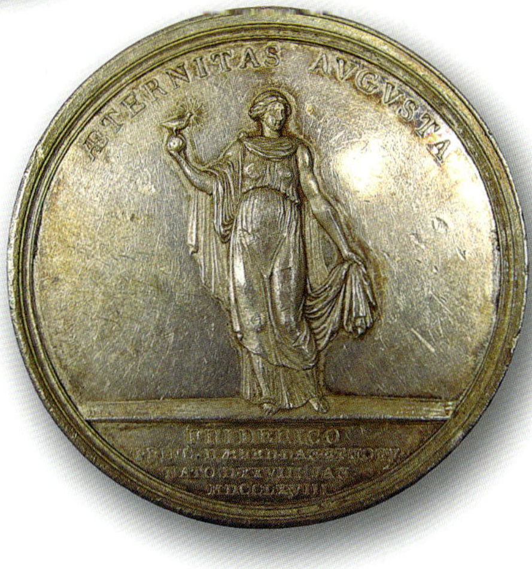

Silber, 98,97 g, 56,5 mm
Vorderseite: CHRISTIANVS VII ET CAROL MATH D G REX ET REG DAN NORV (= Christian VII. und Caroline Mathilde, von Gottes Gnaden König und Königin Dänemarks und Norwegens); Büsten des Königs und der Königin gegeneinander. Darunter Signatur D I ADZER FE (= Daniel Jensen Adzer hat es geschaffen)
Rückseite: AETERNITAS AVGVSTA (= die Ewigkeit des Herrscherhauses), im Abschnitt FRIDERICO PRINC HAERED DAN RET NORV / NATO D XXVIII IAN / MDCCLXVIII (= Friedrich, Erbprinz von Dänemark und Norwegen, am 28. Januar 1768 geboren); Personifikation der Ewigkeit mit Weltkugel und strahlenspendendem Vogel in der Rechten. Auf der Bodenleiste Signatur D I A
Hannover, Niedersächsisches Münzkabinett der Deutschen Bank Hannover, Inv. Nr. 03.102.001

Lit.: Fiala 1915, Bd. 7,3, Nr. 5197; Brockmann 1987, Bd. 2, Nr. 931

Caroline Mathilde, Gemahlin König Christians VII. von Dänemark, war eine Tochter des Prinzen von Wales, Friedrich Ludwig, und eine Schwester König Georgs III. von England. Wegen ihrer Abstammung aus der Hannoveraner Linie des Welfenhauses war die Medaille, die aus Anlass der Geburt des Erbprinzen in Dänemark geprägt wurde, in das Königliche Münzkabinett zu Hannover aufgenommen worden. Der das Stück signierende Medailleur Daniel Jensen Adzer arbeitete für den dänischen Hof in Kopenhagen. Die Rückseite der Medaille zeigt ein Motiv aus der römischen Münzprägung: *Aeternitas* (Ewigkeit), die den Globus und den Vogel Phönix als Zeichen des ewigen Bestehens des Herrschergeschlechtes in der Hand hält. Die aus politischen Gründen geschlossene Ehe Caroline Mathildes wurde aber schon 1772 geschieden. Der am 28. Januar 1768 geborene Erbprinz Friedrich wurde später der dänische König Friedrich VI.

WL

DAS EVANGELIAR HEINRICHS DES LÖWEN – ZUR EIGENTUMSGESCHICHTE

Barbara Klössel

Es war die bis dahin größte Transaktion im internationalen Kunsthandel, als am 6. Dezember 1983 im Londoner Auktionshaus Sotheby's das Evanglienbuch Herzog Heinrichs des Löwen zur Versteigerung kam. Der Erwerb der Handschrift für den damals völlig singulären Kaufpreis von 32, 5 Millionen DM ist in mehrfacher Hinsicht ein unvergesslicher Vorgang geblieben.[1]

Zum ersten das Objekt selbst: Mit einer Vielzahl von gleichermaßen verschwenderisch wie elegant illuminierten Bild-, Initial- und Zierschriftseiten bietet das Evangeliar jedem Betrachter einen unmittelbaren und überwältigenden Eindruck von mittelalterlicher Prachtentfaltung und Spiritualität. Dieses Erlebnis wird durch den außergewöhnlich guten Erhaltungszustand des Codex in seiner Gesamtheit und in den künstlerischen Details noch gesteigert. Darüber hinaus lässt sich der historische Kontext der Handschrift auf einzigartige Weise belegen. Ein Widmungsgedicht und zwei Stifterminiaturen geben Nachweis über den berühmten Auftraggeber, die hervorragende Werkstatt, den ausführenden Künstler, den exakten Bestimmungsort und selbst noch über eine relativ kurze Zeitspanne als Entstehungszeit.

Bis zu seiner Auktionierung galt der Codex als wichtigste deutsche Handschrift in Privatbesitz, nämlich als Eigentum des vormaligen königlichen Hauses von Hannover. Der Ruhm des Evangeliars, der sich vor allem auf die wissenschaftlichen Urteile von Georg Swarzenski 1932 und Franz Jansen von 1933 gründete,[2] weitete sich zur Legende aus, als in den folgenden Jahrzehnten systematisch alle Fragen nach Aufbewahrungsort und Besitzverhältnissen abgewehrt wurden. Eine 1961 erfolgte Aufnahme in die Liste der nationalen Kulturgüter, die vor einer Veräußerung ins Ausland schützen sollte, ließ das Niedersächsische Ministerium für Wissenschaft und Kunst 1967 rückgängig machen, was 1972 das Bundesministerium des Inneren wiederum revidierte. Wissenschaftliche Anfragen, wie die des Historikers Ekkehard Krüger 1972,[3] wurden mit kryptischen Angaben aus dem Sekretariat des Prinzen von Hannover beantwortet, die Handschrift könne z. Zt. nicht bearbeitet und der Aufbewahrungsort nicht bekannt gegeben werden. Von dem Codex existierten damals nur schwarz-weiß Fotografien, die wahrscheinlich kurz nach 1945 bei einem Verkaufsangebot in London hergestellt worden waren. Keine einzige Farbabbildung konnte der Öffentlichkeit eine Vorstellung von der künstlerischen Qualität bieten.

Gleichwohl waren Fachkreise ebenso wie politische Instanzen geradezu elektrisiert, als im September 1983 das Auktionshaus Sotheby's eine ausführliche und farbig illustrierte Publikation über das Evangeliar vorlegte und den Termin für seine Versteigerung in London veröffentlichte. In einer beispiellosen Gemeinschaftsaktion, maßgeblich nach Abstimmung der Ministerpräsidenten von Niedersachsen und Bayern, Ernst Albrecht und Franz Josef Strauß, die gewissermaßen als Rechtsnachfolger Heinrichs des Löwen als Herzog von Sachsen und Bayern handelten, wurden die Vorbereitungen für eine Ersteigerung durch deutsche Institutionen getroffen. Die Organisation lag dabei in den Händen des versierten Bankiers und Kunstretters Hermann Josef Abs. Gleichzeitig wurde die Öffentlichkeit, vor allem durch publizistische Aufrufe, über den „drohenden unersetzlichen Verlust" informiert. Es folgte eine außergewöhnlich breite und engagierte Bewusstseinsbildung für dieses nationale Kulturgut, die vor allem in der Spendenaktion „Rettet das Evangeliar" der Braunschweiger Zeitung ihren Ausdruck fand.

Nachdem die Versuche, den Codex vor der Auktion zu einem festgesetzten Preis zu erwerben, nicht erfolgreich verliefen, gelang es Abs zusammen mit einer Allianz von international agierenden Buchhändlern, das Evangeliar für den Rekordpreis von 8,14 Millionen Pfund zu ersteigern. Gemeinsame Eigentümer wurden mit einem Anteil von 10,8 Millionen DM das Land Niedersachsen, mit 7,5 Millionen DM der Freistaat Bayern, mit 6 Millionen DM die Bundesrepublik Deutschland und mit 3 Millionen DM die Stiftung Preußischer Kulturbesitz. Die finanziell äußerst potente Getty Foundation im kalifornischen Malibu, die zuvor als Hauptkonkurrent im Bietergefecht gegolten hatte, ließ nachträglich verlauten, dass sie „aus Freundschaft und Hochachtung für die Bemühungen um die Rückführung dieses nationalen Kulturgutes" nicht mit geboten habe.

In die Erleichterung und Begeisterung über die Rückkehr des Evangeliars nach Deutschland mischte sich jedoch auch alsbald Kritik und Polemik am außergewöhnlich hohen Ankaufspreis. Kritiker stellten die Summe des „buntbebilderten Millionenschinkens" in Relation zu anstehenden Sparopfern der Arbeitnehmer, mangelnden Mitteln für die Lehrerausbildung oder Anschaffungskosten für Rüstungsgüter. Von der politischen Opposition im niedersächsischen und bayrischen Landtag wurde entschieden auf die undurchsichtigen vormaligen Eigentumsverhältnisse hingewiesen.

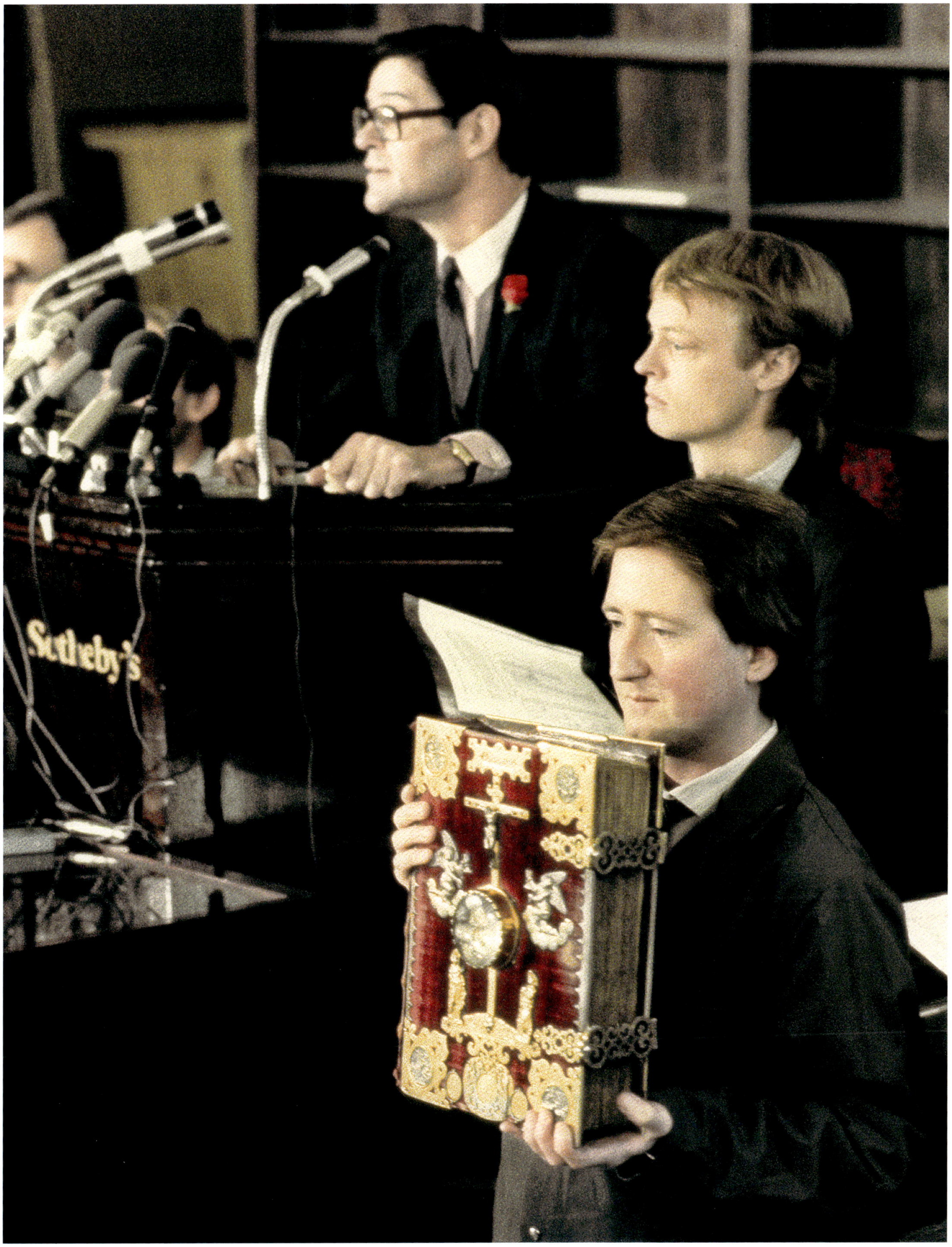

Ein Mitarbeiter des Auktionshauses Sotheby's präsentiert das Evangeliar Heinrichs des Löwen bei der Auktion am 6.12.1983 in London

Wäre das Welfenhaus bei dem Eintrag in die Liste der nationalen Kulturgüter noch im Besitz der Handschrift gewesen, hätte es den Codex nicht ausführen und vor internationalem Bieterpublikum versteigern dürfen. Das Haus Hannover lies dazu umgehend erklären, das Evangeliar sei bei der Flucht der welfischen Familie aus der Harzresidenz Blankenburg zur niedersächsischen Residenz Marienburg mitgenommen und mit Hilfe englischer Freunde ins Ausland verbracht worden. Dort habe der Codex durch Verpfändung an ausländische Verwandte zur finanziellen Unterstützung der welfischen Familie beigetragen. Dieser Personenkreis habe den „verpfändeten Gegenstand nun in dieser Woche zum Gegenstand einer Versteigerung gemacht." Der Sprecher des Buckingham-Palastes gab dazu den knappen Kommentar: „We had a hand in the arrangements – wir hatten die Hand im Spiel." Die genauen Besitzverhältnisse blieben bis heute ungeklärt. Die spärlichen Fakten deuten jedoch unverändert auf eine wie auch immer geartete Beteiligung des Hauses Hannover und mit ihm verwandter europäischer Königshäuser an der Veräußerung des Evangeliars Heinrichs des Löwen hin.

Dem Streit um die Erwerbung folgte alsbald die Diskussion um Aufbewahrungsort und Nutzungsrechte an der Handschrift. Die Entscheidung fiel zugunsten des Landes Niedersachsen, um im früheren Herzogtum Heinrichs des Löwen sein „goldenes Buch"[4] der Öffentlichkeit zugänglich zu machen. Allerdings wurde nicht der Bestimmungsort des Evangeliars, die frühere welfische Residenz Braunschweig mit der Stiftskirche St. Blasius, zur neuen Heimat, sondern die nahe gelegene Herzog August Bibliothek in Wolfenbüttel, als Hort umfangreicher welfischer Handschriftensammlungen. Als Reverenz an den Ort der ursprünglichen Nutzung konnte der Codex im Sommer 1985 erstmals in der Braunschweiger Burg Dankwarderode dem begeisterten Publikum vorgestellt werden, danach auch bei den Miteigentümern in Berlin, Bonn und München. Zur Schonung des wertvollen Originals ebenso wie zur Nutzung für die Öffentlichkeit erfolgte anschließend eine Faksimilierung, bevor das Evangeliar im April 1989 in einen eigens errichteten mehrstöckigen Tresoreinbau innerhalb der Wolfenbütteler Bibliothek einzog. Bislang hat es seinen Aufbewahrungsort nur kurzfristig für die Ausstellung über Heinrich den Löwen 1995 in Braunschweig verlassen.

Das anhaltende allgemeine Interesse an dem Codex, die Begeisterung über seine Gestaltung, ebenso wie die Diskussionen um seinen Erwerb und seinen Verbleib verdeutlichen vor allem die Nachhaltigkeit, den überzeitlichen Wert eines solchen Kunstobjekts jenseits aller zeitgebundenen finanz- und kulturpolitischen Aktionen. Wurde es von Heinrich dem Löwen laut Widmungsgedicht noch mit dem Wunsch auf ewiges Leben gestiftet, so gelangte es später in den Besitz des Prager Domkapitels – vielleicht als diplomatisches Geschenk des Welfenhauses an Kaiser Karl IV. oder auch an Kaiser Rudolf II. –, wo es 1594 erstmals belegt ist. Um die Reparatur eines schadhaften Dachstuhls zu finanzieren, bot das Domkapitel die Handschrift zum Verkauf an. 1861 erwarb sie der hannoversche Kaufmann Georg Culemann im Auftrag seines Königs Georg V. Nach kurzfristiger Ausstellung im neu gegründeten „Welfenmuseum" folgte das Evangeliar Georg V. 1866 als Privateigentum mit auf Schloss Cumberland im österreichischen Gmunden. In der Folgezeit diente es anscheinend dem welfischen Haus verschiedentlich als Manövriermasse für den eigenen Lebensunterhalt. Über all diese Stationen vorrangig monetärer Wertschätzung hinweg konnte das Evangeliar aber immer wieder, und gerade bei der national gefeierten Rückkehr ins historische Stammland, den Anspruch seines Schöpfers, des Helmarshausener Mönches Herimann, und seines Auftraggebers verwirklichen: „Dicite nunc nati, narrantes posteritati" (Ihr Menschen von heute, kündet es der Nachwelt).

BK

1 Zu den jüngsten Phasen der Besitzgeschichte wurden vor allem Akten und Presseberichte ausgewertet: Wolfenbüttel, Herzog August Bibliothek, Presse A114; Braunschweig, Herzog Anton Ulrich-Museum, Altregistratur; Wolfenbüttel, Niedersächsisches Staatsarchiv, 42 Nds. Nr. 103–110, 126, 127. – Zur Besitzgeschichte insgesamt vor allem: Jaitner 1989.

2 Vgl. die Literaturangaben zu Kat. Nr. 40.

3 Vgl. Krüger 1972, Bd. 2, S. 768, Anm. 1.

4 Transkription und Übersetzung aus dem Widmungsgedicht nach Schmidt 1989.

40 EVANGELIAR HEINRICHS DES LÖWEN (IM FAKSIMILE VON 1989)

Original: um 1188, Helmarshausen Abtei St. Petrus
Pergament, Schrift auch mit Gold- und Silbertinten, Miniaturenschmuck
Buchblock H 34,2 cm, B 25,5 cm
Wolfenbüttel, Herzog August Bibliothek Cod. Guelf. 105 Noviss. 2°
Faksimile: Braunschweig, Herzog Anton Ulrich-Museum

Lit. (Auswahl): Grundlegende Literatur vor der Versteigerung 1983: Swarzenski 1932; Jansen 1933, bes. S. 61–101; Krüger 1972, bes. Bd. 2, S. 768–788. – Zur Auktion, zu den ersten Ausstellungen und zur Faksimilierung: Sotheby's Parke Bernet, London 6.12.1983, The Gospels of Henry the Lion, bearb. von Christopher de Hamel; Ausst.-Kat. Braunschweig 1985, Bd. 2, Nr. 1026 (Kroos); Ausst.-Kat. Braunschweig 1995, Bd. 1, Nr. D 31 (Plotzek); Kötzsche 1989. – In mehreren Präsentationen der Herzog August Bibliothek Wolfenbüttel bearbeitet, zuletzt: Milde / Wurzel 2006.

Ein lateinisches Widmungsgedicht, geschrieben in zwanzig Zeilen goldener Großbuchstaben, erläutert für die Nachwelt Zweck und Entstehungsumstände dieses goldenen Buches *Auro liber iste*. Es nennt Herzog Heinrich den Löwen und seine Gemahlin Mathilde als Auftraggeber, die dieses Werk *Hoc opus* für ihr Seelenheil *Perpetuae vitae* gestiftet haben. Mit ihm setzten sie die Reihe ihrer Wohltaten für die Residenzstadt Braunschweig fort: *Extulit hanc urbem ... templis ornavit ac muris amplificavit*. Ebenso überliefert das Gedicht den Entstehungsort, die Abtei St. Petrus zu Helmarshausen im südlichen Wesergebiet, den geistlichen Schirmherrn, Abt Konrad II., sowie den ausführenden Schreiber bzw. Maler oder besser Leiter des Gesamtprojekts, den Mönch Herimann. Das Widmungsbild illustriert den Akt dieser Stiftung, indem die Braunschweiger Heiligen Blasius und Aegidius, den Herzog – der das goldbeschlagene Buch zum Himmelsraum emporhebt – ebenso wie die Herzogin an den Händen fassen und der thronenden Gottesmutter empfehlen. Mit der 1188 erfolgten Weihe des heute noch in seiner mittelalterlichen Gestalt erhaltenen Marienaltars in der Braunschweiger Stiftskirche St. Blasius dürften Codex und Widmungsbild chronologisch und ikonographisch eng zusammenhängen.

Der Bildschmuck mit 17 illuminierten Kanontafeln, 24 Miniatur- und neun Zierseiten steht deutlich in der Tradition imperialer Prunkevangeliare vor allem der ottonischen und salischen Kaiser. Die vier Evangelientexte werden von jeweils einem Bildblock mit christologischen Szenen, dem Autorenporträt des Evangelisten und teppichartig ausgeschmückten Initialen und Textanfängen eingeleitet. Die Miniaturen zum Matthäus-Evangelium stellen die königliche Herkunft Christi und Begebenheiten seines frühen öffentlichen Auftretens in den Mittelpunkt. Das Markus-Evangelium wird vor allem mit den Themen Auferstehung und Himmelfahrt illustriert, der Lukas-Text mit Darstellungen aus der Kindheit Christi. Szenen der Passion und des Kreuzestodes stimmen auf das Johannes-Evangelium ein, gefolgt von einer zweiten Miniatur mit dem Herzogspaar, das im Kreise seiner königlichen und kaiserlichen Vorfahren von Gottes Hand die Kronen der Gerechtigkeit erhält. Die gegenüberliegende Seite mit der Majestas Domini als Schlussbild verheißt schließlich ewige Seligkeit. Die meisten Miniaturseiten sind dabei von reich ornamentierten Rahmenleisten mit Medaillons oder Eckfeldern eingefasst, in denen das biblisch-allegorische Brautpaar Sponsus und Sponsa, sowie Propheten und Apostel mit Spruchbändern die Hauptszenen theologisch ausdeuten.

Für ergänzende Heiligen- und Gleichnisszenen vor allem vor dem Markus- und Lukas-Evangelium wurden bereits spezielle Bezüge zur Braunschweiger Stiftskirche und zur Biographie Heinrichs des Löwen herausgearbeitet. So erklären sich die vermehrten Darstellungen Johannes des Täufers und der hl. Maria Magdalena aus deren besonderer Verehrung in der Stiftskirche bzw. im Umkreis des Herzogs. Viele der in den Miniaturen zitierten christlichen Stätten hatte Heinrich außerdem auf seiner Pilgerreise ins Heilige Land 1172 selbst besucht. Die Hinzufügung des Pfingstbildes schließlich, das ja keine Grundlage im eigentlichen Evangelientext besitzt, dürfte mit dem Gedenken an den Tauftag des Herzogs an einem Pfingsttermin zusammenhängen.

Die Bildausstattung des Evangeliars erzielt ihre Wirkung aber vor allem durch ornamentale Pracht. Die Szenen werden nicht nur von Bordüren gerahmt, die wie farbige Blattgirlanden, Edelsteinborten oder perspektivisch konstruierte Schmuckbänder wirken, sondern einzelne Figuren und Figurengruppen werden auch von farbig parzellierten Bildgründen hinterfangen, die deren Aktionen eigens akzentuieren. Partien dieser Bildgründe und -borten imitieren dabei das zarte Filigran von Goldschmiedearbeiten und die Motive byzantinischer Seidenstoffe mit eingewobenen Vogelpaaren, heraldischen Adlern, Ranken, wie auch Löwen, Menschengesichtern und orientalischen Schriftelementen.

In der Abtei von Helmarshausen, über die Heinrich der Löwe seit 1152 die Vogteirechte inne hatte, war seit der Zeit um 1100 – vor allem durch das Werk des berühmten Künstler-Mönchs Rogerus – ein herausragendes Zentrum für Metallkunst und auch Buchmalerei erwachsen. Das Evangeliar für die Braunschweiger Stiftskirche bildet einen Höhepunkt im Kunstschaffen des Benediktinerklosters, der gewiss nicht ohne künstlerische Auswirkungen auf die Residenzstadt Herzog Heinrichs geblieben ist.

BK

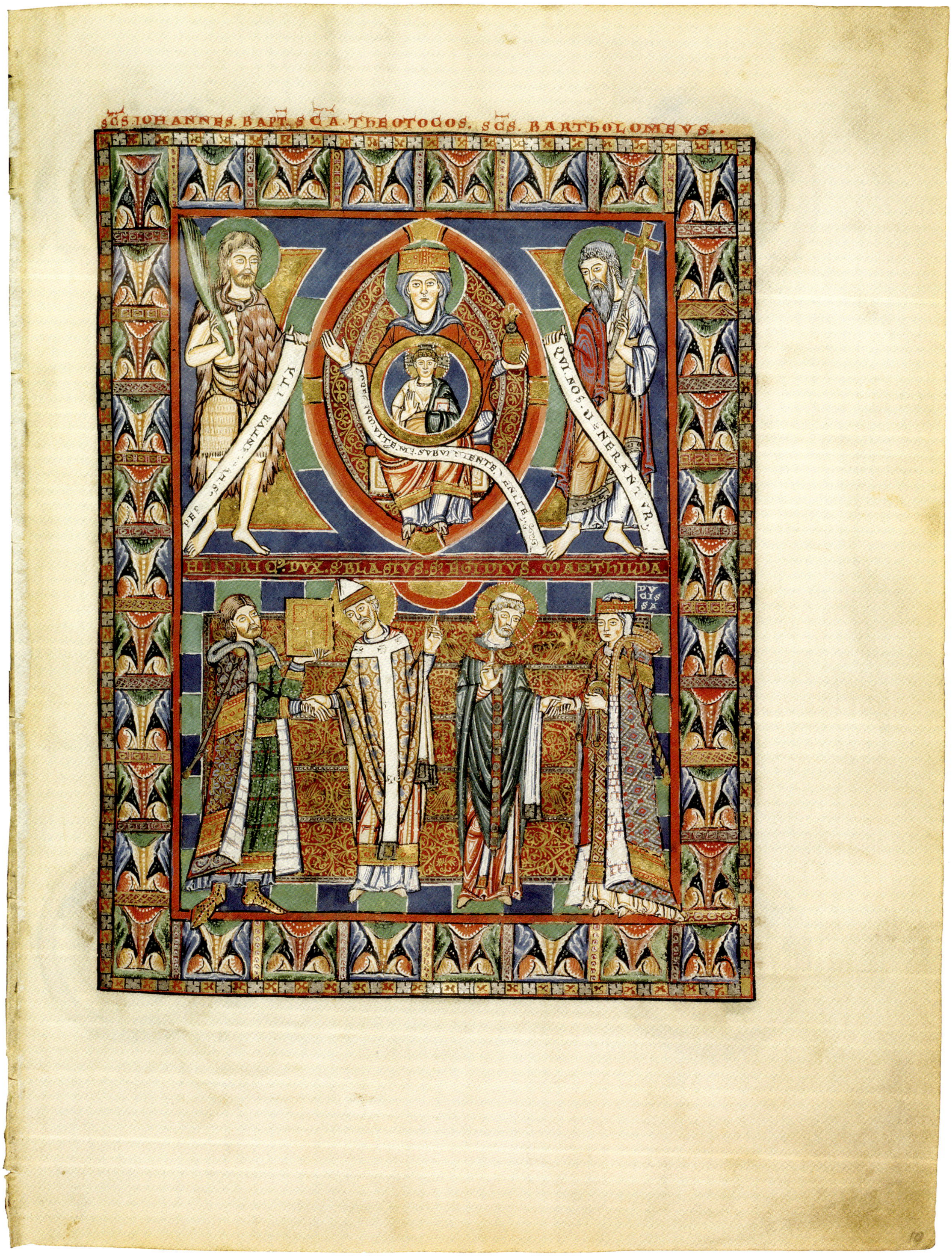

Widmungsbild, Evangeliar Heinrichs des Löwen, fol. 19r, Helmarshausen, um 1188, Wolfenbüttel, Herzog August Bibliothek

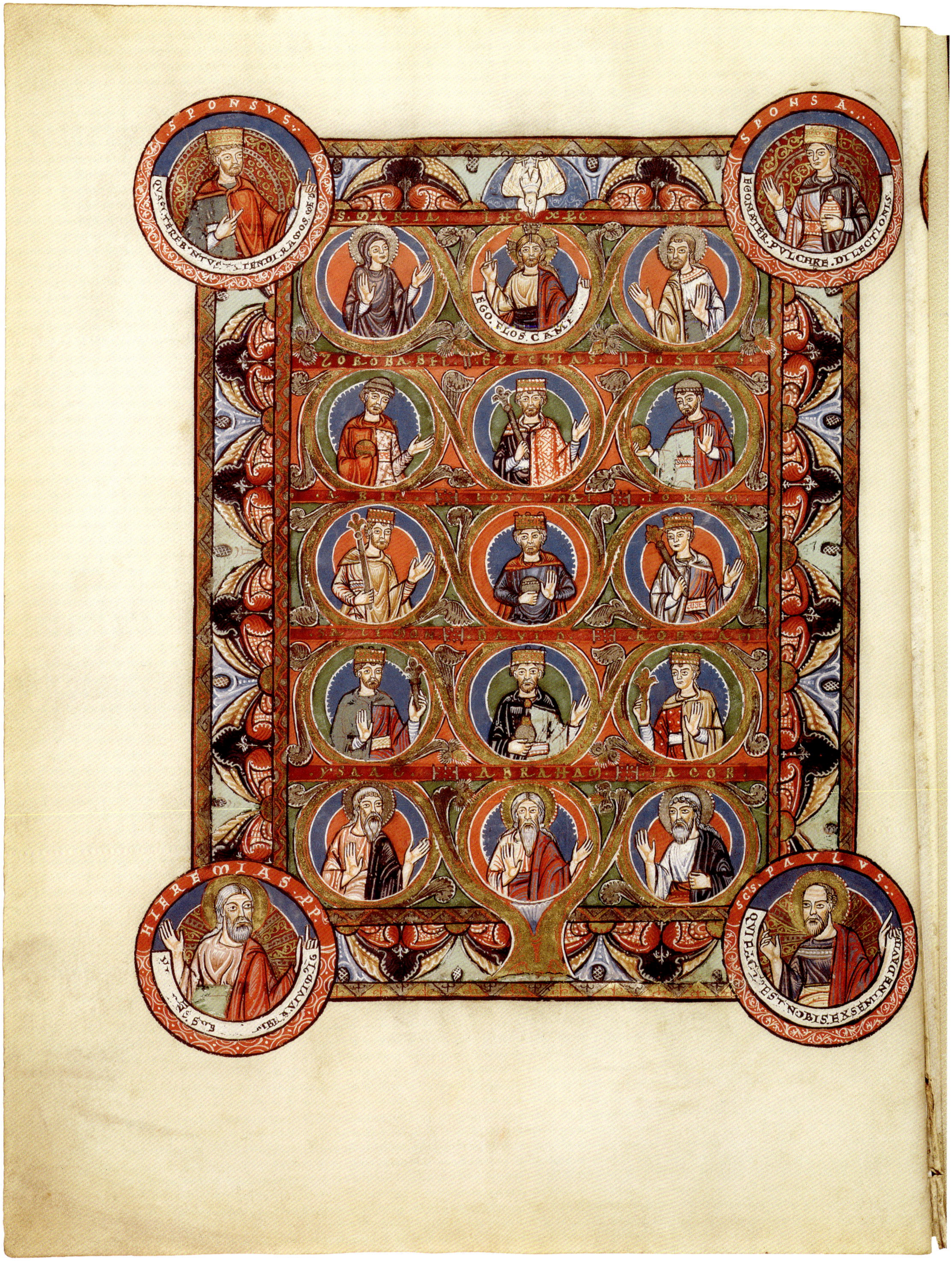

Stammbaum, Evangeliar Heinrichs des Löwen, fol. 19v, Helmarshausen, um 1188, Wolfenbüttel, Herzog August Bibliothek

Welfische Landesherren*, Kurfürsten ur

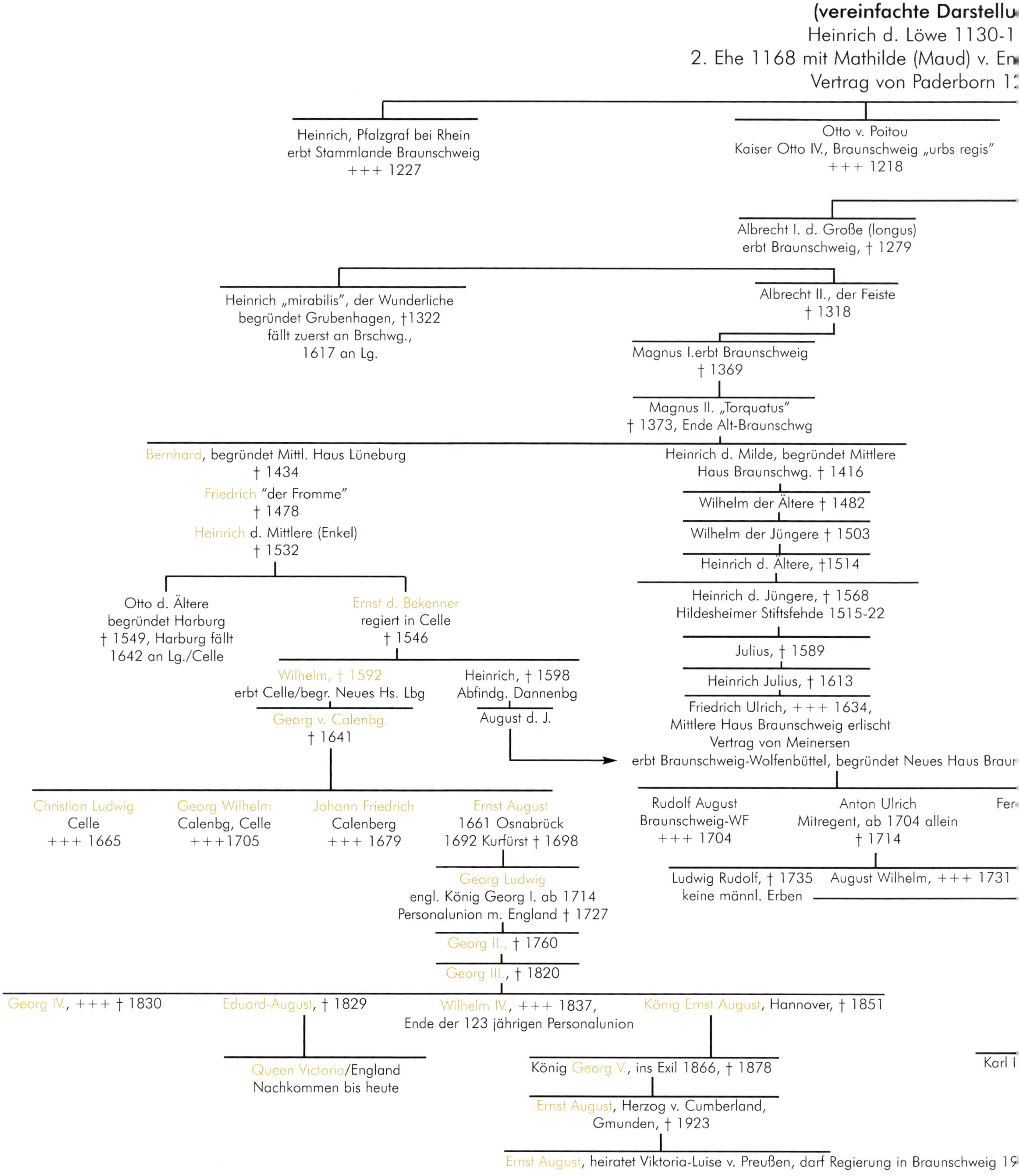

önige von 1130 bis 1918

56-1189

Wilhelm „Langschwert"
erbt Lüneburg
† 1213

Otto d. Kind
einziger Erbe, Herzog von Braunschweig-Lünebg.
seit 1237, † 1252, erste Teilung

Johann
erbt Lüneburg, † 1277

Otto d. Strenge
† 1330

Wilhelm „mit dem großen Beine"
+++ 1369, Ende Alt-Lüneburg
Beginn d. Lüneburger Erbfolgekrieges

*Anmerkungen

I. Die welfischen Landesherren des geistlichen Standes (die Welfen stellen Bischöfe/Fürstbischöfe in Bremen, Osnabrück, Ratzeburg, Paderborn, Münster und Minden) bleiben unberücksichtigt, weil sie die Herrschaft als Einzelperson, nicht dynastisch ausübten

II. +++ ohne erbberechtigte Nachkommen

666

cht I.

Ferdinand Albrecht II.
➤ erbt Braunschweig-Wolfenbüttel, † 1735

Karl I. †1780

Karl Wilhelm Ferdinand, † 1806

Friedrich Wilhelm, † 1815

830, † 1873 in Genf

Wilhelm +++ reg. bis † 1884,
Linie Bevern erlischt
1885-1914 Regenten in Braunschweig

nicht in Hannover, Abdankg. 1918, † 1953

LITERATURVERZEICHNIS

Adamski 1981
Heinz-Josef Adamski, Das Tafelsilber des Hildesheimer Fürstbischofs Friedrich Wilhelm von Westphalen, in: Die Diözese Hildesheim in Vergangenheit und Gegenwart, Zeitschrift des Vereins für Heimatkunde im Bistum Hildesheim 49, 1981, S. 65–83

ADB
Allgemeine Deutsche Biographie, hrsg. durch die Historische Commission bei der Königlichen Akademie der Wissenschaften, Leipzig 1–, 1875ff.

AKL
Allgemeines Künstlerlexikon. Die Bildenden Künstler aller Zeiten und Völker, begr. und mithrsg. von Günter Meißner, München, Leipzig 1–, 1992ff.

Almeling 2006
Gerhard Almeling, Die fürstliche Glashütte zu Altmünden 1594–1818 (Sydekum-Schriften zur Geschichte der Stadt Münden; 35), Hannoversch Münden 2006

Alvensleben 1939
Udo von Alvensleben, Herrenhausen. Die Sommerresidenz der Welfen, Berlin 1939

Arens 1997
Andrea Arens, Skulpturen des 13. bis 15. Jahrhunderts im Landesmuseum Mainz, (Museum im Taschenformat; 2), Mainz 1997

Ausst.-Kat. Augsburg 1985
Ausst.-Kat. Das Hildesheimer Tafelservice. Meisterwerke der Augsburger Goldschmiedekunst, Städtische Kunstsammlungen Augsburg, Maximilianmuseum, Kat. von Hannelore Müller, Augsburg 1985

Ausst.-Kat. Bad Pyrmont 1999
Ausst.-Kat. Zar Peter der Große. Die zweite große Reise nach Westeuropa 1716–1717. Auf europäischer Bühne, hrsg. von Dieter Alfter, Ausstellung des Museums im Schloß Bad Pyrmont, Hameln 1999

Ausst.-Kat. Bonn 1979
Ausst.-Kat. Meisterwerke aus der Sammlung von Hirsch, erworben für deutsche Museen, hrsg. von Dietrich Kötzsche, Wissenschaftszentrum, Bonn-Bad Godesberg, Berlin 1979

Ausst.-Kat. Bonn 1989
Ausst.-Kat. Glanzlichter. 40 Jahre Engagement des Bundes für die Kunst, hrsg. von Katharina Schmidt, Städtisches Kunstmuseum Bonn, Bonn 1989

Ausst.-Kat. Braunschweig 1983
Ausst.-Kat. Herzog Anton Ulrich von Braunschweig. Leben und Regieren mit der Kunst, Herzog Anton Ulrich-Museum, Braunschweig 1983

Ausst.-Kat. Braunschweig 1985
Ausst.-Kat. Stadt im Wandel, Landesaustellung Niedersachsen in Braunschweig, hrsg. von Cord Meckseper, 4 Bde., Stuttgart, Bad Cannstatt 1985

Ausst.-Kat. Braunschweig 1989
Ausst.-Kat. Erwerbungen aus zwei Jahrzehnten. Kunstwerke vor 1900 – eine Auswahl, Herzog Anton Ulrich-Museum, Braunschweig 1989

Ausst.-Kat. Braunschweig 1995
Ausst.-Kat. Heinrich der Löwe und seine Zeit. Herrschaft und Repräsentation der Welfen 1125–1235, Herzog Anton Ulrich-Museum, hrsg. von Jochen Luckhardt und Franz Niehoff, 4 Bde., München 1995

Ausst.-Kat. Braunschweig 1995 a
Ausst.-Kat. Gabriele Henkel / Wulf Otte, Herzogin Anna Amalia – Braunschweig und Weimar. Stationen eines Frauenlebens im 18. Jahrhundert, Ausstellung im Braunschweigischen Landesmuseum 1995 (Veröffentlichungen des Braunschweigischen Landesmuseums; 79, hrsg. von Gerd Biegel), Braunschweig 1995

Ausst.-Kat. Braunschweig 1997/98
Ausst.-Kat. Braunschweigisches Rokoko. Fürstenberger Porzellane von 1747–1770, Broschüre zur Ausstellung im Herzog Anton Ulrich-Museum 1997/1998

Ausst.-Kat. Braunschweig 2004
Ausst.-Kat. 250 Jahre Museum. Von den fürstlichen Sammlungen zum Museum der Aufklärung, Herzog Anton Ulrich-Museum, München 2004

Ausst.-Kat. Braunschweig 2006
Ausst.-Kat. Lockenpracht und Herrschermacht. Perücken als Statussymbol und modisches Accessoire, Herzog Anton Ulrich-Museum, Braunschweig, Leipzig 2006

Ausst.-Kat. Dortmund/Gotha 2003
Ausst.-Kat. Palast des Wissens. Die Kunst- und Wunderkammer Zar Peters des Großen, hrsg. von Brigitte Buberl, Museum für Kunst und Kulturgeschichte der Stadt Dortmund, Schlossmuseum Gotha, 2 Bde., München 2003

Ausst.-Kat. Frankfurt 1930
Ausst.-Kat. Der Welfenschatz. Katalog der Ausstellung im Städelschen Kunstinstitut, Frankfurt a. M. 1930

Ausst.-Kat. Frankfurt 1988/89
Ausst.-Kat. Guido Reni und Europa. Ruhm und Nachruhm, Schirn Kunsthalle Frankfurt a. M., hrsg. von Sybille Ebert-Schifferer, Frankfurt a. M., Bologna 1988

Ausst.-Kat. Hannover 1956/57
Ausst.-Kat. Welfenschatz. Schatz der goldenen Tafel, Lüneburger Ratssilber, Hildesheimer Silberfund, Kestner-Museum, Hannover 1956

Ausst.-Kat. Hildesheim 1995
Ausst.-Kat. Die fürstliche Tafel. Das Silberservice des Hildesheimer Fürstbischofs Friedrich Wilhelm von Westphalen, hrsg. von Manfred Boetzkes, Katalog von Lorenz Seelig, Roemer- und Pelizaeus-Museum, Hildesheim und Bayerisches Nationalmuseum München, Hildesheim 1995

Ausst.-Kat. Kassel/Leipzig 2005/06
Ausst.-Kat. 3 x Tischbein und die europäische Malerei um 1800, Staatliche Museen Kassel, Museum der bildenden Künste Leipzig, München 2005

Ausst.-Kat. Marburg 2006
Ausst.-Kat. Kostbarkeiten der Barockzeit. Fayencen des 18. Jahrhunderts aus dem Thüringer Museum Eisenach, bearb. von Kathrin Kunze, Landgrafenschloss Marburg, Marburger Universitätsmuseum für Kunst- und Kulturgeschichte, Marburg 2006

Ausst.-Kat. München 1994
Ausst.-Kat. Silber und Gold. Augsburger Goldschmiedekunst für die Höfe Europas, Bayerisches Nationalmuseum München, hrsg. von Reinhold Baumstark, München 1994

Ausst.-Kat. Paris/München/Bonn 2005/06
Ausst.-Kat. Poussin, Lorrain, Watteau, Fragonard… Französische Meisterwerke des 17. und 18. Jahrhunderts aus deutschen Sammlungen, hrsg. von Pierre Rosenberg, 2 Bde., Galeries Nationales du Grand Palais, Paris, München, Haus der Kunst, Bonn, Kunst- und Ausstellungshalle der Bundesrepublik Deutschland, Bonn [u. a.] 2005

Ausst.-Kat. Wolfenbüttel 2006
Ausst.-Kat. Hermann Korb und seine Zeit, 1656–1735. Barockes Bauen im Fürstentum Braunschweig-Wolfenbüttel, Museum im Schloss Wolfenbüttel, Braunschweig 2006

Balogh 1963
Yolande Balogh, Une tête de Saint Jean gothique d'origine anglaise, in: Bulletin du Musée hongrois des Beaux-Arts, Budapest 1963, S. 33–39

Baumgärtner 1987
Glaskunst vom Mittelalter bis zum Klassizismus. Bremer Landesmuseum, Focke-Museum, Bestandskatalog, bearbeitet von Sabine Baumgärtner, Bremen 1987

Berger 1993
Frank Berger, Die mittelalterlichen Brakteaten im Kestner-Museum Hannover, Hannover 1993

Biermann 1914
Georg Biermann, Deutsches Barock und Rokoko, Leipzig 1914

Bloch 1992
Peter Bloch, Romanische Bronzekruzifixe (Bronzegeräte des Mittelalters; 5), Berlin 1992

Boockmann 1993
Andrea Boockmann, Die Inschriften der Stadt Braunschweig bis 1528, Wiesbaden 1993

Boockmann 1997
Andrea Boockmann, Die verlorenen Teile des ‚Welfenschatzes'. Eine Übersicht anhand des Reliquienverzeichnisses von 1482 der Stiftskirche St. Blasius in Braunschweig, Göttingen 1997

BrBL 1996
Braunschweigisches Biographisches Lexikon. 19. und 20. Jahrhundert, hrsg. von Horst-Rüdiger Jarck und Günter Scheel, Hannover 1996
BrBL 2006
Braunschweigisches Biographisches Lexikon. 8. bis 18. Jahrhundert, hrsg. von Horst-Rüdiger Jarck, Braunschweig 2006
Brockmann 1985–87
Günther Brockmann, Die Medaillen der Welfen, 2 Bde., Köln 1985–1987
Büttner 2000
Andreas Büttner, Perlmutt. Von der Faszination eines göttlichen Materials, Petersberg 2000
Bursche 1974
Stefan Bursche, Tafelzier des Barock, München 1974
Cunz 1996
Reiner Cunz, Numismatik zwischen Haushistoriographie und fürstlicher Sammellust. Dargestellt am Beispiel der Geschichte des ehemaligen königlichen Münzkabinetts zu Hannover und seiner Betreuer 1745–1945, (Numismatische Studien; H. 11), Hamburg 1996
Cunz 1996 a
Reiner Cunz, Vom Taler zur Mark. Einführung in die Münz- und Geldgeschichte Nordwestdeutschlands von 1500 bis 1900, 4. Aufl., Hannover 1996
Cunz 1998
Reiner Cunz, Zu den Propagandamünzen des ‚tollen Christian', in: Niedersächsisches Jahrbuch für Landesgeschichte 70, 1998, S. 347–362
Denicke 1983
Jürgen Denicke, Die Brakteaten der Münzstätte Braunschweig, Bd. 1: Heinrich der Löwe 1142–1195, Braunschweig 1983
Dethlefs 2000
Gerd Dethlefs, Die Pfaffenfeindmünzen des Herzogs Christian von Braunschweig 1622, in: Numismatisches Nachrichtenblatt 49, 2000, S. 92–112
Döring 2004
Thomas Döring, Herzogliches Museum–Landesmuseum–Herzog Anton Ulrich-Museum. 1887 bis 1954, in: Luckhardt 2004, S. 254–304
Donnert 1989
Erich Donnert, Peter der Große, Wien [u. a.] 1989
Dreier 1969
Franz Adrian Dreier, Glaskunst in Hessen-Kassel. Jahresgabe der Hessischen Brandversicherungsanstalt für 1969, Kassel 1969 [ohne Paginierung]
Dückershoff 2003
Michael Dückershoff, Peter der Große in seinen Porträts, in: Ausst.-Kat. Dortmund/Gotha 2003, Bd. 2, S. 19–36
Duve 1974
Gebhard Duve, Dicktaler-Prägungen 1544–1679. Geschichte der Braunschweig-Lüneburgischen Mehrfachtaler, II. Teil, Frankfurt am Main 1974
Eberlein 1776
Christian Nikolaus Eberlein, Verzeichniß der herzoglichen Bilder-Gallerie zu Salzthalen, Braunschweig 1776
Ehlers / Kötzsche 1998
Joachim Ehlers, Dietrich Kötzsche (Hrsg.), Der Welfenschatz und sein Umkreis, Mainz 1998
Falke / Schmidt / Swarzenski 1930
Otto von Falke, Robert Schmidt und Georg Swarzenski, Der Welfenschatz. Der Reliquienschatz des Braunschweiger Domes aus dem Besitze des Herzoglichen Hauses Braunschweig-Lüneburg, Frankfurt a. M. 1930
Fiala 1904–1917
Eduard Fiala, Münzen und Medaillen der Welfischen Lande, 8 Bde., Leipzig, Wien 1904–1917
Former 1992
Peter Former, Die Entschädigung des Welfenhauses durch den Braunschweiger Staat und Preußen, in: Gerd Biegel (Hrsg.), Victoria Luise. Kaisertochter, Herzogin und Braunschweiger Bürgerin. Streiflichter aus ihrem Leben, Braunschweig 1992, S. 143–154
Frankenburger 1923
Max Frankenburger, Die Silberkammer der Münchner Residenz, München 1923
Friemuth 1989
Cay Friemuth, Die geraubte Kunst. Der dramatische Wettlauf um die Rettung der Kulturschätze nach dem Zweiten Weltkrieg, Braunschweig 1989
Gmelin 1974
Hans Georg Gmelin, Niedersächsische Tafelmalerei in Niedersachsen und Bremen, München, Berlin 1974
Grote 2005
Hans-Henning Grote, Schloss Wolfenbüttel. Residenz der Herzöge zu Braunschweig-Lüneburg, Braunschweig 2005
Grote 2005 a
Hans-Henning Grote, Zar Peter I. besucht Salzdahlum, in: Grote 2005, S. 226f.
Gruber 1982
Alain Gruber, Gebrauchssilber des 16. bis 19. Jahrhunderts, Fribourg, Würzburg 1982
Guerrier 1875
W. Guerrier, Die Kronprinzessin Charlotte von Russland, Schwiegertochter Peters des Grossen. Nach ihren noch ungedruckten Briefen 1707–1715, Bonn 1875
Haak 2001
Christina Haak, Das barocke Bildnis in Norddeutschland. Erscheinungsform und Typologie im Spannungsfeld internationaler Strömungen, Frankfurt a. M. [u. a.] 2001
Hagedorn 1755
Christian Ludwig von Hagedorn, Lettre à un Amateur de la Peinture avec des éläircissements historiques sur un cabinet et les auteurs des tableaux qui le composent. Ouvrage entremêlé de Digressions sur la vie de plusieurs Peintres modernes, Dresden 1755
Hahne 1913
Otto Hahne, Peter der Große in Salzdahlum und Braunschweig, in: Braunschweigisches Magazin, 19, 1913, S. 25–30
Hartmann 1997
Carolus Hartmann, Glasmarken Lexikon 1600–1945, Stuttgart 1997
Heinz 2005
Marianne Heinz, Der „Römische Tischbein" Johann Heinrich Wilhelm, in: Ausst.-Kat. Kassel/Leipzig 2005/06, S. 37–47
Hernmarck 1978
Carl Hernmarck, Die Kunst der europäischen Gold- und Silberschmiede, von 1450 bis 1830, München 1978
Hildburgh 1937
W. L. Hildburgh, A curious Type of stone St. John's head, in: Antiquaries Journal 17, 1937, 4, S. 419–423 (Taf. 89,1 und 90,1 vertauscht)
Himmelheber 1992
Georg Himmelheber, Holzmosaikarbeiten, in: Ausst.-Kat. Der Quedlinburger Schatz – wieder vereint, hrsg. von Dietrich Kötzsche, Berlin 1992, S. 77ff.
Himmelheber 1994
Georg Himmelheber, Mittelalterliche Holzmosaikarbeiten, in: Jahrbuch der Berliner Museen, N.F. 36, 1994, S. 65–91
Jacoby 1989
Joachim Jacoby [Bearb.], Die deutschen Gemälde des 17. und 18. Jahrhunderts. Sowie die englischen und skandinavischen Werke. Kritisches Verzeichnis mit Abbildungen aller Gemälde, Herzog Anton Ulrich-Museum Braunschweig 1989
Jaitner 1986
Klaus Jaitner, Der Reliquienschatz des Hauses Braunschweig-Lüneburg (Welfenschatz) vom 17. bis 20. Jahrhundert, in: Jahrbuch Preußischer Kulturbesitz 23, 1986, S. 391–422
Jaitner 1989
Klaus Jaitner, Die Besitzgeschichte des Evangeliars seit dem 14. Jahrhundert, in: Kötzsche 1989, S. 307–315
Jansen 1933
Franz Jansen, Die Helmarshausener Buchmalerei zur Zeit Heinrichs des Löwen, Hildesheim und Leipzig 1933
Jüdes 1961
Rudolf Jüdes, 100 Jahre Welfenmuseum, in: Hannoversche Rundschau, 4./5.3.1961
Jürgens 1910
Otto Jürgens, Die Entstehung der stadthannoverschen Museen, in: Hannoversche Geschichtsblätter, A.F. 13, 1910, S. 211–240
Katenhusen 2002
Ines Katenhusen, 150 Jahre Niedersächsisches Landesmuseum Hannover, in: Das Niedersächsische Landesmuseum Hannover. 150 Jahre Museum in Hannover, 100 Jahre Gebäude am Maschpark. Festschrift zum Jahr des Doppeljubiläums, hrsg. von Heide Grape-Albers, Hannover 2002, S. 18–94
Keisch 1997
Christiane Keisch, Das große Silberbuffet aus dem Rittersaal des Berliner Schlosses (Bestandskatalog des Kunstgewerbemuseums Staatliche Museen zu Berlin; 21), Berlin 1997
Kelsch 1983
Wolfgang Kelsch, Johann Conrad Eichler, in: Wolfenbüttel. Bürger einer fürstlichen Residenz. Fünfzig biographische Porträts, N. F., Wolfenbüttel 1983
Klesse 1965
Brigitte Klesse, Glassammlung Helfried Krug. Beschreibender Katalog mit kunstgeschichtlicher Einführung, München 1965
Klesse 1973
Brigitte Klesse, Glassammlung Helfried Krug, Bonn 1973

Knittel 1965
Ingeborg Knittel, Mohren als Hofbediente und Soldaten im Herzogtum Braunschweig-Wolfenbüttel, in: Braunschweigisches Jahrbuch, 46, 1965, S. 78–103
Kötzsche 1973
Dietrich Kötzsche, Der Welfenschatz im Berliner Kunstgewerbemuseum, Berlin 1973
Kötzsche 1989
Das Evangeliar Heinrichs des Löwen. Kommentar zum Faksimile, hrsg. von Dietrich Kötzsche, Frankfurt a. M. 1989
Kötzsche 1995
Dietrich Kötzsche, Der Welfenschatz, in: Ausst.-Kat. Braunschweig 1995, Bd. 2, S. 511–528
Kratz 1883
Johann Michael Kratz, Historische Nachrichten über das von dem hiesigen Fürstbischof Friedrich Wilhelm im Jahre 1763 angelegte, beständige fürstbischöfliche Inventar, in: Katholisches Sonntagsblatt 1883, S. 226–228, 234–236, 242–244, 250–252, 258–260, 266f., 274–276, 287f., 294–296, 303–305, 310f.
Kroos 1968
Renate Kroos, Zur Ikonographie der Johannesschüssel, in: Kunstchronik 21, 1968, Dez., S. 378–380
Kroos / Arndt 1969
Renate Kroos und Hella Arndt, Zur Ikonographie der Johannesschüssel, in: Aachener Kunstblätter, 38, 1969, S. 243–328
Krüger 1972
Ekkehard Krüger, Die Schreib- und Malwerkstatt der Abtei Helmarshausen bis in die Zeit Heinrichs des Löwen, 3 Bde. (Quellen und Forschungen zur hessischen Geschichte; 21), Darmstadt und Marburg 1972
Lambacher 2003
Lothar Lambacher, Der Welfenschatz. Einführung in Geschichte und Bedeutung des früheren Reliquienschatzes der Stiftskirche St. Blasius in Braunschweig (Museumsblätter; 1402), Berlin 2003
Lenz 1979
Christian Lenz, Tischbein, Goethe in der Campagna di Roma, Frankfurt a. M. 1979
Luckhardt 2004
Jochen Luckhardt (Hrsg.), Das Herzog Anton Ulrich-Museum und seine Sammlungen 1578 – 1754 – 2004, München 2004
Luckhardt 2004 a
Jochen Luckhardt, Herzöge als Sammler. Von den Anfängen bis zum Tod Herzog Augusts d. J. (1666), in: Luckhardt 2004, S. 19–43
Luckhardt 2005
Jochen Luckhardt, Reisen, Diplomatie und Zeremoniell. Französische Porträts für den Braunschweiger Hof, in: Ausst.-Kat. Paris/München/Bonn 2005/06, S. 75–81
Mahnert 1993
Adelheid Mahnert, Dorotheenthal (1715/16–1803/1806), in: Adelheid Mahnert, Thüringer Fayencen des 18. Jahrhunderts, Leipzig 1993
Marth 1988
Regine Marth, Untersuchungen zu romanischen Bronzekreuzen. Ikonographie – Funktion – Stil (Europäische Hochschulschriften: Reihe 28, Kunstgeschichte; 87), Frankfurt a. M. [u. a.] 1988
Marth 2004
Regine Marth, Die Sammlungen von Rudolph August bis Ludwig Rudolph (1666–1735), in: Luckhardt 2004, S. 44–87
Marx 1981
Harald Marx, Andreas Möller und seine Aufenthalte in Dresden, in: Sächsische Heimatblätter, Jg. 27, 1981, S. 41–48
Meier 1922
Paul Jonas Meier, Das Braunschweiger Schloss-Museum, Braunschweig 1922
Milde / Wurzel 2006
Wolfgang Milde und Thomas Wurzel, Heinrich der Löwe und sein Evangeliar, Wolfenbüttel 2006
Mildenberger 1986
Hermann Mildenberger, Johann Wilhelm Tischbein. Goethes Maler und Freund, Neumünster 1986
Mithoff 1873
H. Wilhelm Mithoff, Kunstdenkmale und Alterthümer im Hannoverschen, Zweiter Band: Fürstenthümer Göttingen und Grubenhagen, Hannover 1873
Mosel 1979
Christel Mosel, Glas, Mittelalter – Biedermeier, 2. neu bearb. Aufl. (Sammlungskataloge des Kestner-Museum Hannover; 1), Hannover 1979
Müller 1864
Johannes H. Müller, Das Königliche Welfenmuseum zu Hannover im Jahre 1863, Hannover 1864
Müller 1959
Theodor Müller (Bearb.), Die Bildwerke in Holz, Ton und Stein von der Mitte des XV. bis gegen Mitte des XVI. Jahrhunderts (Kataloge des Bayerischen Nationalmuseums München; 13,2), München 1959
Neumann 1891
W.A. Neumann, Der Reliquienschatz des Hauses Braunscheig-Lüneburg, Wien 1891
Neumann-Hoditz 1983
Reinhold Neumann-Hoditz (Hrsg.), Peter der Große in Selbstzeugnissen und Bilddokumenten, Reinbek 1983
Nocq / Alfassa / Guérin 1926
Henry Nocq, P. Alfassa, J. Guérin, Orfèvrerie civil Française, Paris [o. J., um 1926]
Oettingen 1910
Wolfgang von Oettingen, Goethe und Tischbein, Weimar 1910
Oppel 1991
Margarete Oppel, Johann Heinrich Tischbein. Zeichnungen aus Goethes Kunstsammlung, Weimar 1991
von der Osten 1954
Gert von der Osten (Bearb.), Katalog der Gemälde Alter Meister in der Niedersächsischen Landesgalerie Hannover (Kataloge der Niedersächsischen Landesgalerie; 1), Hannover 1954, S. 21–25
von der Osten 1956 a
Gert von der Osten, Katalog der Bildwerke in der Niedersächsischen Landesgalerie Hannover, München 1956
van der Osten, 1956 b
Gert van der Osten, Nachrichten aus dem Museumswesen in Hannover, in: Kunstchronik 9, 1956, S. 67–69
Philippi 1959
Hans Philippi, Zur Geschichte des Welfenfonds, in: Niedersächsisches Jahrbuch für Landesgeschichte 31, 1959, S. 190–254
Reissinger 1997
Elisabeth Reissinger, Zwei Mohrenpaare als Kandelaber aus dem Schloß Wolfenbüttel, in: Miszellen, Städtisches Museum Braunschweig 55 (Faltbl.), 1997
Röhrbein 1978
Waldemar R. Röhrbein, Historisches Museum am Hohen Ufer 1903–1978. Aus 75 Jahren Museumsgeschichte, in: Hannoversche Geschichtsblätter, N.F. 32, 1978, S. 3–60
von Rohr 1980
Alheidis von Rohr, Staats- und Stadtwagen aus dem hannoverschen Marstall, Hannover 1980
von Rohr 1985
Alheidis von Rohr, Niedersächsische Landesgeschichte im Historischen Museum Hannover, Hannover 1985
von Rohr 1988
Alheidis von Rohr, Tafelaufsatz von Karl Gundelach 1903. Historisches Museum Hannover, Hannover 1988
von Rohr 1991
Alheidis von Rohr, Lauensteiner Glas 1701–1827. Ein Beitrag zur Wirtschafts- und Kulturgeschichte Niedersachsens, Historisches Museum Hannover, Kunstmuseum Düsseldorf, Weserrenaissance-Schloß Bevern, Historisches Museum Hannover 1991
von Rohr 1993
Alheidis von Rohr, Edles Tafelgerät. Silber aus dem Historischen Museum Hannover, Hannover 1993
Roolfs 2005
Cornelia Roolfs, Der hannoversche Hof von 1814 bis 1866. Hofstaat und Hofgesellschaft, Hannover 2005
Rosenberg 1925
Marc Rosenberg, Der Goldschmiede Merkzeichen. 2000 Stempel auf älteren Goldschmiedearbeiten in Facsimile, 3. erw. und ill. Aufl., Bd. 3. Deutschland N–Z, Frankfurt a. M. 1925
Rückert 1982
Die Glassammlung des Bayerischen Nationalmuseums München, bearbeitet von Rainer Rückert, 2 Bde., München 1982
Savoy 2006
Bénédicte Savoy (Hrsg.), Tempel der Kunst. Die Entstehung des öffentlichen Museums in Deutschland 1701 – 1815, Mainz 2006
Scheffler 1968
Wolfgang Scheffler, Berliner Goldschmiede. Daten, Werke, Zeichen, Berlin 1968
Scherer 1899
Christian Scherer, Die Künstlerfamilie Eichler, in: Braunschweigisches Magazin, 1899, Nr. 1
Schiller 1861
Carl G. W. Schiller (Hrsg.), Johann Heinrich Tischbein, Aus meinem Leben, 2 Bde., Braunschweig 1861
Schilling 1930/31
Rosy Schilling, Der Welfenschatz, in: Zeitschrift für bildende Kunst 64, 1930/31, S. 38–41
Schmidt 1989
Paul Gerhard Schmidt, Das Widmungsgedicht, in: Kötzsche 1989, S. 155–160

Schmidt 1996
Burkhard Schmidt, Der Herzogsprozeß. Ein Bericht über den Prozeß des welfischen Herzogshauses gegen den Freistaat Braunschweig um das Kammergut (1921/25), (Beihefte zum Braunschweigischen Jahrbuch; 12), Wolfenbüttel 1996

Seling 1980
Helmut Seling, Die Kunst der Augsburger Goldschmiede 1529–1868, 3 Bde., München 1980

Spies 1971
Gerd Spies, Braunschweiger Fayencen, Braunschweig 1971

Spies 1996
Gerd Spies, Braunschweiger Goldschmiede, 3 Bde., München, Berlin 1996

Springer 1981
Peter Springer, Kreuzfüße. Ikonographie und Typologie eines hochmittelalterlichen Gerätes (Bronzegeräte des Mittelalters; 3), Berlin 1981

Steinacker 1922
Karl Steinacker, Die Bau- und Kunstdenkmäler des Kreises Blankenburg (Die Bau- und Kunstdenkmäler des Landes Braunschweig; 6), Wolfenbüttel 1922

Swarzenski 1921
Georg Swarzenski, Deutsche Alabasterplastik des 15. Jahrhunderts, in: Städel-Jahrbuch, 1, 1921, S. 167–213

Swarzenski 1932
Georg Swarzenski, Aus dem Kunstkreis Heinrichs des Löwen, in: Städel-Jahrbuch 7/8, 1932, S. 241–397

Theuerkauff 1986
Christian Theuerkauff, Die Bildwerke in Elfenbein des 16.–19. Jahrhunderts, Skulpturengalerie Staatliche Museen Preußischer Kulturbesitz, Berlin 1986

Thieme/Becker
Ulrich Thieme und Felix Becker (Hrsg.), Allgemeines Lexikon der bildenden Künstler von der Antike bis zur Gegenwart, Leipzig 1–, 1907–37, 1950

Thöne 1963
Friedrich Thöne, Wolfenbüttel. Geist und Glanz einer alten Residenz, München 1963

Thümmel 2002
Geschichte der Medizinischen Fakultät Greifswald. Geschichte der Medizinischen Fakultät von 1456 bis 1713 von Christoph Helwig d. J. und das Dekanatbuch der medizinischen Fakultät von 1714 bis 1823, hrsg. und übersetzt von Hans Georg Thümmel, Stuttgart 2002

Trudzinski 2000
Meinolf Trudzinski, Hans Holbein. Edward VI. als Kind. Ein Wiedersehen (Meisterwerke zu Gast in der Niedersächsischen Landesgalerie Hannover), Niedersächsisches Landesmuseum Hannover 2000

Voigt 1996
Gabriele Voigt, Blankenburg. Residenz/ Lustgarten Kleines Schloss, Blankenburg 1996

Wagnitz 1994
Friedrich Wagnitz, Herzog August Wilhelm von Wolfenbüttel (1662–1731). Fürstenleben zwischen Familie und Finanzen, Wolfenbüttel 1994

Walz 1992
Alfred Walz, Ein Spiegelschrank Herzog Carls I., in: Weltkunst, 1992, H. 6, S. 678f.

Wedemeyer / Willemsen 2000
Bernd Wedemeyer, Eva-Maria Willemsen, Braunschweiger Hofkultur 1830–1918. Ausstattung und Fragmente des ehemaligen Residenzschlosses, [o. O.] 2000

Weilbach 1897
Philip Weilbach, Nyt dansk Kunstnerlexikon, Bd. 2, 1897

Welter 1971–1978
Gerhard Welter, Die Münzen der Welfen seit Heinrich dem Löwen, 3 Bde., Braunschweig 1971–1978

Wex 1989
Reinhold Wex, Furniertes Kästchen mit Emailplatte des Evangelisten Matthäus aus dem Welfenschatz, in: Ausst.-Kat.

Williamson 1988
Paul Williamson, Northern Gothic Sculpture 1200–1450, Victoria and Albert Museum, London 1988

de Winter 1985
Patrick M. de Winter, The Sacred Treasure of the Guelphs, in: The Bulletin of the Cleveland Museum of Art, Vol. 72, 1985, Nr. 1

de Winter 1986
Patrick M. de Winter, Der Welfenschatz. Zeugnis sakraler Kunst des deutschen Mittelalters, Hannover 1986

Wittram 1964
Reinhard Wittram, Peter I. Czar und Kaiser, Göttingen, 2 Bde., 1964

Zedler
Johann Heinrich Zedler, Grosses Vollständiges Universal-Lexicon Aller Wissenschaften und Künste ..., 64 Bände, Halle u. Leipzig 1732–1750

Zimmermann 1915/16
Paul Zimmermann, Bernhard Christoph Francken. Ein braunschweigischer Bildnismaler im 1. Drittel des XVIII. Jahrhunderts, in: Jahrbuch des Geschichtsvereins für das Herzogtum Braunschweig, Jg. 14, 1915/16, S. 100–112

ABBILDUNGSNACHWEIS

Berlin, Staatliche Museen zu Berlin, Kunstgewerbemuseum: S. 4, 10; Welfenschatz Abb. 3; Kat. Nr. 10 (Vorder- und Rückseite)
Braunschweig, Herzog Anton Ulrich-Museum, Foto Claus Cordes: Einführung Abb. 5; Kat. Nr. 1–9; Welfenschatz Abb. 1, 2; Kat. Nr. 13, 40; Foto Bernd-Peter Kaiser: S. 2–3; Einführung Abb. 3, 4; Welfenschatz Abb. 4, 5; Kat. Nr. 11, 12
Braunschweig, Städtisches Museum: Einführung Abb. 1
Dresden, Staatliche Kunstsammlungen, Gemäldegalerie Alter Meister: Kat. Nr. 9.6
Gmunden, Schloss Cumberland: Hochzeitsgeschenke Welfentreuer Abb. 3
Hannover, Historisches Museum Hannover: Hochzeitsgeschenke Welfentreuer Abb. 2; Kat. Nr. 15, 15.1
Hannover, Niedersächsisches Landesmuseum Hannover, Landesgalerie: Welfenmuseum Abb. 1–3; Kat. Nr. 14
Hannover, Niedersächsisches Münzkabinett der Deutschen Bank Hannover, Foto Roswitha Imlau: Kat. Nr. 19–39
Hildesheim, Roemer- und Pelizaeus-Museum: Hildesheimer Tafelsilber Abb. 1; Kat. Nr. 16–18
London, Victoria and Albert Museum: Kat. Nr. 14.1
Lüneburg, Museum für das Fürstentum Lüneburg: Hochzeitsgeschenke Welfentreuer Abb. 1
München, Bayerisches Nationalmuseum: Hildesheimer Tafelsilber Abb. 2
Nordstemmen, Schloss Marienburg: Einführung Abb. 2; Auktion Marienburg Abb. 2
Sotheby's, London: Auktion Marienburg Abb. 1, 3; Verkauf Evangeliar Abb. 1
Welfenstammbaum: Helmut Trunz
Wolfenbüttel, Herzog August Bibliothek: Kat. Nr. 40, 40.1